国家社会科学基金资助项目（11BJY124）

中国土地收益分配问题研究

邓宏乾 著

中国社会科学出版社

图书在版编目(CIP)数据

中国土地收益分配问题研究/邓宏乾著.—北京：中国社会科学出版社，2017.4
ISBN 978-7-5203-0267-8

Ⅰ.①中… Ⅱ.①邓… Ⅲ.①土地制度—研究—中国 Ⅳ.①F321.1

中国版本图书馆CIP数据核字(2017)第094249号

出 版 人	赵剑英
责任编辑	周晓慧
责任校对	无 介
责任印制	戴 宽

出　　版	中国社会科学出版社
社　　址	北京鼓楼西大街甲158号
邮　　编	100720
网　　址	http://www.csspw.cn
发 行 部	010-84083685
门 市 部	010-84029450
经　　销	新华书店及其他书店
印　　刷	北京明恒达印务有限公司
装　　订	廊坊市广阳区广增装订厂
版　　次	2017年4月第1版
印　　次	2017年4月第1次印刷
开　　本	710×1000 1/16
印　　张	14.5
插　　页	2
字　　数	219千字
定　　价	66.00元

凡购买中国社会科学出版社图书，如有质量问题请与本社营销中心联系调换
电话：010-84083683
版权所有　侵权必究

内容摘要

长期以来，中国实行城乡分割的二元土地制度，农村集体建设用地禁止上市流转。自20世纪80年代国有土地使用权实行有偿有期限制度以来，政府通过征收农村集体土地、国有土地出让、土地税收等形式获取了高额的土地收益，形成了中国特有的"土地财政"现象。随着城镇化的加速推进，土地资产化速度、规模不断扩大。据统计，2001—2016年，全国土地出让收入总额达30多万亿元，成为地方财政的主要财源。土地使用与价格的"双轨"制度使"土地财政"固化并不断强化，导致了农村集体土地所有权人及农民的土地财产权受到损害，也阻碍了农村经济的发展。若这种状况得不到改变的话，将会进一步加剧城市与农村的不平等，延缓中国新型新镇化进程。

一 关于农村集体经营性建设用地入市改革及收益分配问题

始于20世纪80年代的市场化改革，推动了广东南海市（现为佛山市南海区）、中山市等经济发达地区进行了自发性的集体建设用地入市探索；20世纪90年代至2014年是中国探索农村集体建设用地流转最为活跃的时期，具有代表性的苏州、芜湖、佛山市顺德区、南海区等地，在制度建设、土地收益分配、保护农村集体经济组织和农民土地财产权、推进农村城镇化与工业化等方面取得了一定的成效，为2015年国家15个试点地区的改革提供了有益的经验。

（一）国家试点地区入市改革的基本成效

2015年6月以来，各试点地区突破现行法律的限制，试行集体经营性建设用地入市改革，主要采取了"就地入市、产业集中区（调整入市）入市、城中村入市"三种入市路径。据不完全统计，2015年8

月至 2016 年 6 月，共出让集体经营性建设用地 42 万平方米。其主要成效表现在：（1）初步构建了城乡统一的建设用地市场。一是试点地区建立了统一的城乡建设用地交易平台，如浙江德清、成都市郫县将集体经营性建设用地纳入统一的公共资源交易中心进行交易；佛山南海区纳入集体产权交易中心进行交易；其他试点地区纳入土地交易中心进行交易。二是赋予与国有土地同等的产权权利。试点地区集体经营性建设用地可以出让、租赁、转让、作价入股等方式流转，更重要的是赋予了集体经营性建设用地抵押担保的权利。三是初步建立了集体经营性建设用地地价体系，初步实现了与国有土地"同权同价"。试点地区对集体经营性建设用地进行了分等定级，制定了基准地价，为集体经营性建设用地入市交易提供了价格依据。（2）初步构建了国家、地方政府、集体和农民个人共享的土地收益分配机制。一是试点地区基本试行了"按类别、分用途、有级差"的征收土地增值收益调节金。二是土地收益分配重点向集体经济组织及成员倾斜。三是明确了集体土地收益使用用途及分配方式。农村集体获得的收益主要用于农村基础设施和公共设施建设以及农民社会保障等支出；对集体组织成员采取现金分配和股权量化相结合或全部量化为股权分配给农民等分配方式。

（二）现行集体经营性建设用地流转收益分配的主要问题

主要问题有：（1）农村集体土地所有权主体不清，土地收益分配主体模糊。在试点地区，一部分通过组建具有法人资格的集体股份经济合作社（村经济合作社）、乡（镇）资产经营公司或者是农民集体经济联合社等作为具体的入市主体；一部分通过村民小组、村委会、乡镇政府来行使土地权利。这些做法混淆了土地所有权、行政管理权（或村民自治组织）和土地产权经营管理权的界限，事实上造成了土地所有权主体的缺位和"虚化"。（2）土地收益分配方式、分配机制不完善。一是土地流转内部收益分配政策缺乏有效的制度安排。从目前试点地区来看，分配方式主要有：以入市收益作为集体资产折股量化到本集体经济组织成员，不进行现金分配，如浙江德清县、佛山南海区；采取现金分配与股权量化到集体经济组织成员相结合的办法，如成都市郫县等；直接分配现金给集体经济组织成员，如重庆市大足区等。二是在土地增值收益分配过程中，政府均按土地成交总价的一定比例征收土地增值收益调节金,而不是按照土地出让或流转总价扣除成本后的净收益征收,缺乏合理性和科学性,也可能导致农村集体经济组织和农民土地财产利益受损。

二 国有土地收益分配问题

由于城乡分割的二元制土地结构和土地价格双轨制的制度安排,政府垄断土地一级市场,地方政府大肆卖地的行为既包含体制因素,也包含经济因素,形成了中国特有的"土地财政"与"地方主体税缺位"的现象。

(一) 国有土地出让收益分配的问题

国有土地出让收益的主要问题有:(1)国有土地出让收入异化为地方政府的"第二财政"。据统计,2001—2015年,中国国有土地出让收入达27万多亿元,国有土地出让收入占地方财政一般预算收入的比重高,2010—2015年6年里平均占地方财政一般预算收入的比重为55.30%,最高年份达到66.76%(2010年)[1]。(2)地方债务对土地出让收入依存度高。地方政府为了改善城市基础设施和发展地方经济,大量举债筹资融资,国有土地出让收入成为地方政府偿还债务的主要资金来源。(3)国有土地抵押融资问题突出。据统计,84个重点城市土地抵押面积从2007年的13.01万公顷增加到2015年的49.08万公顷,增长了3.77倍;抵押贷款从2007年的13433亿元增长到2015年的113300亿元[2],增长8.43倍。土地抵押面临着较大的偿债风险和地方财政风险。

(二) 土地(房地产)税收存在的主要问题

土地(房地产)税制存在的主要问题有:(1)征税范围小,税基偏窄。主要针对城镇国有土地使用权、城镇房地产征收,对农村集体土地、农村房产不征土地(房地产)税;仅对经营性土地(房地产)征税,对非经营性土地(房地产)不征税;税率偏低且减税免税范围过宽。(2)税制结构不合理,重"流转"、轻"保有"。房地产保有税收

---

[1] 根据《中国统计年鉴》(2016年)数据整理。
[2] 《中国国土资源统计年鉴》(2007—2016年)。

所占比重低，仅占房地产税收总额21%左右。（3）房地产税占地方财政一般预算收入的比重低。目前房地产税收总额占地方财政一般预算收入的比重约为25%；房地产财产税所占比重更低，约为4.5%—5%。

三 中国土地收益分配政策选择

土地收益分配问题，涉及集体土地所有权、用益物权、经营权等多层次土地产权与土地收益配置问题，涉及国家、集体土地所有权人、土地用益物权人与土地经营权人多元化产权主体之间的经济利益分配与再分配问题，是土地制度改革创新的关键。

（一）集体经营性建设用地流转收益分配政策

（1）切实解决好农村集体经济组织成员权资格问题，保障农民土地财产权利。农村村民只有具备了农村集体成员资格，才能享有农村集体土地财产权的分配权。我们认为，农村集体成员资格应以农村集体产权改革（或集体建设用地入市改革）起始点为依据来确定。（2）土地收益分配重点向集体经济组织及成员倾斜。（3）构建兼顾公平与效率的集体经营性建设用地流转收益共享机制。国家通过征收土地增值税、流转所得税来调节分配；集体经济组织从初次流转收益中提取一定比例作为集体资产，设立集体土地收益基金，专门用于农村公共品投入以及农民社会保障支出，以促进农村经济的可持续发展；剩余部分采取股权与现金分配相结合的方式分配给农民，具体比例由各地根据实际情况确定。

（二）国有土地收益分配政策

（1）规范国有土地出让收支行为，实行基金预算管理。一是国有土地出让收入纳入政府性基金预算管理，使之成为地方公共财政的重要组成部分。二是改革目前从国有土地出让收入中按纯收益计提农业土地开发资金、保障性住房建设资金、农田水利建设资金、教育资金、被征地农民保障资金的做法，改为统一按国有土地出让总收入计提，防止地方政府随意降低计提专项资金，保障民生公共品的供给，满足民生的基本需求。（2）设立中央、省和县（市）三级国有土地收益基金。（3）实行国有土地出让收入中央与地方分享。根据中国法律，国有土地所有权人为中央政府，中央政府授权地方政府行使土地所有权，是一种委托代理权，中央政府分享国有土地出让收入是国有土地所有权在经济上实现的一种体现。当然，因土地不可移动且受益具有地方性的特点，国有土地出让收入绝大部分应归地方政府享有。具体分享比例根据地区经济发展水平及国家宏观管理需要来确定，中西部地区分享比例应高于东部发达地区，以支持中西部地区的经济发展，从而逐步实现区域经济的均衡发展。（4）赋予地方政府以土地资产为担保发行土地债券的权利。通过发行土地债券筹集的资金主要用于土地收购、土地开发整理、地方基础设施建设和公共配套设施建设等。土地债券以长期债券为主，其期限可定为5—10年，实行固定票面利率，每年付息，到期还本；或以持有的债券优先兑换一定年期的国有建设用地使用权。地方政府根据土地市场价格和物价指数情况，确定土地债券的发行价格。

（三）土地（房地产）税收改革政策建议

（1）扩大征税范围，实行城乡统一的土地（房地产）税制。将所有建设用地和房地产纳入征税范围，严格控制税收减免范围，逐步建立一个税负公平且增进效率的城乡统一的土地（房地产）税制。（2）简化税种，完善土地（房地产）税制。一是合并城镇土地使用税、耕地占用税、土地契税、房产税，改征房地产财产税；二是设置土地闲置税；三是完善土地增值税制，实行城乡统一的土地增值税。将现行征收的集体经营性建设用地土地增值收益调节金改为征收土地增值税；课征范围应当扩大至所有引起土地增值的行为，将所有土地增值收益纳入征税范围。将现有的土地（房地产）转移增值税调整为"土地（房地产）转移增值税""土地（房地产）租赁增值税""土地（房地产）保有增值税"三个税目。（3）优化土地（房地产）税制结构。把课征重点从土地（房地产）流转环节调整到土地（房地产）保有环节，将房地产财产税培育成为县（市）地方政府主体税种，逐步将房地产保有环节的税负提高到占房地产税收50%左右，为去"土地财政"提供制度基础。

目 录

前言 …………………………………………………………………… (1)

第一章 土地收益及其分配的理论基础 ……………………………… (1)
第一节 土地产权理论 …………………………………………… (1)
一 所有制与产权 ……………………………………………… (1)
二 土地所有制与土地产权 …………………………………… (4)
第二节 地租地价理论 …………………………………………… (12)
一 马克思地租理论 …………………………………………… (12)
二 地价理论 …………………………………………………… (15)
第三节 土地增值收益分配及土地(房地产)税收理论 ………… (17)
一 土地增值及其分配 ………………………………………… (17)
二 土地(房地产)税收理论 …………………………………… (23)

第二章 集体经营性建设用地流转制度变迁及改革 ………………… (28)
第一节 集体建设用地流转政策演变及评价 …………………… (28)
一 1949—1956年：允许流转阶段 …………………………… (28)
二 1956—1986年：禁止流转阶段 …………………………… (29)
三 1986—1998年：限制流转阶段 …………………………… (30)
四 1999—2014年：改革探索阶段 …………………………… (31)
五 2015年至今：正式改革试点阶段 ………………………… (32)
第二节 20世纪90年代至2014年集体建设用地入市改革 …… (34)
一 苏州、芜湖、顺德入市改革基本情况 ……………………… (35)
二 苏州、芜湖、顺德入市改革的基本经验 …………………… (40)

三　集体建设用地流转改革的主要障碍 …………………… (42)
　第三节　国家试点地区集体经营性建设用地入市改革 ………… (44)
　　一　试点地区集体经营性建设用地入市情况 ……………… (44)
　　二　试点地区集体经营性建设用地入市收益分配政策 …… (50)
　第四节　试点地区入市改革成效及需要解决的问题 …………… (54)
　　一　试点地区入市改革成效 ………………………………… (55)
　　二　集体经营性建设用地入市改革需要解决的问题 ……… (58)

第三章　国家试点地区集体经营性建设用地入市改革分析
　　　　　——以南海、德清、郫县为例 ……………………… (64)
　第一节　佛山市南海区入市改革分析 …………………………… (64)
　　一　佛山市南海区改革情况 ………………………………… (65)
　　二　佛山市南海区改革经验 ………………………………… (69)
　第二节　浙江德清县入市改革分析 ……………………………… (74)
　　一　浙江德清县改革基本情况 ……………………………… (74)
　　二　浙江德清县改革基本经验 ……………………………… (76)
　第三节　四川郫县入市改革分析 ………………………………… (83)
　　一　郫县改革基本情况 ……………………………………… (83)
　　二　郫县改革经验 …………………………………………… (88)

第四章　农村集体经营性建设用地入市收益分配 ………………… (93)
　第一节　现行集体经营性建设用地流转收益分配的主要
　　　　　问题 ………………………………………………………… (93)
　　一　农村集体土地所有权主体缺位，土地收益分配主体
　　　　模糊 ………………………………………………………… (94)
　　二　集体建设用地入市土地收益分配方式、分配机制
　　　　不完善 ……………………………………………………… (95)
　第二节　集体经营性建设用地土地收益的形成、实现机制 …… (97)
　　一　集体经营性建设用地土地收益的形成机制 …………… (97)
　　二　集体经营性建设用地土地收益的实现机制 …………… (98)
　　三　集体建设用地入市收益分配机制 ……………………… (99)

目　录

第三节　处理好集体经营性建设用地土地收益分配的几个问题 …………………………………………………… (103)
　　一　由于交易方式不同,分配侧重点应有所差别 ………… (103)
　　二　处理好各利益主体的土地利益分配关系 ……………… (104)
　　三　兼顾国家与农村集体的利益 …………………………… (105)

第五章　中国国有土地收益形式、规模及问题 ……………… (107)
第一节　中国国有土地收益的主要形式 ……………………… (107)
　　一　现行国有土地地租、土地出让收入政策 ……………… (108)
　　二　现行土地(房地产)税收政策 ………………………… (110)
第二节　中国国有土地收益及支出规模 ……………………… (116)
　　一　中国国有土地收益规模 ………………………………… (116)
　　二　中国国有土地出让收入支出规模与结构分析 ………… (121)
第三节　中国国有土地收益存在的主要问题 ………………… (124)
　　一　中国国有土地出让收益存在的问题 …………………… (124)
　　二　土地(房地产)税收存在的主要问题 ………………… (128)

第六章　房地产税、土地财政与公共品供给
　　——基于1999—2011年省际面板数据的实证分析 …… (132)
第一节　问题提出与文献综述 ………………………………… (132)
　　一　问题提出 ………………………………………………… (132)
　　二　文献综述 ………………………………………………… (133)
第二节　计量模型设定和方法 ………………………………… (139)
　　一　计量模型与变量选取 …………………………………… (139)
　　二　研究方法 ………………………………………………… (141)
第三节　实证研究结果与讨论 ………………………………… (144)
　　一　经济性公共品供给的实证分析 ………………………… (144)
　　二　非经济性公共品供给的实证分析 ……………………… (146)
　　三　结论与政策建议 ………………………………………… (147)

第七章 城镇化与公共服务发展实证研究
　　——以湖北省 12 个地级市为例 …………………………（149）
第一节 问题提出与文献综述 ……………………………………（149）
一 问题的提出 …………………………………………………（149）
二 相关文献综述 ………………………………………………（150）
第二节 指标体系与研究方法 ……………………………………（152）
一 指标体系构建 ………………………………………………（152）
二 研究方法 ……………………………………………………（153）
第三节 实证分析与政策建议 ……………………………………（156）
一 实证结果 ……………………………………………………（156）
二 基于 DEA 法的进一步讨论 ………………………………（160）
三 结论与政策建议 ……………………………………………（162）

第八章 深圳市国有土地收益、土地整备及收益分配 …………（164）
第一节 深圳市国有土地使用制度改革及收益分配 ……………（164）
一 深圳市国有土地有偿使用的演进及发展 …………………（164）
二 深圳市土地出让总体情况 …………………………………（167）
三 深圳市国有土地出让收入规模及分配政策 ………………（168）
四 深圳市国土基金 ……………………………………………（172）
第二节 深圳市土地整备及收益分配 ……………………………（172）
一 深圳市土地整备模式 ………………………………………（173）
二 土地整备收益分配政策 ……………………………………（174）
三 深圳市土地整备:坪山新区的实践 ………………………（177）
第三节 深圳市整村统筹整备案例分析
　　——以坪山新区金沙社区为例 …………………………（180）
一 金沙社区的基本情况 ………………………………………（180）
二 金沙试点工作的土地整备方案 ……………………………（182）
三 金沙社区土地整备效果评估 ………………………………（184）
第四节 完善深圳市土地整备的收益分配政策建议 ……………（185）
一 明晰房地产产权,实行房地分离的补偿政策 ……………（185）

二　完善土地整备利益分配机制,合理分配土地增值收益 ……………………………………………………… (187)

第九章　土地收益分配改革与政策建议 ………………………… (188)
　第一节　土地收益分配改革的基本思路 ……………………… (188)
　　一　按土地流转环节和土地收益生成机制,构建土地收益分配体制 ………………………………………………… (188)
　　二　依据土地产权和政府规制权理论,规范土地收益分配形式 ………………………………………………………… (189)
　　三　依据国民收入分配与再分配理论,规范土地收益分配秩序 ………………………………………………………… (191)
　　四　依据公共财政理论,规范政府间土地收益分配关系 …… (192)
　第二节　土地非税收入改革的政策建议 ……………………… (193)
　　一　国有土地非税收入改革的政策建议 …………………… (193)
　　二　集体土地非税收入改革的政策建议 …………………… (198)
　第三节　土地(房地产)税收改革政策建议 …………………… (201)
　　一　土地(房地产)税收改革的基本思路 …………………… (202)
　　二　土地(房地产)税收改革的政策建议 …………………… (204)

参考文献 ……………………………………………………………… (207)

后记 …………………………………………………………………… (216)

前　言

　　土地收益分配问题，涉及集体土地所有权、用益物权、经营权等多层次土地产权与土地收益配置问题，涉及国家、集体、土地用益物权人与土地经营权人多元化土地产权主体之间的经济利益分配问题，基于土地产权人、土地产权及权利结构的土地利益分配再分配问题相当复杂，也是土地制度改革的重点。本课题的研究对推进农村集体建设用地入市流转改革，破除城乡分割的二元土地制度，构建城乡统一的建设用地市场，充分发挥市场机制配置土地资源会起到决定性作用；对明晰和强化农村集体土地产权，尊重和保护农村集体经济组织及农民的土地财产权，促进农村经济可持续发展起到一定的作用；对破解中国"土地财政"困局，建立以房地产税为主体的地方税收体系，完善地方公共财政体制等方面有重要的现实意义。对中国制定有关农村集体建设用地入市改革，土地非税收入和土地（房地产）税制改革政策，构建兼顾公平与效率的土地增值收益分配机制等具有参考价值。

　　本课题主要研究了农村集体经营性建设用地入市改革及收益分配和国有土地收益分配问题。关于农村集体经营性建设用地入市改革及收益分配问题，主要研究了20世纪90年代至2014年改革以及2015年国家确定的试点地区改革推进情况，并重点分析了佛山市南海、浙江德清、四川郫县等试点改革地区的主要经验、存在的主要问题以及土地收益分配问题。关于国有土地收益分配问题，主要研究了国有土地出让收益规模、土地（房地产）税收在地方一般预算财政收入中的地位及存在的主要问题，利用1999—2011年省际面板数据实证分析了中国土地财政、房地产税收与城镇公共品供给问题。研究表明，房地产税显著提高了非经济性公共品的供给，而土地出让收入则更多地投入了经济性公共品领域；以湖北省12个地级市的面板数据实证研究了城镇化和公共服务协调发展的时空动态过程。研究表明，公共品供给及公共服务严重滞后城镇化发展；研究分析了深圳市土地整备及其土地整备、旧城更新中土地收益分配问题。在实证研究和规范研究的基础上，提出了土地非税收入、土地（房地产）税制改革的具体政策建议。

第一章 土地收益及其分配的理论基础

土地收益分配是一个极为复杂的问题，涉及国家与集体、集体与农民个人、土地所有权人与土地用益物权人、土地使用权人之间多元化的土地产权主体间利益配置与分配调整问题。土地产权理论、地租地价理论、土地收益分配理论、土地（房地产）税收理论是研究土地收益分配问题和构建科学的土地收益分配机制的重要理论基础。

第一节 土地产权理论

土地收益分配问题与土地制度密切相关，土地制度是指明晰土地所有权归属以及界定和维护土地利用过程中土地产权主体的土地利益而形成的法律规范体系。主要包括土地所有权制度、土地用益物权制度、土地租赁制度、土地使用制度、土地金融制度、土地收益分配制度和土地管理制度等。土地制度是研究土地收益分配关系的基础。

一 所有制与产权

所有制反映的是人们对财产的占有关系，所有制中最核心、最关键的是生产资料所有制，涉及的是生产资料在生产过程中的分配关系，决定着人们在生产过程中的地位及分配、交换关系，决定着整个社会的基本经济性质和制度，其本质是社会经济关系的体现。

从法学和经济学角度来看产权，有不同的理解。从法学角度来理解，产权就是指财产权。大陆法系强调财产权的静态性权利，主要包括自物权（财产所有权）、他物权（基于所有权之上的用益物权、担保物权）、债权等权利。英美法系则注重财产权在生产、交换过程中所产生的各种权利以及权利如何界定等，正如罗伯特·考特和托马斯·尤伦指出的："从法律的观点看，财产是一组权利，这些权利描述一个人对其所有的资源可以做些什么，不可以做什么"。① 因此，英美法系中的财产权包括财产在生产交换关系中权利主体之间衡平的法律关系，包括权利与义务、特权与无权、豁免与无能力、权利与责任②，主要是以判例形式规范调整社会经济关系中的财产利用关系，以维护社会经济的有序运行。中国有关财产权的法律制度基本与大陆法系一致。

应当说，经济学向法学的渗透产生了"产权经济学"，英美的财产法律制度与产权经济学派关于产权的理论具有一致性。③ 英美法律制度强调的是财产的各种权益，既包括财产所有权，也包括从所有权中分离出的一部分权能组合而成的权利；同时，通过对在社会生产、交换过程中所产生的各种权利做出强制性的制度安排，来界定、规范社会经济关系中的财产关系，以规范人们的经济行为，所以产权实质上是所有制经济关系的法律表现形式。产权经济学家 E. G. 菲吕博腾、S. 配杰威齐认为："产权不是人与物之间的关系，而是只有由物的存在和使用引起的人们之间一些被认可的行为性关系。……社会中盛行的产权制度便可以被描述为界定每个人在稀缺资源利用方面的地位的一组经济和社会关系。"④ 因此，产权界定和明晰及其制度化的社会行为规范、准则是社会经济正常运行的基石。另一产权经济学家 Y. 巴泽尔认为："人们对不同财产的各种产权包括财产的使用权、收益权和转让权。……通常，法律的权利会强化经济权利，但是前者并不是后者存在的充分条件。人们对不同财产的诸种权利并不是不变的常数，他们是财产所有者努力保

---

① 罗伯特·考特、托马斯·尤伦：《法和经济学》，张军等译，上海三联书店、上海人民出版社1994年版，第125页。
② 谢鹏程：《权利义务四论》，《法学研究》1992年第3期，第1—2页。郑贤君：《权利义务相一致原理的宪法释义——以社会基本权为例》，《首都师范大学学报》（社会科学版）2007年第5期。
③ 李玉峰：《中国城市土地财产制度的法经济学研究》，中国计划出版社2002年版，第16页。
④ E. G. 菲吕博腾、S. 配杰威齐：《产权与经济理论：近期文献的一个文献综述》，R. 科斯、A. 阿尔钦等：《财产权利与制度变迁——产权学派与新制度学派译文集》，上海三联书店、上海人民出版社2000年版，第204页。

第一章 土地收益及其分配的理论基础

护自己财产安全的函数……擅自占有空地企图获得土地所有权比法定的所有权更缺乏安全,这不仅是因为他缺乏单方面执行的契约,而且还因为缺乏警察的保护。"①从这一论述中,可以看出产权不仅包括财产的归属问题,还包括财产利用过程中的行为规范问题;同时,虽然人们对财产的实体权利客观存在着,但若没有法律的保护,其权利难以得到有效保障。在市场经济条件下,产权具有客体的实体性,以及权利的可分割性、可转让性等特征。即使在私有制社会里,产权在经济活动中也会常常发生边界不清和权利使用冲突问题。为解决外部性问题,产权经济学的著名代表人罗纳德·科斯等进行了研究,形成了著名的"科斯定理",即以降低交易费用、效益最大化为基本准则作为进行制度安排。正如H.德姆塞茨所说:"产权界定人们为何受益及为何受损,因而谁必须向谁提供补偿以使他修正人们所采取的行动。"②也就是说,受益的一方需要对受损的一方做出财产损失的补偿,在符合法律制度和规则的前提下,权利主体通过谈判达成契约,从而提高资源配置的效率,保障经济秩序规范有序地运行。

从法律和经济学视角来看,产权的内涵实质上是没有差异的,并不存在两种不同的产权概念,只是它们的侧重点不一样而已,其实质都是以法权形式体现所有制关系的财产权制度。正如科斯所说:"产权的定义是简单而独特的,你能联系某些事物根据法律界定你的权利是什么。"③ 如不动产所有权是所有者对其特定的不动产(联系的具体事物)依据法律规定所享有的不动产权利。不动产所有权人可以自己使用,可以出租给他人使用以获得租金收益,可以转让不动产给他人,也可以抵押给金融机构等。用益物权是权利人依法律规定而与不动产所有权人达成的契约,以收益为目的对他人的不动产享有占有、使用的权利。

---

① Y.巴泽尔:《产权的经济分析》,费方域、段毅才译,上海三联书店、上海人民出版社1997年版。

② H.德姆塞茨:《关于产权的理论》,R.科斯、A.阿尔钦等:《财产权利与制度变迁——产权学派与新制度学派译文集》,上海三联书店、上海人民出版社2000年版,第97页。

③ 《经济学消息报》总编1994年采访科斯教授时,科斯教授对"产权"所作的一种解释。引自纪坡民《产权与法》,生活·读书·新知三联书店2001年版,第22页。

二 土地所有制与土地产权

（一）土地所有制

土地所有制是指将土地的占有形式以法律形式予以确认的基本制度（即土地生产资料归谁所有的制度安排），它是土地制度的核心和基础。土地所有制是生产资料所有制的重要组成部分，它对一个国家的上层建筑具有决定性的作用。土地所有制可分为土地私有制和土地公有制两种主要形式。中国实行的是社会主义公有制，土地实行的是城市土地国有制和农村土地集体所有制。[①] 中国始于20世纪80年代的所有制结构改革，个体经济、私营经济、股份制经济和混合所有制得到了发展，已基本形成了多元的所有制经济。但土地生产资料的公有制没有发生改变，只是在土地公有制的前提下——坚持土地国家所有权和集体所有权不变，进行了土地产权制度的改革，如国有土地实行有偿有期限的使用改革，农村土地承包经营权制度改革等，这说明了土地生产资料所有制的重要性。

（二）土地产权与产权结构

土地产权是指土地财产权，是以土地所有权为核心的一系列权利的组合。土地所有制是研究土地产权问题的前提和基础，决定着土地所有权的性质，也是明晰和界定土地产权、土地产权分解及维护土地产权人利益的重要依据。

1. 土地物权及其结构[②]

物权包括不动产物权和动产物权，不动产物权是物权最主要的组成部分，土地物权是不动产物权的核心和基础。土地物权是土地权利人依法享有直接支配特定的土地财产并排除他人干涉的权利。随着社会经济的发展，土地所有权呈现出社会化特征（即土地使用和利用的社会化），土地产权及其利益也不全部归属于土地所有权人；基于土地所有权而产生的土地他物权越来越丰富，土地物权结构呈现出多层次性，产权主体呈现出多元化特征。各类土地产权从土地所有权中分离出来所体

---

① 参见《土地管理法》第 8 条。
② 邓宏乾：《论城市土地产权结构及产权界定》，《经济体制改革》1995 年第 10 期。

第一章　土地收益及其分配的理论基础

现的土地产权关系，不仅是土地所有者和土地使用者的关系，而可能出现土地所有者、土地用益物权人、土地担保物权人、土地租赁者等多元化的产权主体以及与之相对应的多层次产权权利关系。土地产权主体多元化和土地产权结构多层次性为土地高效利用和土地利益最大化提供了可能，土地产权的分割不仅没有削弱土地所有权人的法律地位和享有的土地财产权，反而是土地所有权人实现经济利益最大化的有效途径。土地所有权四项基本权能——占有、使用、收益、处分的分离形成了不同的产权权种，主要包括土地他物权和以土地物权为基础的债权。土地他物权包括地上权、地役权、永佃权、抵押权等；以土地物权为基础的债权主要包括土地租赁权、借用权等。

土地所有权是土地所有权人依法律规定对土地财产享有的占有、使用、收益、处分的权利。土地所有权涉及较为复杂的社会经济关系，对土地的分配问题和利用问题起着十分重要的作用，甚至直接影响社会的稳定与发展。土地所有权按其性质可分为私人所有和公有两种，从土地所有权制度的演变来看，土地公有主要有土地总有、土地合有、土地共有三种形态①。中国实行的是社会主义土地公有制，中国《宪法》第10条规定，"城市的土地属于国家所有。农村和城市郊区的土地，除由法律规定属于国家所有的以外，属于集体所有"。《土地管理法》第10条规定，农村集体土地所有权分为乡（镇）农民集体所有、村集体所有、村民小组所有三种类型。无论是土地私有还是土地公有，土地所有权均通过权能分解组合并让渡给他人来实现所有者的经济利益，从而提高土地利用的社会化程度。从人类土地制度的演变来看，土地产权结构分解得越细化，土地利用的社会化程度就越高。土地的占有、使用、收益权能从土地所有权分离出来形成土地用益物权；部分处分权能从土地所有权分离形成土地担保物权等。同一宗土地的产权被分割为若干个不同的产权权利且由不同的产权人所持有，这是经济社会发展的产物，也是经济发展过程中的普遍现象。

土地用益物权是用益物权人以收益为目的，依法对他人所有的土地享有占有、使用、收益的权利。用益物权人享有对物的直接支配权和排

---

① 陈华彬：《物权法原理》，国家行政学院出版社2000年版，第271—272页。

他性的权利,用益物权具有独立性,具有主物权的特征。中国的土地用益物权包括国有建设用地使用权、集体建设用地使用权、土地承包经营权、宅基地使用权、地役权等。随着社会经济的发展,用益物权逐步扩张,土地财产权从以土地所有权为核心逐步向以土地用益物权为重点转变,土地财产权以"土地使用、利用"为重点得到了社会的普遍认可,成为各国物权法的调整重点,法律赋予土地用益物权人可以对抗土地所有权人的法律地位,如土地所有权人不得妨碍土地用益物权人依法依合约行使土地权利;土地所有权人无特殊情况不得提前收回土地使用权;土地用益物权人享有转让、出租的权利等。土地担保物权是指以合法的土地财产担保债务履行,当债务人到期不能履行债务时,债权人有权依法对担保土地财产享有优先受偿权的权利。抵押权是典型的土地担保物权。按中国法律规定,土地所有权、集体土地使用权、划拨的国有土地使用权(地上无建筑物或构筑物)等不能抵押。可以抵押的土地财产主要是出让的国有建设用地使用权、以招标拍卖等方式取得的荒地等土地承包经营权。

2. 以土地物权为媒介的土地债权

在生产领域,人与土地生产资料的结合体现为土地物权;在交换、流通领域,土地财产在不同主体之间的流转体现为土地债权①。在土地财产利用社会化的过程中,产权主体需借助合同、契约等方式来实现其权利。根据法经济学的观点,土地物权是土地债权产生的前提和基础,明晰的产权和产权边界界区确定是土地财产交换的基础,否则,交易无法进行。当然,债权是土地物权变动的实现手段和工具,如人们要出让、转让国有建设用地使用权,双方当事人需要签订出让合同、转让合同。否则交易不可能实现。在中国,借助以土地物权为媒介的土地债权主要有:建设用地使用权转让、土地承包经营权转包、土地租赁、土地投资信托、土地资产证券、土地抵押贷款证券等。

从土地产权内在的本质联系来看,土地所有权是土地产权的基础和核心,是"土地产权"全部范畴展开的逻辑起点;土地所有权权能的

---

① 这里借鉴了王利民教授关于物权与债权相互关系的观点。参见王利民《物权法论》,中国政法大学出版社2000年版,第11页。

第一章 土地收益及其分配的理论基础

分割和交易构成"他物权"——用益物权和担保物权；土地的流转合同形成"债权"① （中国土地所有权不能进入市场交易，不能成为交易客体。只能通过国家征收为国家所有）。中国土地产权结构如图1-1所示。

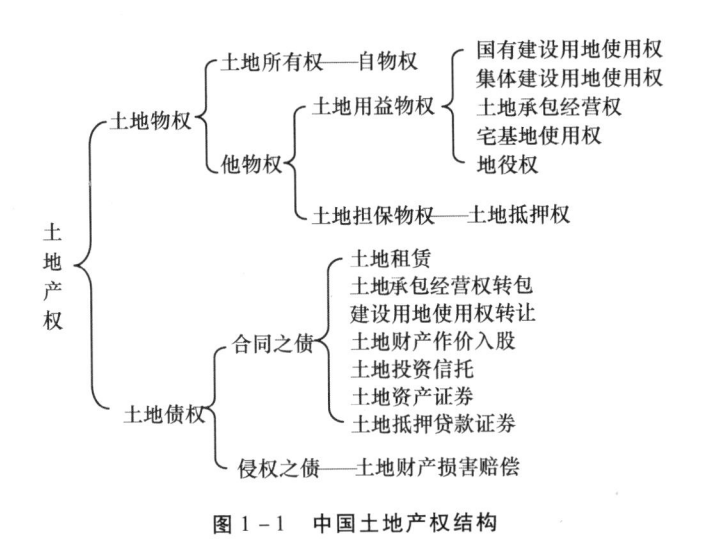

```
            ┌ 土地所有权——自物权            ┌ 国有建设用地使用权
            │          ┌ 土地用益物权 ──┤ 集体建设用地使用权
       ┌土地物权┤          │               │ 土地承包经营权
       │    │ 他物权 ──┤               │ 宅基地使用权
       │    │          │               └ 地役权
       │    │          └ 土地担保物权——土地抵押权
土地产权┤
       │              ┌ 土地租赁
       │              │ 土地承包经营权转包
       │              │ 建设用地使用权转让
       │    ┌ 合同之债 ┤ 土地财产作价入股
       └土地债权┤      │ 土地投资信托
                │      │ 土地资产证券
                │      └ 土地抵押贷款证券
                └ 侵权之债——土地财产损害赔偿
```

图1-1 中国土地产权结构

随着社会经济的发展，土地物权与土地债权相互渗透、融合的趋势更加明显。一方面，土地债权具有物权的效力，即债权物权化，法律赋予某些土地债权以物权的一些效力。主要表现在：一是租赁权的物权化。建设用地使用权的买卖不破租赁，若建设用地使用权人转让剩余年期的建设用地使用权，土地承租人享有优先购买权；若土地承租人放弃优先购买权，新的受让人必须保持原有的土地租赁关系。出租的土地在租赁期间设定其他物权（如抵押权、地役权等），不影响土地租赁合同的效力。二是土地债权的公示。如国有建设用地使用权人将出让的国有建设用地使用权转让，与受让人签订转让合同，需办理土地产权预登记，以保障受让人的土地用益物权期待权的实现，实质上双方签订的转让合同是一种债权，而登记是物权公示方式，因此这种债权具有了物权

---

① 这里借鉴了纪坡民先生有关产权结构分析的观点。参见纪坡民《产权与法》，生活·读书·新知三联书店2001年版，第21页。

的效力。另一方面,土地物权债权化。这主要是在土地担保物权方面表现得较为明显,即利用担保物的交换价值作为融资手段,并保障担保权人(债权人)享有优先受偿的权利。以土地财产作担保的担保物权具有双重的性质,债权是主权利,物权是从权利,担保物权从属于债权,依债权的成立、转让、灭失而成立、转让、灭失。其主要形式有通过担保或有价证券的方式,将土地或不动产转化为动产,增强土地财产的流动性和变现性。

3. 土地产权界定①

土地产权的社会化必然带来产权的"不确定性",土地产权在交易流转过程中,会出现利用、使用不相容的矛盾。同一宗土地产权权能多层次、多环节分解,与之相应的是,同一宗土地的所有、经营、使用等环节呈现出多元化的经济主体,使得原土地所有者独享的产权和土地利益变为多元化的土地产权主体的共享权益。一方面,产权界定能明晰土地所有权人及其他产权人的产权边界,实现各产权人的经济利益;另一方面,可以降低交易成本,有效提高土地利用效率,实现土地产权利益最大化。产权经济学派著名代表人物科斯在谈到土地分配时指出:"从我们的一般经历可以知道,土地可以通过价格机制分配给土地使用者,不需政府管制。但是如果没有建立土地产权,任何人都可以占有一片土地,那么显然将发生很大混乱,价格不能起作用,因为没有可供购买的产权。产权建立以后……混乱就消失了。"② 这表明,产权不明晰,任何人都可以侵占他人的财产,整个经济秩序就会混乱。因此,产权制度是保证市场经济规范有序运行的法权工具。构建合理的土地产权交易规则,有利于提高土地这种稀缺资源的利用效率;有利于提高土地产权的社会化使用程度。正如 E. G. 菲吕博腾、S. 配杰威齐所指出的:"竞争的逻辑(即对可供选择的使用的注意)表明,对一个人产权的更完整界定减少了不确定性,并会增进资源的有效配置与使用。"③ 为了减少

---

① 邓宏乾:《论城市土地产权结构及产权界定》,《经济体制改革》1995 年第 10 期。
② R. 科斯:《论生产的制度结构》,盛洪、陈郁译,上海三联书店 1994 年版,第 37 页。
③ E. G. 菲吕博腾、S. 配杰威齐:《产权与经济理论:近期文献的一个文献综述》,R. 科斯、A. 阿尔钦等:《财产权利与制度变迁——产权学派与新制度学派译文集》,上海三联书店、上海人民出版社 2000 年版,第 208 页。

第一章 土地收益及其分配的理论基础

确定的土地产权在多元经济利益主体之间交易的"不确定性",使多元化产权主体之间的"摩擦"降到最低程度,必须对产权加以界定。如何界定多元经济利益主体对同一宗土地的产权边界及其利益,是土地产权制度需要解决的关键问题。土地产权界定主要包括:一是解决土地产权在交易过程中出现的各种不相容利用问题,明晰产权边界,保证土地产权交易有利于土地资源的有效利用;二是解决土地产权分解后多元化权利主体的权利与责任问题。规范经济活动中土地所有权主体、用益物权主体、担保物权主体及其他产权主体的行为,界定特定土地产权主体的责、权、利,这需要作出制度安排;同时,通过建立健全土地产权主体之间有效的内在约束机制,以保障土地市场有效率的规范运行。

在市场经济条件下,主要有法律制度、交易契约和证券等方式以及不动产产权登记制度来界定和明晰土地产权边界。

土地产权分解与土地产权的有效组合,保护土地产权人权利和利益分配的强制性制度安排,为产权人的合作与竞争提供基本的制度框架,是土地市场有序运行和合理分配土地收益的基础,这种强制性的制度安排主要是通过制定法律法规来实现的,法律的权力会强化经济的权利。法经济学派的代表性人物罗伯特·考特指出:"在我们的法律体系中财产法建立了配置资源的一个市场结构。财产法的主要功能之一是创立、保护以及促进这个交易的结构。"[①] 法律是界定土地产权最根本、最重要的制度,有关土地的法律制度是人们在土地产权交换中必须遵守的社会规范和行为准则。当然,确认、界定土地产权的法律制度是多层次的。第一个层次是宪法对土地所有制性质的制度安排。如一个国家的宪法明确规定了土地所有制的性质,即公有或私有。中国《宪法》明确规定了土地公有制,即城市土地国家所有和农村土地集体所有。宪法是一个国家的根本大法,是确认土地所有权归属、界定土地所有权、土地他物权及其他土地权利的最基本的法律制度。第二个层次是调整人们财产关系的民事法律制度。财产法所调整的财产关系主要是界定财产所有权权能、产权结构、产权主体及其权利、义务关系等。比如,法国民法

---

① 罗伯特·考特、托马斯·尤伦:《法和经济学》,张军等译,上海三联书店、上海人民出版社1994年版,第159页。

典第 2 卷在"财产及对于所有权的各种变更"中,除规定所有权外,还规定了由所有权产生的诸种限制物权。德国民法典第 3 编为物权法,主要规定了所有权、地上权、役权、先买权、土地负担、土地债务、抵押权等内容。中国现行的《民法通则》是规定民事基本制度的法律。《民法通则》第五章规定的"财产所有权和与财产所有权相关的财产权",就是调整财产所有权、他物权及其权利、义务关系的法律制度。由于中国没有民法典,涉及土地(或不动产)财产的法律除《民法通则》外,《物权法》《土地管理法》《城市房地产管理法》《土地承包经营法》《合同法》等法律作了一系列的制度安排。如《物权法》对土地所有权确认规则、用益物权、担保物权等进行了明确的界定。第三个层次是调整土地产权关系和明晰土地权利的土地法规,包括土地行政规章、部门规章。主要是对土地产权权利、土地使用权流转、土地抵押及土地产权主体的权利与义务关系等做出具体的规定,是法律的具体化和具体实施规则。比如,《城镇国有土地使用权出让和转让暂行条例》明确规定了国有土地使用权出让、转让、出租、抵押、土地使用权终止等的具体实施细则,保证了土地产权交易的有序运行。由国家一系列法律法规界定的土地产权关系及多元的产权主体的权利,是由一定生产力水平决定的,反映的是一定社会经济条件下的经济关系。马克思曾指出:"这种具有契约形式的法权关系,是一种反映着经济关系的意志关系,这种法权关系或意志关系的内容是由这种经济关系本身决定的。"[①]

由一系列法律法规制度界定的土地产权关系,是界定和明晰土地产权界区及产权主体责、权、利明晰的基本准则和规则。在市场经济条件下,土地交易关系复杂,具体的土地产权交易涉及其产权边界如何界定,土地权利人的责权利如何明晰,需要通过产权主体依法达成契约协议或通过证券化方式来实现。土地交易契约——主要包括建设用地使用权出让合同、建设用地使用权转让合同、土地承包经营合同、土地抵押合同、土地租赁合同等,土地交易双方通过签订相关土地契约协议以解决土地流转及土地所有权权能分离后出现的"产权冲突和产权模糊"问题,明晰土地产权主体之间的责、权、利,规范土地产权主体的交易

---

① 《马克思恩格斯全集》(第 23 卷),人民出版社 2001 年版,第 102 页。

第一章 土地收益及其分配的理论基础

行为。当然，在市场经济条件下，契约（或合同）的履行往往会出现偏差，使完备的契约（或合同）变为不能完全履行或者完全不能履行，这需要通过法律来加以补救，即通过法律来"鼓励互利性的风险分配，对预防和信任的有效投资来调整合同双方的各种活动。如果有企图阻挠有效合同交易的情况出现，合同法就能在私人活动中进行最有效的干预"①。总之，法律和契约（或合同）是既符合公平又有效率的产权界定工具。

土地资产作为股份制企业的一项重要资产，在现代市场经济条件下，证券化方式是其最规范、最有效率的产权界定的实现手段和工具。在现代股份公司制度下，证券化方式是界定和明晰投资者与股份制企业之间责、权、利的主要方式。土地产权边界的明晰，多元化的投资者与被投资者之间的责、权、利，是通过证券化方式来实现的。土地资产证券化方式能够解决土地所有权能分离及土地流转过程中土地产权主体"错位"的问题；同时，增强了土地资产的流动性和变现性，有利于保护土地产权人的利益；能提高土地产权交易的效率和增进土地产权流转规范有序的发展。

另外，不动产产权登记制度也是明晰土地产权关系、界定土地产权界区的有效手段。现代土地产权交易（建设用地使用权出让、转让、土地抵押等）以及土地用益物权和担保物权的设立、变更、转让等，都必须在不动产产权登记部门进行产权登记；凡是经不动产登记机关登记确认的土地产权，其权利人的权利，如集体土地所有权、土地用益物权、土地担保物权等都受法律保护，任何人不得侵犯其权利。否则，其产权及产权人的利益不能得到法律的认可和保护。产权登记是可靠的、比较易行的界定和确认土地产权的方法，这是世界各国通行的做法，也是不动产区别于其他财产的一个最显著的特征。不动产产权登记具有界定和确认产权，保护和维护产权关系的稳定，维护不动产交易安全，规范不动产市场秩序和交易秩序，降低不动产交易成本等方面的功能。实行土地产权登记制度，一方面减少了房地产产权动态过程中的"不确

---

① 罗伯特·考特、托马斯·尤伦：《法和经济学》，张军等译，上海三联书店、上海人民出版社1994年版，第443页。

定性",最大限度地消除了土地产权流转和产权权能分解过程中的争议和矛盾,以及有效降低了界定土地产权交易的社会成本;另一方面,能有效地保护房地产产权人的合法权益。

土地产权从本质上看主要是调整土地产权主体之间土地利益分配关系,土地产权制度及产权权利配置实质上是如何解决土地产权收益分配的机制问题。因此,研究土地产权结构及产权界定对完善中国土地产权理论,特别是对中国农村集体土地产权制度改革及完善集体土地产权制度,构建科学合理的土地收益分配机制具有重要的现实意义和理论意义。

第二节 地租地价理论

中国实行社会主义土地公有制,存在着城市土地国家所有和农村土地集体所有两种所有制度,存在着两种不同的土地所有权。科学地认识地租理论,对利用地租地价杠杆建立健全用地约束机制,制定公平、科学的土地收益分配政策具有重要的指导意义。

一 马克思地租理论

马克思地租理论是在科学的劳动价值论、剩余价值理论、平均利润和生产价格理论的基础上创立和发展起来的。马克思认为,地租不是"自然对人类的赐予",而是土地生产关系的体现;地租的本质是剩余价值的转化形式,是超过社会平均利润的超额利润。马克思从土地所有制入手分析了地租产生的前提和条件,认为在资本主义制度下,土地供给的有限性产生了土地经营权的垄断,这是产生级差地租的前提;而土地所有权的垄断是绝对地租产生的制度基础。马克思指出:"不论地租有什么独特的形式,它的一切类型有一个共同特点:地租的占有是土地所有权借以实现的形式。"[①] 因此,任何地租都是以土地所有权的存在为前提的。马克思的地租理论包括级差地租、绝对地租和垄断地租理论。马克思通过对地租的考察和分析,独创性地提出了绝对地租理论。

---

① 马克思:《资本论》(第3卷),人民出版社1975年版,第714页。

第一章　土地收益及其分配的理论基础

此外，马克思还分析了建筑地段地租、矿山地租等地租形式。

（一）级差地租

马克思认为，级差地租是经营较优土地的农业资本家向土地所有者缴纳的超额利润。级差地租的来源是产品个别生产价格与社会生产价格的差额。级差地租形成的一般条件主要有：农业土地的质量和位置的差异是级差地租形成的自然物质基础；产品的社会生产价格是由劣等地产品的个别生产价格决定的；对有限的优、中等地进行经营权垄断等因素。马克思根据形成级差地租的条件，将级差地租分为级差地租Ⅰ和级差地租Ⅱ。

级差地租Ⅰ是由于土地的自然力和土地区位的不同，等量的投资产生不同的个别生产价格，土地质量好且土地位置较优的农产品个别生产价格与社会生产价格存在差异，二者的差额即超额利润转化而成的地租。级差地租Ⅱ是由在同一块土地上连续追加投资而产生的劳动生产率差异所产生的超额利润转化而成的。级差地租Ⅰ和级差地租Ⅱ虽然是两种不同形式的级差地租，但其本质是相同的，都是由超额利润转化而成的。马克思认为，级差地租Ⅰ是级差地租Ⅱ的前提和基础。一是因为级差地租Ⅰ的产生先于级差地租Ⅱ，因为农业的经营方式是由粗放式经营逐渐发展为集约式经营的，所以粗放式经营所对应的级差地租Ⅰ，在历史上是先于级差地租Ⅱ产生的。二是从级差地租Ⅱ的运动规律来看，也是以级差地租Ⅰ为基础的。因为级差地租Ⅱ的形成，仍然是由农产品的社会生产价格决定的。

级差地租Ⅰ和级差地租Ⅱ在土地所有者、土地租赁者（租地农场主）之间的分配是有区别的。级差地租Ⅰ在土地所有者与土地租赁者签订土地租赁契约时就确定了，由土地所有者享有。但是级差地租Ⅱ是在签订土地租赁契约之后，土地租赁者（租地农场主）连续对土地投资的结果，其超额利润在签订土地租赁契约时无法确定，所以在土地租赁期内，归土地租赁者（租地农场主）所有。马克思指出："地租是在土地出租时确定的，地租确定后，在租约有效期内，由连续投资所产生的超额利润，便流入租地农场主的腰包。"[①] 当土地租赁契约到期重新

---

① 马克思：《资本论》（第3卷），人民出版社1975年版，第760页。

签订租约时，土地所有者则会通过提高土地租金方式将它转化为级差地租Ⅰ，被土地所有者占有。

(二) 绝对地租

在土地私有制条件下，土地经营者不论其租种何种土地，都必须向土地私有者缴纳地租，即绝对地租。马克思认为，土地私有权（所有权）的垄断是资本主义绝对地租产生的原因。马克思指出："土地所有权就是引起这个价格上涨的原因。土地所有权本身已经产生地租。"[①]马克思分析了绝对地租产生的条件：（1）土地所有权和土地经营权（使用权）的分离。租地农场主为了使用土地必须按照契约的规定向土地所有者缴纳地租。即使租种最劣等的土地，也必须向土地所有者缴纳绝对地租。（2）农业资本有机构成低于社会资本平均有机构成是绝对地租存在的条件。由于农业资本有机构成低，农业部门会比资本有机构成高的部门获取更多的剩余价值，农产品价值高于社会生产价格。

绝对地租本质上也是超过平均利润以上的超额利润的一部分（在最劣等地上则是全部超额利润）。土地所有权（土地私有权）垄断的存在，造成资本投入土地的障碍，使得超额利润被保留在农业部门，不参与社会利润平均化过程，任何土地租赁者（土地经营者）必须向土地所有者缴纳绝对地租，才能取得土地的经营权，因此使得农产品价格按照高于社会生产价格出售，从而使超额利润转化为绝对地租。绝对地租的存在是垄断价格产生的前提，农产品价值高于生产价格的差额在多大程度上转化为地租，取决于由农产品市场供求状况所决定的农产品市场价格是否等于农产品价值或低于农产品价值的程度。

(三) 垄断地租

垄断地租是地租的一种特殊形式，是因为垄断价格的存在而产生的超额利润。形成垄断地租的垄断价格"不是由商品生产价格决定，也不是由商品的价值决定，而完全是由购买者的需要和支付能力决定的。"[②]垄断价格对垄断地租具有决定性作用，其价格是"由购买者的需要和支付能力决定的"，而不是由一般生产价格或价值决定的。一些

[①] 马克思：《资本论》（第3卷），人民出版社1975年版，第851页。
[②] 同上书，第861页。

特殊用途的土地资源稀缺，供给不能满足市场需求，从而形成垄断价格，比如，靠近湖边新建别墅，供给有限，但购买者众多，其销售价格较该地区的别墅价格高出几倍，这便产生了垄断地租。因此，垄断地租是由垄断价格决定的。垄断地租因对土地所有权的垄断而由土地所有者独占，"由垄断价格产生的超额利润，由于土地所有者对这块具有独特性质的土地的所有权而转化为地租，并以这种形式落入土地所有者手中。"①

马克思也分析了非农业用地地租，主要分析了建筑地段地租和矿山地租。建筑地段地租和矿山地租中包含级差地租、绝对地租和垄断地租三种地租形式。在建筑地段地租中，土地区位对级差地租具有重要影响，垄断价格起着决定性的作用。

马克思地租理论，在深刻揭示资本主义地租形成规律的同时，也阐述了地租形成的一般规律，从而为研究社会主义条件下的地租问题及土地收益分配问题提供了重要的理论基础。在社会主义公有制条件下，级差地租、绝对地租、垄断地租的存在也有其客观基础和社会条件。就客观基础来看，土地具有位置固定、不可移动、资源稀缺、不可再生等特性，决定了地租的存在。就社会基础来看，中国存在着城市土地国家所有和农村土地集体所有两种土地所有权形式，存在着土地用益物权（建设用地使用权、土地承包经营权）与土地经营权的分离等，因此，存在绝对地租、级差地租、垄断地租产生的社会条件。

二 地价理论

（一）马克思地价理论

地价理论也是马克思地租理论的重要组成部分。马克思认为，土地价格是地租的资本化形态，土地价格并不是土地本身的购买价格，而是土地所能提供的地租的购买价格。马克思关于土地价格的论述可归纳为：（1）土地不是人类的劳动产品，未凝结人类的抽象劳动，之所以表现出价格，其根本原因是土地所有权的垄断。土地是大自然恩

---

① 马克思：《资本论》（第3卷），人民出版社1975年版，第874页。

赐于人类的，自然的土地本质上不是劳动创造的，但由于土地是人类生产和生活不可或缺的物质生产资料，具有特殊性质，由于土地的稀缺性，必然产生对土地所有权的垄断，土地所有者为了实现其经济利益，必然要求土地使用者支付地租。（2）地价是地租的资本化形态。地价本质上不是"劳动价值"的货币表现，而是若干年地租也就是取得一定年期地租收益权的价格，因而地租的存在是地价存在的前提。地租表现为土地所有者出租土地每年应得到的货币额，地租与利息率的比值就体现了土地的收益价格。不过，土地资本化的利息率比平均利润率的水平要低，[①] 这是因为购买土地是一项很稳定的投资，风险性较小，收益稳定。正如马克思所指出的："购买地租所根据的利息率，多半低于其他较长时期投资的利息率。"[②]（3）地价是土地租金的资本化。马克思认为，土地在开发利用过程中，已经物化在土地中的人类劳动是土地资本，土地所有者在出租土地时，要求获得土地资本的利息收入，同时土地资本需要通过折旧得到补偿。所有，土地租金包括地租、土地资本的利息和折旧。

（二）西方经济学的地价理论

西方经济学对土地价格的研究，侧重于土地价格量的确定。西方经济学家认为，地租是土地生产要素对产品及其价值所做贡献的报酬。雷利·巴洛维认为："地租可以简单地看作是一种经济剩余，即总产值或总收益减去总要素成本或总成本之后余下的那一部分。各类土地上的地租额取决于产品价格水平和成本之间的关系。"[③] 西方学者将边际分析、均衡分析等计量方式引入地租地价理论的分析中，构建了各种地租地价模型，研究了契约地租（商业地租）和经济地租问题。其中最具代表性的是竞租理论，这一理论是由美国土地经济学家 W. 阿隆索（William Alonso）1964 年提出的，他在《位置与土地使用：土地租用的一般理论》一书中，引入区位边际均衡和区位边际收益等空间经济理论，研究城市土地租金变化规律、最佳土地利用方式等问题，从而形成了

---

① 马克思：《资本论》（第3卷），人民出版社1975年版，第704页。
② 同上。
③ 雷利·巴洛维：《土地资源经济学——不动产经济学》，谷树忠等译，北京农业大学出版社1989年版，第101页。

"竞租理论"①。根据 W. 阿隆索的分析，城市中心地租最高，从城市中心向外发展，地租由高到低依次为写字楼、工业用地、居住用地等。自 20 世纪初以来，主要有均衡价格理论、竞价曲线理论、土地影子价格理论、土地收益价格理论等。

地价的实质是土地权益价格，中国存在着土地所有权、土地用益物权、土地担保物权及其他土地产权形式，但中国土地所有权不能交易，集体土地所有权体现的是土地征收价格。土地用益物权、土地担保物权及其他土地产权可以进行交易，存在与之相应的土地价格。马克思的地价理论，对我们正确认识社会主义条件下土地价格运行的客观规律具有重要的现实意义和指导价值。西方经济学家有关地租地价的分析方法及土地资源有效配置和利用的理论具有重要的借鉴价值。

第三节 土地增值收益分配及土地(房地产)税收理论

一 土地增值及其分配②

土地增值是指土地（房地产）在开发利用、交易过程中所发生的土地价格的上涨，表现为地价的上涨。在理论上，土地价值由土地物质价值和土地资本价值构成，因而土地价值增值也可分为土地物质价值的增值和土地资本价值的增值。导致土地增值的因素很多，归纳起来，主要可分为两大类：一是生产性因素导致的土地增值；二是非生产性因素导致的土地增值。

（一）土地增值的原因

1. 生产性因素导致的土地增值

生产性因素产生的土地增值，是土地产权人或土地经营者对地块投入资金、劳动力等生产要素所导致的土地价值的增加。生产性因素主要

---

① William Alonso, *Location and Land Use: Toward a General Theory of Land Rent* (Harvard University Press, 1964).

② 参见邓宏乾《土地增值收益分配机制：创新与改革》，《华中师范大学学报》（人文社会科学版）2008 年第 5 期；邓宏乾《中国城市主体财源问题研究》，华中师范大学 2007 年博士学位论文。

包括直接投资因素和间接投资因素两类。

直接投资性增值是指土地产权人或土地经营者对土地的连续追加投资,使特定地块的劳动生产率提高,这些投入会直接产生级差地租 II,被称为"人工增值"①。如房地产开发商通过出让方式获取国有土地使用权后进行投资开发房地产,出售或持有获得增值收益。间接投资性增值是指政府或其他投资者,对土地投资而产生的土地资本"效益场",形成了土地投资的"级差地租的扩散效应"或者形成了"土地资本效益的外溢效性"。投资的溢出效益提高了周边地区的土地价值,从而使相邻土地产权人或土地使用者获得一部分土地增值收益。间接性投资可分为两类:一是政府投资新建或改造某一区域的基础设施和公共设施,从而使该区域的区位条件得以改善,导致土地价值上涨。二是其他投资者在某一区域投资,产生了聚集效益而导致地价上涨。间接性投资所产生的土地价值增值是外部性效应,并不是土地产权人或利用人自身投资所产生的。

2. 非生产性因素导致的土地增值

非生产性因素引起的增值,主要是由于土地稀缺性、土地用途调整、利率、政治稳定、政策等因素引起的地价上涨,属于土地物质价值的增值。(1)稀缺性引起的土地增值主要是因为土地具有不可再生性以及空间位置不可移动性等特点,决定了土地自然供给无弹性或经济弹性小。随着经济社会的发展,用地需求不断扩大,需求拉动地价上涨。如特大城市、大城市,随着城市人口的不断增长,城市建设用地供给不能满足社会需求,导致土地价格不断上涨。(2)土地用途调整引起的增值是同一地块由低收益用途转换为高收益用途所引起的地价增加。最典型的是农用地转为建设用地(即非农业用地),或集体土地征收转变为国有建设用地,从而引起地价增加。另一类是因城镇规划调整或旧城更新改造而导致的城市空间结构变化、原有土地用途调整,从而导致地价上涨。如工业用地调整为住宅用地或商业用地,提高了土地利用强度,土地价值得以上涨。(3)政策性因素引起的增值主要包括宏观政

---

① 中国著名土地经济学家周诚教授将土地增值分为"人工增值"和"自然增值"两类。参见周诚《论土地增值及其政策取向》,《经济研究》1994 年第 11 期。

策和有关土地政策的调整而产生的土地增值。宏观政策方面主要是指一个国家或地区政治稳定、经济政策科学且稳定、社会安定，投资者对其经济预期看好，投资者的信心提高，土地需求增加导致增值。土地政策调整也会引起土地的增值，如中国2004年实行经营性用地必须采取招标拍卖挂牌方式出让政策，导致国有土地出让地价上涨。2015年在全国选取了15个市（县）开展农村集体经营性建设用地入市改革试点，在试点地区集体经营性建设用地可以直接上市交易，使集体建设用地价格上涨。（4）利率因素引起的土地增值是指因资本实际利率的下降而引起的地价上涨。从理论上说，土地价格与地租成正比，与利息率成反比。在地租量不变的条件下，利率下降，会引起地价上涨；反之，地价下跌。非生产性因素引起的土地增值是非土地价值真实的增长，是一种"虚假"的价值增加。

客观来看，在土地价值增值构成中，自然增值的作用比人工增值的作用大。

（二）土地增值收益的分配理论①

关于土地增值收益的归属问题，理论界主要有三种观点：一是"涨价归公"论，主张土地增值收益应归国家所有，以英国经济学家穆勒、美国经济学家乔治、中国孙中山先生等为主要代表。二是"涨价归私"论，主张土地增值收益归原土地所有者所有。三是"公私兼顾"论，主张土地增值收益应由原土地所有者和政府共享，以中国人民大学周诚教授为主要代表。②

"涨价归公"论，最早可追溯至19世纪英国古典经济学家约翰·穆勒。他在1848年出版的《政治经济学原理》一书中指出，土地的现有价值仍归地主所有，而由于社会进步所增加的价值则以赋税形式交给国家；土地税收就可以被看成是一种公共租金，或者说是代替国家持有部分土地的成本。他指出："土地税有时并不是赋税，而是为公众利益

---

① 参见邓宏乾《土地增值收益分配机制：创新与改革》，《华中师范大学学报》（人文社会科学版）2008年第5期；邓宏乾：《中国城市主体财源问题研究》，华中师范大学2007年博士学位论文。

② 周诚：《我国农地转非自然增值分配的"私公兼顾"论》，《中国发展观察》2006年第6期。

收取的一种租费。……这种租费是地租的一部分，从一开始就归国家所有。"① 因此，他主张通过征收"土地税"将土地增值部分收归政府。斯密（Adam Smith）论证了城市地租税的合理性，他认为："租地费和普通的地租因此或许是土地所有者能够承受的最好的一种税收收入。"② 19世纪后半期，美国经济学家亨利·乔治也提出了土地增值收益应归国家所有的主张。他在1882年出版的《进步与贫困》一书中认为："土地价值不表示生产的报酬……（而）表示垄断的交换价值。它在任何情况下都不是占有土地者个人创造的；而是由社会发展创造的。因此，社会可以把它全部拿过来……税收可以加在地价上，直到全部地租由国家取走……"③ 所以，土地所有者都没有道德权利享有土地增值的部分，也不允许享有未来可能因为经济扩张而导致的现有租金的增加。④ 因此，他认为，土地价值增长不管是自然力量还是社会因素，应对土地的剩余征税（即对土地价值的自然增值征税）。庇古（Arthur Pigou, 1909）认为，对区位价值征税对资源配置呈中性，如果增值是不可预见的，也不是由土地所有者的个人努力而创造的，那么从资源配置的角度来看，这些额外收入就是征税的理想目标。⑤ 现代西方经济学家保罗·A.萨缪尔森认为，对地租征税"不会导致扭曲或经济缺乏效率的影响，因为对纯经济地租征税并不改变一个人的经济行为"。⑥ 孙中山在土地纲领中提出了平均地权的思想。他认为："土地价值之能够增加的理由，是由于众人的功劳，众人的力量；地主对于地价涨跌的功劳，是没有一点关系的……地价是由什么方法才能增长呢？是由于众人改良那块土地，争用那块土地，地价才增长。"⑦ 因此，他主张土地增

---

① 约翰·穆勒：《政治经济学原理及其在社会哲学上的若干应用》，赵荣潜、桑炳彦、朱泱、胡企林译，商务印书馆1991年版，第380页。
② A. Smith, *The Wealth of Nations* (Chicago: University of Chicago Press, 1776).
③ 亨利·乔治：《进步与贫困》，吴良健、王翼龙译，商务印书馆2010年版，第347页。
④ A. R. Prest, *The Taxation of Urban Land* (Manchester: Manchester University Press, 1981).
⑤ Owen Connellan, Nathaniel Lichfield, Frances Plimmer and Tony Vickers, *Land Value Taxation in Britain: Experience and Opportunities* (Toronto: Webcom Ltd, 2004).
⑥ 保罗·A.萨缪尔森：《经济学》（下册），中国发展出版社1992年版，第1008页。
⑦ 孙中山：《孙中山选集》（下卷），人民出版社1981年版，第794—795页。

值收益应当通过征收地价税收归国有,由国民共享。应当说,土地涨价归公是孙中山先生平均地权思想的核心。孙中山先生涨价归公思想对中国国民政府税收产生了重要影响,国民政府1930年就开始征收土地增值税,税率为20%—100%;中国台湾地区保留土地增值税至今,税率为30%—60%。

"涨价归私"论是从土地私有权角度提出来的,主张土地自然增值全部归原土地所有者。19世纪及20世纪早期一些私有制国家即实行土地增值收益全部归土地私有者所有。中国学者提出的"涨价归私"实质上是"涨价归农村集体经济组织和农民个人"。长期以来,中国实行的是城乡分割的二元土地制度,农村集体土地禁止进入市场流转,只有通过国家征收为国有土地后,方可进入市场。国家征收农村集体经济组织和农民的土地所有权是按"年产值倍数法"进行补偿的,一般为年产值的20倍,最高不超过30倍,其征地补偿费未能反映出被征地的土地市场价值,农村集体土地所有权人和农民(农民享有的用益物权)的土地财产权不能实现,同时没有赋予集体土地所有权人和农民应有的土地"发展权"。因此,农转非后的自然增值应当全部归农村集体经济组织和失地农民所有。但农用地转为城市建设用地而带来的增值并非被征地的农村集体经济组织和农民投入资金、劳动等生产要素而产生的,是由政府行为导致的,若将自然增值全部"归农",农村地区会出现因土地用途转用所产生的不平等,从而导致社会不公。

土地增值的"公私兼顾"论是由周诚教授提出的。他认为,土地收益应"优先对于失地农民进行公平补偿"分配,土地增值收益应由农村集体经济组织和中央政府共享。实质上"公私兼顾"与"涨价归公"没有本质上的差别,"涨价归公"认为,土地自然增值部分应当以税收形式收归国有,而征税只是按一定税率征收,征税后原农村集体土地所有权人和农民仍可获得一部分土地增值收益。

土地增值收益如何在土地所有权人、土地用益物权人、集体、国家及其他土地产权人之间进行合理分配是土地分配制度改革的核心。土地增值收益的分配应以土地增值生成的主要因素、土地财产权理论为基本依据。土地产权及其结构对于土地资源配置效率产生直接的影响,也是合理分配土地增值收益的重要因素。中国实行的是城市土地国家所有和农村土地集体所有制度，长期以来，集体土地所有权受到限制，集体土地被禁止进入市场流转，集体土地所有权人享有的土地收益、处分权不能得到法律保护，其土地财产权长期得不到实现。因此，必须改革中国现行的土地制度，赋予农村集体经济组织和农民真正的土地财产权，废除禁止集体建设用地流转的法律规定，使之与国有土地享有同等的土地权利，允许集体土地合法流转，这样集体土地所有权人和农民能在法律规定的范围内行使土地权利，获取相应的土地收益和土地增值收益，通过土地制度改革，解决集体土地所有权"虚化"问题。若国家为了公共利益的需要而动用公权征收农村集体土地，原集体土地所有者因此丧失了土地物权（包括土地所有权和用益物权），也丧失了继续经营土地的条件，因此国家应当对农村集体经济组织的土地所有权给予"对价"补偿，才能真正保护农民集体的土地财产权和土地利益。因此，应取消目前"按年产值倍数法"征地补偿制度，构建征收农地的市场补偿机制，从而保障农村集体土地所有权人和农民获得土地财产收益与土地增值收益。美国学者 M. 贝勒斯在分析政府征收房地产税时指出，政府支付的价格可能高于市场价格，"应该而有时也的确是通过附加计价予以补偿的"[①]。

　　建设用地增值收益分配，应兼顾国家、地方政府、土地用益物权人及相关土地产权人等多元产权主体的利益。由土地用益物权人或土地开发投资者的直接投资行为而引起的增值，本质上是级差地租Ⅱ的表现形式。在建设用地使用期内，应归土地用益物权人或投资者所享有。若土地用益物权人将土地租赁给其他人使用，在租赁期内，因土地承租人的投资而产生的增值部分（属级差地租Ⅱ），在租赁期内，归土地承租人享有；下一个租期，级差地租Ⅱ转化为级差地租Ⅰ，归土地用益物权人享有。正如马克思所指出的，土地"契约规定的租期满，在土地上实行的各种改良，就要作为和实体即土地不可分离的偶性，变为土地所

---

① M. 贝勒斯：《法律的原则——一个规范的分析》，张文显等译，中国大百科全书出版社1996年版，第137页。

第一章 土地收益及其分配的理论基础

者的财产"。① 因间接性投资而引起的土地增值和非生产性因素导致的土地增值是非土地产权人或土地利用人自身的"功劳",政府应通过征收土地增值税收归国有,以体现土地增值收益分配的公平性。正如马克思指出的"地租完全不是由地租的获得者决定,而是由他没有参与的和他无关的社会劳动的发展决定的"②。

从提高土地利用效率和增进土地收益分配公平性角度来看,土地增值收益的分配除了以土地产权为基本依据外,还应考虑土地具有"公益性"和"私益性"③的基本特性,兼顾中央政府、地方政府、农村集体土地所有者、国有土地使用者、集体土地使用者以及农民的利益。因此,在土地增值收益的初次分配中,应以效率为基本准则,土地产权人根据其拥有的土地财产权利以及对土地增值的贡献程度获得与之相匹配的土地增值收益,从而建立土地集约利用的经济激励机制;在土地增值收益再分配中应当注重公平,国家通过征收土地增值税来调节土地产权主体所获得的土地增值收益,实现土地自然增值收益归全社会共享的目标,增进土地增值收益分配的公平性,构建土地增值收益全社会共享的分配机制。

二 土地(房地产)税收理论④

土地(房地产)是社会财富的重要组成部分,作为社会重要财产,它能为地方财政带来稳定的收益。土地(房地产)税是现代税收体系的重要组成部分,是各国地方税收的主体税种,具有其他税种难以实现的独特的调节作用。

(一)房地产税收的理论依据

对土地(房地产)财产征税是历史上最早的税收形式,在世界各国地方税制结构中曾占据主导地位。历史上,土地税是财产课税的最早

---

① 马克思:《资本论》(第3卷),人民出版社1975年版,第699页。
② 同上书,第843页。
③ 陈华彬:《物权法原理》,国家行政学院出版社2000年版,第263页。
④ 邓宏乾:《中国城市主体财源问题研究》,华中师范大学2007年博士学位论文。

最基本的税种。17世纪中叶重农学派的创始人皮埃尔·布阿吉尔贝尔①，19世纪后半期美国资产阶级经济学家亨利·乔治②、李嘉图等提出了征收单一土地税主张。法国学者计拉丹和门尼埃提出了单一财产税理论，主张对不动产或有形资产课征财产税。18世纪下半期英国著名的资产阶级古典政治经济学家亚当·斯密提出了复合税理论，构建了地租税制体系，其主要税种包括土地税、土地收益税、什一税、地皮租以及对土地产权转移课征的税收。③ 20世纪初，美国财政学家理查德·A. 马斯格雷夫和皮吉·B. 马斯格雷夫将"财产税"作为三大税收体系的重要组成部分。④ 现代西方税种体系是以此为基础构建和完善的。

对土地（房地产）征税，是财政分权理论研究的一个重要内容。George Stigler（1957）⑤ 最早提出财政分权问题，并论述了地方政府存在的合理性。按照 Musgrave 的财政学观点，公共财政和私人财政最核心的区分原则在于"搭便车"（free riding）问题，因而"公共经济中的自愿交换理论"无法成立。为解决这一问题，Charles E. Tibeout（1956）⑥ 提出了"以足投票"的理论，着重分析了纳税人对地方税收与公共服务提供水平的权衡以及居住地的选择。Tiebout 认为，由不同行政辖区地方政府所提供的那些公共产品，可能不会受"搭便车"问题的影响。因为居民可以通过选择在不同的社区居住来显现其地方公共产品偏好。如果不同社区提供程度明显不同的公共服务种类，并在辖区范围内征税，居民们就能通过对不同公共服务和税收组合的选择——"用足投票"，来解决"搭便车"问题以及由此带来的对公共产品进行行政分配的需要，即著名的"Tiebout 模型"。从财政角度看，"以足投票"同时引出了地方税设置问题，因此地方主体税税种应考虑居民的

---

① 布阿吉尔贝尔：《谷物论：论财富、货币和赋税的性质》，商务印书馆1979年版，第22页。
② 亨利·乔治：《进步与贫困》，吴良健、王翼龙译：商务印书馆2010年版。
③ 亚当·斯密：《国民财富的原因和性质的研究》（下卷），商务印书馆1974年版。
④ 王传纶、高培勇：《当代西方财政经济理论》，商务印书馆1995年版，第261页。
⑤ George Stiglers, *Tenable Range of Functions of Local Government* (Washington, D. C, 1957), pp. 213–219.
⑥ C. M. Tibeout, "A Pure Thoery of Local Expenditures," *Journal of Political Economy*, October 1956 (64), pp. 416–424.

第一章 土地收益及其分配的理论基础

流动性等问题，在 Tiebout 模型中，以房地产财产税为主设置地方税，这为地方税收竞争理论提供了基础。此后，Wallace E. Oates 认为，地方政府提供公共产品比中央政府更有效率，即"财政分权定理"[①]；Hamilton[②]（将财产税作为地方最重要的筹资手段引入 Tiebout 模型，1975）、Fischel[③]（将信息不完全和非确定性引入 Tiebout 模型）进一步改进了 Tiebout 模型，形成了著名的"Tiebout-Oates-Hamilton-Fischel 模型"。他们认为，地方政府由于比中央政府更了解本地居民的偏好，提供公共产品有可能实现帕累托改进；具有严格的地方税收法规，促进房地产财产税的资本化而设计的住宅财产税体系，会实现类似收取使用费的非扭曲效应[④]；在其他因素相同的前提下，人们愿意支付相对高的住房价格，选择购买公共服务较好而房地产税率又相对较低的地区居住，因此这一地区住房价格也会相对较高，且公共服务会保持得较好，从而促进该地区的健康可持续发展。房地产财产税是一种能够鼓励居民做出理性的住房消费决策，能提高公共决策效率的收益税。[⑤]

从税收原则的现代观点来看，效率标准和公平标准是现代财政理论中两大最为重要的税制原则。税收的经济效率通常与"税收中性"（超额负担最小化）相关，这要求税制及税收体系满足促进优化资源配置这一基本要求，保障资源配置的效率，至少不影响私人部门原有的资源配置状况。税收的公平原则自古以来一直是首要的课税原则，受益原则和能力原则是衡量税收公平的两大基本准则，前者要求纳税人应根据其

---

① Wallace E. Oates, *Fiscal Decentralization* (Harcourt, Barce and Jovanovich, 1972).

② Hamilton, Bruce W., 1975a, "Property Taxes and the Tiebout Hypothesis: Some Empircial Evidence," In Edwin S. Mills and E. Oates Wallace, eds., *Fisal Zoning and Land Use Controls* (Lexington, MA: Lexington Books), pp. 13 – 19.

③ Ricard W. Tresch, "Estimating State Expenditure Functions: An Econometric Analysis," *Public Finance*, 1975.

④ Hamilton, Bruce W., 1975a, "Property Taxes and the Tiebout Hypothesis: Some Empircial Evidence," In Edwin S. Mills and E. Oates Wallace, eds., *Fisal Zoning and Land Use Controls*, Lexington (MA: Lexington Books), pp. 13 – 19.

⑤ Walliam A., Fischel, "Property Taxation and the Tiebout Model: Evidence for the Benefit View form Zoning and Voting," *J. Econ. Lit.* (30) 1992. pp. 171 – 177. Walliam A., Fischel, "The Home Voter Hypothesis: How Home Values Influence Local Government Property Taxtation," *School Finance, and Land-use Policies* (Cambridge, MA: Harvard University Press, 2001).

从公共服务中受益的大小纳税，受益相同的纳税人缴纳相同的税（横向公平），受益不同的纳税人缴纳不同的税（纵向公平）；后者要求纳税人应当按照他们的支付能力纳税，纳税数量要与支付能力成正比，所得、支出、财富（包括土地、房产等不动产）都是能力原则的客观衡量尺度。从税收原则来看，对土地（房地产）征税，一方面，能够保证土地资源的合理配置，提高土地资源的利用效率，建立土地（房地产）资源利用使用的经济约束机制，遏制滥占多占或占而不用等现象，促进土地开发利用与国民经济协调发展，从而建立起与社会经济可持续发展相适应的土地（房地产）利用机制。同时，对闲置或利用率低的土地（房地产）产权人，通过课征重税，促进（土地）房地产资源的合理流动，优化土地（房地产）资源的配置。另一方面，有利于矫正社会分配不均，调节个人收入分配。由于土地（房地产）税具有不易转嫁、税收资本化的特性，对土地（房地产）所有者或占有者依据拥有土地（房地产）的价值征税，符合按纳税能力征税的公平原则，比如，家庭中最大的财产就是住宅，对拥有多套住宅或别墅的住宅所有者征收财产税，符合税负纵向公平的原则。因此，对土地（房地产）财产征税，对调节社会财富分配，矫正社会财富分配不均，促进社会协调发展具有重要意义。

（二）房地产税是地方政府的主体税种

Fischel, Oates 以及 Musgrave 等学者认为，房地产税是地方政府财政收入的重要来源。Musgrave（2001）认为，把财产税当作地方税符合联邦主义。[①] James Alm, Robert Bushman, David L. Sjoquist（2011）利用联邦、州、地方政府三个层面的相关数据研究了2008年、2009年美国经济大萧条，房地产市场出现信贷泡沫之时，半数以上州级以下地方政府财产税收入仍保持增长的现象。他们认为，房产税是经济萧条背景下，政府稳定财政收入的有效税种，并且房产税的这种"稳态"作用还能持续相当长的时间。[②] Byron Lutz, Raven Molloy 和 Hui Shan

---

① Wallace E. Oates 编著：《财产税与地方政府财政》，丁成日译，中国税务出版社 2005 年版，第 300 页。

② James Alm, Robert D. Buschman, David L. Sjoquist, 2011, "Rethinking Local Government Reliance on the Property Tax," *Regional Science and Urban Economics* 3 (3), 1 – 12.

(2011)等研究了房地产税的稳定作用。他们通过对房地产市场影响国家和地方税收收入的主要因素——房产税、转移税、营业税(包括通过建筑材料直接的影响及通过房产价值和消费相联系的间接影响)、个人所得税进行了分析,得出房地产市场萎缩通过上述五种因素对整体经济税收收入的影响并不大,所以国家税收收入和地方税收收入的减少是由经济萧条引起的,而不是由房地产市场的萧条直接引起的[1],说明房地产财产税收入具有稳定的特性。

---

[1] Byron Lutz, Raven Molloy, Hui Shan, 2011, "The Housing Crisis and State and Local Government Tax Revenue: Five Channels," *Regional Science and Urban Economics* 3 (9), 1–14.

第二章 集体经营性建设用地流转制度变迁及改革

农村集体建设用地包括经营性建设用地和非经营性建设用地。集体经营性建设用地是指集体乡（镇）企业的非农建设用地（主要是第二、三产业用地）；集体非经营性建设用地指农村基础设施、公共设施建设用地以及农村宅基地等。本章研究范围是集体经营性建设用地入市流转问题，即在集体土地所有权不变的前提下，农村集体经济组织以出让、出租、作价入股等方式或集体建设用地使用权人以转让、转租、抵押等方式流转集体经营性建设用地使用权的行为。

第一节 集体建设用地流转政策演变及评价

中国农村集体建设用地流转政策大致可划分为五个阶段：（1）1949—1956年，允许流转阶段；（2）1956—1986年，禁止流转阶段；（3）1986—1998年，限制流转阶段；（4）1999—2014年，改革探索阶段；（5）2015年至今，正式改革试点阶段。

一 1949—1956年：允许流转阶段

中国集体土地所有权是在私人土地所有权的基础上发展起来的。1950年，中国进行土地改革，没收大地主的土地，实行农民土地所有制，这一制度在1950年颁布的《土地改革法》[①] 中予以确认。土地改革后，在农村地区实行了农民个人土地所有权制度，颁发土地所有权证

[①] 参见《中华人民共和国土地改革法》，1950年6月28日。

给农民，以法律形式确认和保护农民土地所有权，并赋予农民个人买卖、租赁土地的权利，土地可以自由流转。1952年，农村开始推行互助组、初级社经营，但土地仍然归个人所有，农村采取土地入股、集体耕种、收益分红的经营方式。1954年，中国颁布的第一部《宪法》确认了农村土地个人所有制。① 这一时期，农村土地所有权和土地使用权可以交易并受法律保护。

二 1956—1986年：禁止流转阶段

随着社会主义改造的逐步实施和农村集体经济体制的确立，农村土地集体所有制度也随之建立。1956年，农村掀起了农业合作化运动，初级社转为高级社，农民的土地私有转为合作社集体所有，由集体统一经营，取消土地股份分红，实行按劳分配。② 1958年，开展了人民公社化运动，土地逐步归集体所有。1962年颁布的《农村人民公社工作条例修正草案》，基本确立了以生产队为基础的农村集体土地所有制，同时，禁止农村集体土地买卖、租赁。③ 随着人民公社的发展，农村逐步确立了"三级所有，队为基础"的生产资料集体公有体制，也逐步形成了农民集体三级所有的土地所有制。1982年颁布的《宪法》确认了集体土地所有制和禁止集体土地买卖和转让。④ 同时，1982年颁布的《国家建设征用土地条例》明确规定，农村集体土地不能用于兴办企业和用于非农业用途，⑤ 农村集体土地若用于非农用途，必须由国家征用（征收）。至此，确立了农村集体土地产权制度和土

---

① 1954年《宪法》第8条规定："国家依照法律保护农民的土地所有权和其他生产资料所有权。"

② 1956年6月《高级农业生产合作社示范章程》第13条规定："必须把私有的土地和耕畜、大型农具等主要生产资料转为合作社集体所有。"

③ 1962年9月《农村人民公社工作条例修正草案》第21条规定："生产队范围内的土地，都归生产队所有。""生产队范围内的土地，包括社员的自留地、自留山、宅基地等，一律禁止出租和买卖。"

④ 1982年，中国《宪法》第10条规定："农村和城市郊区的土地，除由法律规定属于国家所有的以外，属于集体所有；宅基地和自留地、自留山，也属于集体所有。""任何组织或者个人不得侵占、买卖、出租或者以其他形式非法转让土地。"

⑤ 1982年《国家建设征用土地条例》第2条规定："禁止任何单位直接向农村社队购地、租地或变相购地、租地。农村社队不得以土地入股的形式参与任何企业、事业的经营。"

地管理制度。

在计划经济时期，中国经济体制呈现出经济决策权与管理高度集中化，资源配置行政调拨与无偿使用，城乡分化与二元结构等基本特征。土地作为基本的生产资料，禁止转让、买卖、租赁和用于非农建设（非农建设必须由国家征用）等，实行无偿使用。

三 1986—1998年：限制流转阶段

20世纪80年代开始，中国实行计划经济逐步向有计划的商品经济体制转变，实施了一系列改革。农村推行了家庭土地承包权改革，提高了农业生产效率，农村剩余劳动力游离出来，但由于城乡二元体制和严格的户籍管理制度，为解决农村剩余劳动力问题，中国实行了农民"离土不离乡"的政策，对集体土地的管制政策开始松动，在一定程度上允许在集体土地上兴办乡镇企业。1986年颁布实施的《土地管理法》，允许集体经济组织将集体土地使用权作为联营条件，兴办合资合作乡镇企业[①]；但对农村集体经济组织是否可以独资兴办集体企业，法律并未做出明确规定。1988年《宪法》《土地管理法》明确规定集体土地使用权可以依法转让。[②] 虽然集体建设用地流转实践了近20年（事实上，少数经济发达地区集体建设用地流转是隐性"地下流转"），但时至今日，仍然没有制定有关农村集体建设用地流转的法律法规，集体建设用地流转不具备合法性。1998年，对集体土地再次采取了严格限制流转政策[③]，集体土地政策再次从紧，集体乡镇企业用地禁止流转，只有当乡镇企业破产、

[①] 1986年《土地管理法》第36条规定："全民所有制企业、城市集体所有制企业同农业集体经济组织共同投资举办的联营企业，需要使用集体所有的土地的……可以由农业集体经济组织按照协议将土地的使用权作为联营条件。"

[②] 1988年《宪法》第2条规定："任何组织或个人不得侵占、买卖或者以其他形式非法转让土地，土地的使用权可以依照法律的规定转让。"这里的"土地使用权"应当包括"集体土地使用权和国有土地使用权"。1988年《土地管理法》第2条规定："国有土地和集体所有的土地的使用权可以依法转让。"

[③] 1998年修订的《土地管理法》第63条规定："农民集体所有的土地的使用权不得出让、转让或者出租用于非农业建设；但是，符合土地利用总体规划并依法取得建设用地的企业，因破产、兼并等情形致使土地使用权依法发生转移的除外。"

第二章　集体经营性建设用地流转制度变迁及改革

兼并时，集体土地使用权随厂房等地上建筑物转移时方可转让。同时，实行了更为严厉的土地用途管制制度，因非农建设需要使用的土地，必须是国有土地；若原属农用地的，必须办理农用地转用审批手续。[①]

这一时期，集体建设用地政策发生了从允许兴办联营企业，在法律上允许合法转让到1998年严厉禁止转让的变化，实行了农用地转用审批制度和土地用途管制制度，这进一步强化了城乡二元土地制度，农村集体土地不能直接参与工业化、城市化，农村集体土地无财产权利，国家垄断了非农建设用地和城市化的土地供给。

四　1999—2014年：改革探索阶段

随着工业化与城市化的快速发展，非农建设用地的需求不断增长，城市建设用地供给紧张；但是，农村土地又被限制进入建设用地市场，而农村集体建设用地大量闲置且利用率低，原有城乡分割的二元土地制度和土地供给体制，已越来越不适应中国经济发展的需要，甚至成了阻碍农村经济发展的制度藩篱。在这种背景下，在一些经济发达地区，农村自发流转集体建设用地、大量出租集体土地或在集体土地上兴建厂房或商铺进行出租，自下而上地推动了农村集体建设用地流转的改革试点。

20世纪90年代初，广东南海市（现为佛山市的南海区）、中山市等开始进行自发性的集体建设用地入市流转探索并取得了明显的成效，这为后期各地开始试行集体建设用地流转试点起到了积极作用。1999年11月，安徽省芜湖市主动向国土资源部提出进行集体建设用地流转改革试点并得到批准，在国家法律没有修改的背景下，集体建设用地流转改革试点得到了政府管理部门的许可。

在各地改革试点的推动下，国家出台了相关政策支持集体建设用地流转改革。2003年1月，国家出台了相关政策支持集体乡镇企业和小

[①] 1998年修订的《土地管理法》第43条、第44条规定："任何单位和个人进行建设，需要使用土地的，必须依法申请使用国有土地。""建设占用土地，涉及农用地转为建设用地的，应当办理农用地转用审批手续。"

城镇的发展，允许集体建设用地流转、置换。① 2004年，国务院《关于深化改革严格土地管理的决定》明确指出，允许集体建设用地依法流转。② 这极大地激发了各地集体建设用地入市流转试点的积极性，一些地方政府出台了有关集体建设用地流转的地方法规，例如，广东省人民政府2005年颁布了《集体建设用地使用权流转管理办法》，明确了集体建设用地流转的方式、条件、范围和程序等，地方制度创新为集体建设用地入市流转改革提供了有益的经验。2008年10月，中共十七届三中全会通过的《关于推进农村改革发展若干重大问题决定》首次提出了"逐步建立城乡统一的建设用地市场"③这一改革目标，这为破解城乡二元土地制度和集体建设用地改革提供了依据。2011年，国家制定的《国民经济和社会发展第十二个五年规划纲要》明确了"入市流转的集体土地必须是集体经营性建设用地"④。2013年中共十八届三中全会通过的《关于全面深化改革若干重大问题的决定》对集体经营性建设用地入市流转改革作了更加明确的界定和政策指向，逐步实行集体土地享有与国有土地"同产权、同市场、同价格"的土地产权制度⑤，赋予农村集体和农民完整的土地财产权利，主要包括土地所有权，土地使用权的交易权、收益权、抵押权、处置权等。

五 2015年至今：正式改革试点阶段

2015年1月，中共中央办公厅、国务院办公厅联合印发了《关于

---

① 中共中央、国务院出台的《关于做好农业和农村工作的意见》指出："各地要制定鼓励乡镇企业向小城镇集中的政策，通过集体建设用地流转、土地置换、分期缴纳土地出让金等形式，合理解决企业进镇的用地问题，降低企业搬迁的成本。"

② 2004年国务院《关于深化改革严格土地管理的决定》指出："在符合规划的前提下，村庄、集镇、建制镇中的农民集体所有建设用地的使用权可以依法流转。"

③ 2008年10月，中共十七届三中全会通过的《关于推进农村改革发展若干重大问题决定》指出："逐步建立城乡统一的建设用地市场……在符合规划的前提下与国有土地享有平等权益。"《人民日报》2008年10月20日。

④ 2011年《国民经济和社会发展第十二个五年规划纲要》提出："要严格规范城乡建设用地增减挂钩，调整优化城乡用地结构和布局，逐步建立城乡统一的建设用地市场。""完善农村集体经营性建设用地流转和宅基地管理机制。"《人民日报》2011年3月17日。

⑤ 2013年中共十八届三中全会《关于全面深化改革若干重大问题的决定》指出："在符合规划和用途管制前提下，允许农村集体经营性建设用地出让、租赁、入股，实行与国有土地同等入市、同权同价。"《人民日报》2013年11月16日。

第二章 集体经营性建设用地流转制度变迁及改革

农村土地征收、集体经营性建设用地入市、宅基地制度改革试点工作的意见》,对农村集体土地改革进行了总体部署①,对改革的基本原则、试点范围、试点方式、试点时限等做出了明确规定。2015年2月,全国人大常委会决定"在试点县(市、区)行政区域,暂时调整实施《中华人民共和国土地管理法》、《中华人民共和国城市房地产管理法》关于农村土地征收、集体经营性建设用地入市、宅基地管理制度的有关规定。"② 涉及农村集体经营性建设用地的暂时调整实施的相关法律内容,主要是"暂时停止实施《土地管理法》第43条、第63条、《城市房地产管理法》第9条关于集体建设用地使用权不得出让等规定,明确"在符合规划、用途管制和依法取得的前提下,允许存量农村集体经营性建设用地使用权出让、租赁、入股,实行与国有建设用地使用权同等入市、同权同价"。③ 2015年3月,国土资源部出台了《农村土地征收、集体经营性建设用地入市和宅基地制度改革试点实施细则》,在全国选取了15个市(县)开展农村集体经营性建设用地入市试点工作。确定北京市大兴区、山西省泽州县、辽宁省海城市、吉林省长春市九台区、黑龙江省安达市、上海市松江区、浙江省德清县、四川省郫县、贵州省湄潭县、河南省长垣县、广东省佛山市南海区、广西壮族自治区玉林市北流市、海南省文昌市、重庆市大足区、甘肃省陇西县15个市(县)作为试点地区,2017年12月底前完成试点改革,探索可在全国复制和推广的经验,为修订完善土地法律法规和土地制度科学立法提供实践支撑。

为合理分配农村集体经营性建设用地土地增值收益,2016年4月,财政部、国土资源部出台了《农村集体经营性建设用地土地增值收益调节金征收使用管理暂行办法》;为保障集体土地享有与国有土地"同

---

① 2015年《关于农村土地征收、集体经营性建设用地入市、宅基地制度改革试点工作的意见》确定了改革的基本原则:(1)坚持小范围试点。选择若干有基础、有条件的县或县级市开展。(2)坚持依法改革。试点涉及突破相关法律条款,经全国人大常委会授权,允许试点地区在试点期间暂停执行相关法律条款。(3)坚持封闭运行。试点严格限制在法律授权的县(市)开展。

② 《关于授权国务院在北京市大兴区等33个试点县(市、区)行政区域暂时调整实施有关法律规定的决定》,《人民日报》2015年3月3日。

③ 同上。

等权利",2016年5月,中国银监会、国土资源部出台了《农村集体经营性建设用地使用权抵押贷款管理暂行办法》,在15个试点县(市)试行集体经营性建设用地可以抵押,使之享有与国有建设用地等同的抵押担保权利。

从目前已有的集体建设用地改革政策来看,集体经营性建设用地入市流转必须符合以下条件:一是必须符合规划和土地用途管制;二是集体建设用地产权必须清晰,并已办理了土地产权登记;三是存量的集体经营性建设用地。15个市(县)试点地区按照改革精神和要求积极推进集体建设用地入市改革工作,其改革试点得到了全国人民代表大会常务委员会的授权,具备合法性。从中共十七届三中全会到十八届三中全会,再到中央全面深化改革领导小组第七次会议,确立了集体经营性建设用地改革的基本目标——构建"城乡统一的建设用地市场"。通过改革,充分保障农村集体土地所有权人和农民的土地财产权;通过市场机制提高土地资源配置效率,促进集体经营性建设用地生产要素合理有序流动。这项改革对破除城乡二元的土地制度,尊重和保护农村集体经济组织的土地财产权,将政府的"土地征收权"关进制度的笼子,促进农村经济发展等方面将产生深远的影响。

第二节 20世纪90年代至2014年集体建设用地入市改革

始于20世纪80年代的市场化改革,农村全面推行家庭联产承包责任制及土地承包权的改革,提高了农业生产效率。同时,允许各地兴办集体乡镇企业,对集体建设用地的管制政策有所放松。1992年,在广东南海市(现为佛山市南海区)、中山市等地进行了自发性的集体建设用地入市探索。1996年,江苏苏州、浙江湖州、福建古田、河南安阳等地也先后进行了探索集体建设用地入市流转改革。1999年后,安徽芜湖市、佛山市顺德区等地区集体建设用地流转改革得到国土资源部批准。从20世纪90年代初至2014年,各省(市、区)都先后确定了一些改革试点县(市),农村集体建设用地入市改革经过20多年的探索,积累了一些改革经验。

第二章　集体经营性建设用地流转制度变迁及改革

一　苏州、芜湖、顺德入市改革基本情况

这里主要分析比较具有代表性的苏州、芜湖、佛山市顺德区（原顺德市）三地①的集体建设用地流转改革试点情况。

（一）江苏苏州市改革情况

1996年，江苏苏州市开始集体存量建设用地流转改革试点，并颁布实施了《苏州市农村集体存量建设用地使用权流转管理暂行办法》，在规划区内探索农村集体建设用地有偿和有限期流转制度。苏州市集体建设用地入市流转改革试点开始是以集体乡镇企业改制、集体乡镇存量建设用地为突破口，随着集体建设用地改革的推进，逐步扩展到新增集体建设用地，但不包含宅基地。苏州市规定，流转的集体建设用地不得用于任何形式的商品住宅、商业办公等房地产开发经营性项目。据统计，1996—2006年，苏州市共流转农村集体建设用地约5333公顷。②苏州市的集体建设用地流转改革对探索农村建设用地使用制度改革，盘活集体乡镇企业闲置建设用地，提高集体建设用地利用效率，保障集体土地所有者和农民合法权益等起到了积极作用。

苏州市集体建设用地流转改革的主要做法：一是明确界定了集体建设用地流转产权主体、流转方式。代表集体土地所有者流转建设用地的市场主体——乡（镇）农工商总公司或村经济合作社；集体建设用地入市流转形式采取与国有土地使用权相同的交易方式，初次流转方式主要有出让、租赁、作价出资入股、抵押等；再次流转方式主要有转让、转租等。二是建立了城乡统一的建设用地交易市场。集体建设用地使用权出让、租赁必须经集体经济组织2/3及以上村民同意，必须在市（县）城乡统一的土地交易有形市场采取市场竞争方式（通过招标、拍卖、挂牌）进行流转。三是建立了集体建设用地流转价格体系。为保障集体建设用地流转的顺利实施，保障农村集体经济组织和农民个人利益，苏州市政府制定了最低保护价、基准地价、标定地价和流转底价

---

① 广东佛山市南海区也具有代表性，将在第三章进行介绍和分析。
② 王雪青：《多地推进农村集体建设用地流转试点》，http://finance.china.com.cn/stock/20121212/1183429.shtml。

(见表2-1)。四是建立了集体建设用地初次流转与再流转的收益分配机制。初次流转收益分配，向农村集体经济组织和农民个人倾斜，充分保障农村集体经济组织和农民的土地财产权益。首次流转的，出让或租赁集体建设用地收益的80%分配给集体经济组织和农民（集体经济组织、农民各50%），政府收取20%的土地流转收益[①]，让农村集体土地

表2-1　　　　　　苏州市集体建设用地价格管理体系

土地价格体系	价格确定依据	价格审核机关
最低保护价	同地区同级别国有建设用地出让最低价	市人民政府
基准地价	根据当地的经济发展和土地供求状况及土地定级确定	县级及以上人民政府
标定地价	以基准地价为基础，依据地块区位、容积率以及土地使用年限和土地市场情况等因素评估确定	县级及以上人民政府土地管理部门会同物价等部门
流转底价	不得低于对农民和集体经济组织的安置补偿成本、土地前期开发成本和按规定缴纳的各项税费之和。	

表2-2　　　　　　苏州市集体建设用地流转收益分配

	流转方式	政府收益	集体经济组织、农民收益
首次流转	出让	出让地价20%	集体经济组织40%、农民40%
	租赁	租赁价格20%	集体经济组织40%、农民40%（农民的土地收益不低于2.4万元/年/每公顷，2002年标准）
	作价入股		实行土地使用权入股保底分红的，农民分配的收益不低于1.8万元/年/每公顷；先一次性补偿再分红的，农民的一次性补偿不低于15万元/每公顷，分红不少于1.05万元/年/每公顷（2002年标准）
再次流转		参照国有土地增值税征收土地增值收益金，其中县（市）分配30%	乡（镇）集体分享70%

---

① 苏州市政府：《关于开展城镇规划区内集体建设用地使用权流转试点的实施意见的通知》，2002年。

所有权人和农民分享土地改革红利。再次流转（转让）的土地增值收益，政府对集体建设用地转让者征收土地增值税，其征收标准与国有土地转让的税率相同，实行累进式征收。集体建设用地流转增值收益分配由政府、集体经济组织、农民共享，土地增值收益70%分配给农村集体土地所有权人。同时，严格规定集体建设用地流转收益的使用范围和用途，农村集体组织获得的土地流转收益必须纳入农村集体资产，实行统一管理，并设立土地收益专户，主要用于农村基础设施建设、公共设施建设以及农民安置保障。

（二）安徽芜湖市改革情况

1999年11月，安徽芜湖市农村集体建设用地流转改革试点获得国土资源部批准。为稳妥推进集体建设用地流转改革试点，2000年芜湖市制定了集体建设用地使用权流转管理办法及实施细则，率先在鸠江区大桥镇、马塘区澛港镇、芜湖县清水镇、繁昌县三山镇、南陵县三里镇5个乡（镇）进行封闭试点，以取得入市流转经验；2003年流转试点扩大到15个镇；2006年集体建设用地流转改革在全市推开。芜湖市的集体建设用地流转改革是与工业化、城镇化同步进行的，对促进小城镇发展和农村经济发展，提高农民财产性收入以及为实行集体建设用地与国有建设用地同等入市等积累了一定的经验。

芜湖的主要做法：一是实行存量和新增集体建设用地均可上市流转的政策。存量集体建设用地、农民宅基地和合法的新增集体建设用地均可上市交易；所有集体建设用地、农村集体建设用地只要符合土地利用总体规划和村镇建设规划，土地权属明确即可入市流转。除了出让、租赁、作价入股、转让等流转方式外，还率先实行集体建设用地抵押政策。二是在坚持村民"一户一宅"的前提下，允许农户家庭将宅基地连同地上建筑物在本村内转让，开创性地尝试农民自愿有偿退出宅基地改革（但农户转让宅基地的，不再批准新的宅基地），其改革既增加了农民的收入，又解决了宅基地闲置浪费问题。这为探索农村宅基地使用权流转改革积累了一定的经验。三是按照"谁所有、谁投入、谁受益"的原则，探索集体建设用地流转收益分配机制。集体建设用地流转改革之初，初次流转收益分配比例为：集体土地所有者20%、乡（镇）

50%、县（区）20%、市10%。①但初次分配中市、县（区）、乡（镇）政府所占比重过大，合计占80%；而农村集体经济组织和农民仅占20%，农村集体经济组织和农民个人的土地产权受到歧视，影响了农村集体和农民改革的积极性。2002年，芜湖市调整了集体建设用地流转收益分配政策，市级政府退出初次流转收益分享，县（区）、乡（镇）、集体经济组织分配比例调整为：10%、40%、50%，土地初次流转收益分配向土地所有者和农民倾斜，农村集体土地所有者的分成比例由原来的20%调整到50%。再次流转的增值收益，政府征收土地流转收益金，其征收标准按照转让国有土地使用权缴纳的土地增值税税率（税率30%—60%）征收，由集体建设用地使用者缴纳。四是建立了符合改革发展方向的农村社会保障体系，采取多种形式保障农民的长远利益。（1）在农民自愿的前提下，允许农民以土地入股，农民可以按"年产值倍数"获得一次性补偿，并按土地承包权剩余年限每年获得一定的收入，同时按土地股份每年分红，使农民获得现实的土地利益，又保障了农民的长远利益。（2）按照城市标准建立了农村最低生活保障标准和老年人养老补助，对保障农民的基本生存权利、构建城乡一体的社会保障制度具有示范作用。

（三）佛山市顺德区改革情况

2001年顺德区（原顺德市）被国土资源部列为全国农村集体土地管理制度改革试点城市。2003年1月，顺德正式出台了集体所有建设用地使用权流转管理办法，该办法在参照国有土地使用权出让和转让规定的基础上，对集体建设用地的流转范围、流转方式、流转程序、使用范围、流转收益金标准等做出了明确规定，正式开启了顺德集体建设用地流转改革试点，探索建立有偿、有限期、有流动的农村集体建设用地使用权制度。据统计，自2003年1月至2012年底，顺德已成功流转集体建设用地800万平方米，流转收益达10多亿元。②

顺德区集体建设用地流转改革的主要做法：一是明确了集体建设用地入市范围和政策。集体建设用地流转仅限于原存量集体建设用地

---

① 芜湖市人民政府：《芜湖市农民集体所有建设用地使用权流转实施细则》，2000年。
② 《中国房地产报》2013年12月24日。

（不包括农村宅基地），新增建设用地仍按原政策执行；流转的集体建设用地原则上不得改变原用途，如需改变原土地用途，应当取得土地所有者同意和国土资源部门的批准；流转的集体建设用地可用于工业和商业、旅游、娱乐等经营性项目，但不得用于开发建设商品住宅。集体建设用地流转除工业用地可以协议方式出让外，其他用地必须以招标、拍卖、挂牌等竞价方式出让。同时，制定了集体建设用地基准地价标准，使集体建设用地流转有了价格依据，以保证集体建设用地入市流转的公平竞争和保障农村集体土地所有权人及农民的利益。二是制定了合理的集体建设用地流转收益分配政策。初次流转收益100%由集体经济组织（即原土地所有者）和农民个人获得，政府仅对集体土地所有者征收7%的土地流转收益金①，集体经济组织（即原土地所有者）和农民个人实际获得的土地流转收益达93%。集体经济组织（即原土地所有者）获得的收益中50%用于农民的社会保障资金；10%用于集体公益事业；40%按股权比例直接分配给农民。再次流转的增值收益，政府征收20%的土地流转增值费；政府收取的集体建设用地增值收益实行市、区二级分成，其中，市级政府40%，镇（区）级政府60%。

表2-3　　　　佛山市顺德区集体建设用地流转收益分配

主体	收益形式	收益分配比例	
政府	集体土地收益金	成交地价的7%	市级政府取得40% 镇（区）级政府取得60%
	土地流转增值费	增值额的20%	
	契税	成交地价的3%	
	印花税	成交价的0.05%	
集体	农民社会保障金	（土地成交价-集体土地流转收益金）×50%	
	公益事业资金	（土地成交价-集体土地流转收益金）×10%	
农民	股份分红	（土地成交价-集体土地流转收益金）×40% 以股权形式直接分配给农民	

① 2012年前，政府按相应的基准地价或宗地评估价的10%征收土地流转收益金。

二 苏州、芜湖、顺德入市改革的基本经验

苏州、芜湖、佛山市顺德区集体建设用地流转改革试点在制度建设、土地收益分配、保护农村集体经济组织和农民土地财产权、推进农村城镇化与工业化等方面积累了一定的经验,为后期国家确立的 15 个试点地区的改革奠定了较为坚实的基础。

(一) 注重集体建设用地流转制度建设,以保障其改革有序规范推进

苏州、芜湖、佛山市顺德区在推进集体建设用地流转改革过程中,十分重视入市流转制度建设。这三个地区对集体建设用地流转的重点、难点问题——产权主体、产权实现途径与方式、流转交易价格、土地收益与增值收益分配等问题进行了充分调研,结合本地实际和改革目标制定出台了有关集体建设用地产权界定、确认、登记规则、入市流转办法、建设用地流转收益分配与管理等规范性文件;对集体建设用地产权确认、产权代表、流转范围与条件、流转方式与程序、流转收益分配、流转监管等做出了明确、具体的规定,为保障集体建设用地有序规范流转提供了制度基础。

(二) 集体建设用地流转与小城镇建设同步进行,有力推进了城镇化进程

苏州、芜湖、佛山市顺德区的改革不仅是单一推进集体建设用地入市流转,而是将集体建设用地流转与乡镇企业发展、农村产业结构调整以及推进小城镇建设联系在一起加以整体实施。苏州、芜湖、佛山市顺德区通过编制或修编土地利用总体规划和村镇建设规划,优化调整用地结构;通过试行集体建设用地流转改革,优化土地资源配置,加快村镇基础设施和公共设施建设,土地制度改革创新与城镇化、工业化同步推进,使改革试点地区城镇化和工业化加速,推动了农村经济和社会的发展。如芜湖市通过实施"工业园区化,土地经营规模化,农民向小城镇集中"① 发展战略,通过集体建设用地入市改

---

① 国土资源部:《农民集体所有建设用地使用权流转芜湖试点总结研讨会纪要》,2003年5月7日。

革，使闲置或者利用率不高的建设用地置换入市，形成一定规模的工业集中区，促进了小城镇的发展。目前已建设成赵桥工业园、芜湖市桥北工业园、花桥镇机械工业园开发区、三山绿色食品工业园等特色的工业园区。通过发展特色工业园区，有力地发挥了工业园区的聚集效应和扩散效应，逐步形成了有特色的小城镇，促进了农村经济社会的发展。如顺德区通过"三旧改造"与集体建设用地流转改革相结合，既盘活了存量土地资源，提高了土地利用效率，又促进了产业升级转型和城市功能的提升。

（三）构建了土地流转收益分配机制，土地收益分配向集体土地产权人倾斜

苏州、芜湖、佛山市顺德区在推进集体建设用地使用权流转改革过程中，重点解决了土地流转收益分配关系，制定了集体建设用地流转收益和土地增值收益分配政策，流转收益分配向农村集体经济组织和农民倾斜，较好地处理政府、集体土地所有者、土地用益物权人和农民的利益关系。如苏州市规定，出让或租赁集体建设用地的收益，政府分享20%，集体经济组织分享40%，农民分配40%。芜湖市规定，集体建设用地流转收益，乡（镇）分享40%，集体经济组织分享50%。顺德区集体建设用地，在首次流转收益中100%归农村集体经济组织和农民所有；再次流转的土地增值收益实行政府、农村集体经济组织和农民个人共享，既体现了因土地用途改变或政府投入改善基础设施等产生的增值收益归政府的基本原则，又充分保障农民集体和农民凭借土地产权能获得一定的土地增值收益，让农民集体和农民个人分享城镇化发展和土地改革所带来的土地红利。对再次流转的土地增值收益，政府征收土地增值收益金，如苏州市、芜湖市按照土地增值税（税率30%—60%）征收标准向集体建设用地转让者征收土地增值收益金；顺德区按建设用地转让增值额20%征收土地增值费。同时，规定了集体经济组织获得的土地流转收益使用用途和范围，主要用于建立农民社会保障金、发展农村集体公益事业、改善农村地区基础设施和公共设施。

表2-4　苏州、芜湖、顺德区集体建设用地流转收益分配比较

地区	首次流转	再次流转
苏州	出让、租赁：政府分享20%，集体经济组织、农民各40%；作价入股：实行入股保底分红	参照国有土地增值税征收标准征收土地增值收益金，县（市）、乡（镇）按3∶7比例分配
顺德	政府按交易价7%计收土地流转收益金；集体经济组织获得的流转收益50%用于农民的社会保障资金；10%用于公益事业资金；40%按股权比例分配给农民	按土地增值部分的20%收取土地增值费；土地增值收益按市、镇（区）（除大良区外）进行分成，市40%、镇（区）60%
芜湖	县区10%、乡（镇）40%、农民集体和农民50%	参照国有土地使用权转让缴纳土地增值税标准征收土地增值收益金。政府收取的土地增值收益实行共享，县区10%、乡（镇）40%、农民集体和农民50%

三　集体建设用地流转改革的主要障碍

虽然，集体建设用地入市流转改革试点积累了一定的经验，但集体建设用地流转改革尚未取得实质性突破。

（一）理论上和实践中对集体土地存在着认识上的偏差，阻碍了集体建设用地的市场化改革

有人认为，集体土地归集体经济组织所有，根据中国的实际状况，农村集体土地所有权存在着村民小组、村农民集体、乡（镇）农民集体等不同的产权主体，它们代表不同集体经济组织的利益，且农村集体经济组织千差万别，具有局部性、团体性及分散性特征。若允许农村集体建设用地入市流转，集体经济组织为了自身的局部利益，会损害社会全局的利益。因此，国家基于社会整体利益，集体土地不能进入市场，只能由政府垄断土地一级市场。另一部分人认为，由于中国实行土地用途管制，为了有效保护耕地，保障农业和粮食安全，国家必须严格控制农村集体土地的用途，涉及集体农用地转为建设用地的，只能由国家统一征收。若允许集体建设用地入市流转，集体经济组织为了短期经济利益会任意将农业用地改为建设用地，这将威胁中国农业安全和国民经济基础。理论认识上的偏差，实质上否认了集

体土地所有权是一种独立的物权,歧视和损害农村集体土地财产权;也是将土地用途管制与市场配置土地资源对立起来,实际上,土地用途管理是为了更好地合理使用土地资源,与市场配置土地资源并不矛盾。

(二)现行法律的限制与冲突是集体建设用地市场化改革难以逾越的障碍

长期以来,随着中国社会主义公有制的确立,农村集体土地财产权在法律上受到严格限制,农村集体土地只能用于农业用途,经济发展需要使用集体土地的,按现行法律制度只能由国家征收,城乡分割的二元土地制度及国家垄断建设用地供给成为制约集体建设用地入市的主要制度障碍。现行法律禁止集体建设用地入市流转,如《土地管理法》第63条规定:"农民集体所有的土地使用权不得出让、转让或者出租用于非农业建设。"《城市房地产管理法》也明确规定,集体所有的土地,不能出让。法律规定使集体土地被戴上枷锁,只能在法律规定的范围内使用。同时,关于集体土地的相关法律规定也存在着一定的冲突和矛盾,如《宪法》《土地管理法》规定,土地使用权可以转让。①从这一规定来看,土地使有权流转应包括集体土地;但与其他法律规定存在着矛盾和冲突。同时,集体土地相关物权尚未完全得到法律确认,如法律没有给予集体建设用地使用权用益物权、担保物权的法律地位。

(三)现有财税体制导致地方政府缺乏推动集体建设用地流转改革的动力

1994年中国实行分税制改革后,地方政府的财力有限,财权集中在中央政府,地方政府为缓解财政困难,筹集城市经济发展和城市基础设施、公共配套设施建设资金,大量征收集体土地、出让国有土地,国有土地出让"寅吃卯粮"的现象愈演愈烈。从20世纪90年代起,政府通过国有土地出让获取了高额的财政收入。2003年以来,是中国土地资产化发展最为快速的时期。据统计,2003—2015年,全国国有土

---

① 《宪法》第10条规定:"土地的使用权可以依照法律的规定转让。"

地出让收入总额约 27 万亿元①，年均相当于地方财政一般预算收入的 51.53%，2010 年高达 66.76%，土地出让收入成为名副其实的"第二财政"。同时，地方政府负债对土地出让收入的依赖程度高。据国家审计署报告显示，截至 2012 年底，11 个省级、316 个市级、1396 个县级政府承诺以土地出让收入偿还的债务余额约 3.5 万亿元，占省、市、县三级政府未还债务余额的 37.23%。②因此，在现有财政分配格局未调整的情况下，若允许集体经营性建设用地直接上市交易的话，地方政府除因公共利益需要征收集体土地外，营利性事业需要使用集体土地的，用地单位直接与集体土地所有者在市场上交易，这意味着地方政府将失去重要的财政收入来源，地方政府理所当然对农村集体建设用地市场化改革没有积极性，甚至会设置障碍。

第三节 国家试点地区集体经营性建设用地入市改革

2015 年初，全国人大常委会授权国务院在 33 个试点县市（区），实行农村土地征收、集体经营性建设用地入市、宅基地流转改革试点。按照国家改革试点的总体思路和改革要求，2015 年 6 月，国土资源部确定了广东南海、四川郫县、浙江德清等 15 个市（县）作为集体经营性建设用地入市改革的试点地区。它们可以突破现行"集体建设用地使用权不得出让"的法律限制，有偿出让、租赁、作价入股等方式流转集体经营性建设用地；集体经营性建设用地使用权人也可以通过土地二级市场进行交易，探索可在全国复制和推广的经验。

一 试点地区集体经营性建设用地入市情况

农村集体经营性建设用地入市改革试点的主要内容：一是健全和完善农村集体土地产权制度。主要包括完善集体土地所有权制度、用益物权制度和土地担保物权制度。二是如何界定农村集体经营性建设用地的

---

① 根据《中国统计年鉴》和国家统计局数据整理。
② http://www.cs.com.cn/xwzx/jr/201312/t20131231_4266458.html。

第二章　集体经营性建设用地流转制度变迁及改革

所有权主体及入市主体？三是探索农村集体经营性建设用地入市条件、入市范围和入市途径。四是如何构建城乡统一的建设用地市场？探索集体经营性建设用地价格发现机制和实现机制？五是如何建立国家、集体、农民个人的土地收益共享机制，实现农村集体土地所有权和用益物权的土地财产权？自试点地区实施改革以来，它们积极探索推进集体经营性建设用地入市改革并取得阶段性成效。

2015年6—9月，各试点地区先后制定农村集体经营性建设用地入市改革试点方案，对试点目标、改革思路、主要内容、实施步骤以及配套政策等进行了明确规定。2015年6月29日，国土资源部正式批准了浙江省德清县、贵州省湄潭县等试点地区的"农村集体经营性建设用地入市改革实施方案"，正式拉开了农村集体经营性建设用地入市改革的序幕。2015年8月19日，浙江省德清县以协议方式出让了全国第一宗集体经营性建设用地使用权。该地块属莫干山镇集体所有，面积4040.9平方米，该地原为集体企业闲置用地，成交总价307.11万元。① 2015年8月27日，贵州省湄潭县敲响了中国农村集体经营性建设用地入市的"第一槌"，该地属湄潭县茅坪镇土槽村向阳村民小组所有，总面积3332平方米，规划用途为商业服务业用地，经过6轮举牌竞价，以80万出让该集体经营性建设用地40年的土地使用权。② 贵州省湄潭县成功拍卖集体经营性建设用地，说明以拍卖、招标等市场竞价方式出让集体经营性建设用地是可行的。随后四川郫县、佛山市南海区等地相继开启了集体经营性建设用地入市的试点工作。

截至目前15个试点地区，有13个已相继开展了集体经营性建设用地入市交易工作，仅长春市九台区、海南省文昌市两个试点地区暂时没有集体经营性建设用地入市。据不完全统计，2015年8月至2016年6月，共出让集体经营性建设用地41.725万平方米。③ 各地区具体情况见表2－5。

---

① 德清县湄潭县国土资源局。
② 贵州省湄潭县国土资源局。
③ 根据试点地区的数据整理。

表2-5　　　15个试点地区集体经营性建设用地入市情况

试点市（县）	首次入市时间	入市方式	入市面积	入市总体情况
北京市大兴区	2015.12	挂牌出让	26700m²	挂牌底价4.5亿元，成交价8.05亿元，宗地溢价率79%。规划用途为产业用地
山西泽州县	2015.12	租赁	15666.74 m²	用地性质为工业用地，租赁期限20年，租金为11.75万元/年
辽宁海城市	2015.12	协议出让 挂牌出让	不详	2015年协议出让一宗土地；2016年1月，挂牌出让一宗土地
长春市九台区	—	—	—	—
黑龙江安达市	2016.05	挂牌出让	14609.99 m²	起始价240万元，成交价253万元，宗地溢价率5.4%。规划用途为工业用地
上海市松江区	2016.01	挂牌出让	8654m²	起始价5452万元，成交价5502万元，宗地溢价率0.92%。规划用地为商业办公用地
浙江德清县	2015.08	协议出让 挂牌出让 拍卖出让 协议租赁 挂牌租赁	71352.48m²，其中，协议出让面积6669.69m²，挂牌出让面积30216.65m²，拍卖出让面积13295.35m²；协议租赁面积2335.58m²，挂牌租赁面积18835.21m²	共入市8宗土地，其中，协议出让2宗，成交价499万元；挂牌出让2宗，成交价847.8万元；拍卖出让1宗，成交价1150万元；协议租赁1宗，租赁价格26.30万元，挂牌租赁2宗，租赁价格134.45万元（前5年），5年后每周期在首期租赁价基础上递增10%
河南长垣县	2015.11	协议出让	31006.80 m²	共入市5宗土地，成交价为691.49万元。其中3宗为商业用地，面积5953.35 m²；工业用地2宗，25053.45 m²
佛山市南海区	2015.12	挂牌出让	19286m²	成交总价5876万元。规划用途为科教用地，出让年限30年
广西北流市	2015.12	拍卖出让	56294m²	共拍卖出让4宗土地，规划用途为工业用地。其中，2015年拍卖出让3宗，2016年拍卖出让1宗。成交价为700.6万元

第二章 集体经营性建设用地流转制度变迁及改革

续表

试点市（县）	首次入市时间	入市方式	入市面积	入市总体情况
海南文昌市	—	—	—	—
重庆市大足区	2015.11	挂牌出让拍卖出让	75373.71m²，其中拍卖出让面积73693.7m²；挂牌出让面积1680.01m²	共入市2宗土地，成交总价4005.59万元；其中拍卖成交价格3950万元，宗地溢价率2.42%
成都市郫县	2015.09	协议出让挂牌出让挂牌租赁	33090.63m²，其中协议出让面积2533m²，挂牌出让面积25683.74m²，挂牌租赁面积8873.89m²	2015年9月出让1宗土地，面积8964.43m²，成交价705.97万元；2016年前7个月，入市5宗地块，面积28126.2m²，成交总价2291.14万元。其中，协议出让1宗，面积2533m²，挂牌出让3宗，面积16719.31m²；挂牌租赁1宗，面积8873.89m²
贵州湄潭县	2015.08	拍卖出让挂牌出让	48127.8m²，其中挂牌出让面积44915.8m²；拍卖出让面积3452m²	共入市12宗土地，成交总价款1276.5万元。其中工业用地7宗，面积15217.8m²；仓储用地1宗，面积11197.5m²；商业服务业用地4宗，面积21712.1m²
甘肃陇西县	2015.11	协议出让拍卖出让	7100.3m²，其中协议出让面积4433.35m²；拍卖出让面积2666.95m²	共出让7宗土地，成交价款409.3万元。其中，协议出让6宗，拍卖1宗

从试点情况看，2015年集体经营性建设用地入市面积达317609.41平方米，其中以出让方式入市面积达280771.88平方米，占入市总量的88.40%；挂牌出让、拍卖出让面积分别为86847.04平方米、149282平方米，二者合计占入市总量的74.35%；2016年前7个月，集体经营性建设用地入市面积达99642.99平方米，其中以出让方式入市90769.1平方米，占入市总量的91.1%；以挂牌、拍卖方式出让的面积达88236.10平方米，占入市总量的88.55%。2016年比2015年入市面积减少较多，其主要原因是2016年已公告入市但未交易的集体经营性建

设用地数量较多，2016 年下半年集体经营性建设用地入市数量将大幅增加。以成都市郫县为例，2016 年公告入市但未交易的集体经营性建设用地面积为 104638 平方米。[①]

表 2-6　　　　2015—2016 年 7 月试点地区集体经营性建设
用地入市情况　　　　　　　　　（平方米）

年度	出让方式			租赁入市	挂牌、拍卖出让占入市总量的比例（%）
	协议	挂牌	拍卖		
2015	44642.84	86847.04	149282	36837.53	74.35
2016	2533	88116.10	120	8873.89	88.55
总计	47175.84	174963.14	149402	45711.42	77.74

资料来源：根据试点地区入市数据整理。

从入市方式看，以出让入市为主，也有租赁入市，2015—2016 年 7 月，试点地区集体经营性建设用地出让面积占入市总量的 89%；在出让入市中，以挂牌方式为主，也有拍卖方式，2015 年、2016 年挂牌出让分别占入市总量的 41.93%、88.43%；市场化程度最高的拍卖出让方式，2015 年占 35.81%；市场化程度低的协议出让方式仅有辽宁省海城市、浙江省德清县、成都市郫县、甘肃省陇西县、河南省长垣县五个市（县）使用，且有严格的条件限制，如浙江省德清县规定，在《德清县农村集体经营性建设用地使用权出让规定（试行）》实施前（2015 年 8 月 17 日前），"土地已有使用者且确实难以收回的，集体经济组织在报请所在乡镇人民政府（开发区管委会）同意的基础上，可采用协议出让方式"[②]。协议出让的面积仅占入市总量的 11.3%。

从入市主体看，北京市大兴区、佛山市南海区、浙江德清县、成都市郫县、上海市松江区等试点地区明确规定，入市主体是代表集体经营性建设用地所有权的农村集体经济组织（即集体土地所有者），并由具有法人地位的集体经济组织——集体股份经济合作社（村经济合作

---

① 根据四川成都市郫县国土资源局的数据整理。
② 《德清县农村集体经营性建设用地入市管理办法（试行）》。

社)、乡(镇)资产经营公司或者农民集体经济联合社等作为具体的入市主体,解决了集体土地入市中集体土地所有权主体不明晰的问题;贵州省湄潭县、广西北流市、甘肃省陇西县、河南省长垣县、黑龙江省安达市、辽宁省海城市、山西省泽州县、重庆市大足区等试点地区是由村委会(或村民小组)作为入市主体代行入市的。

从入市途径来看,主要采取了就地入市、产业集中区(异地调整或置换)入市、城中村改造入市三种。从试点地区来看,目前主要采用的是就地入市。为提高集体经营性建设用地的利用效率,促进农村地区产业转型发展和小城镇建设,试点地区积极探索产业集中区(调整入市)入市、城中村入市新路径。德清县、重庆大足区、成都市郫县等试点地区积极探索产业集中区(调整)入市取得了一定的成效。德清县制定出台了《农村集体经营性建设用地异地调整规定(试行)》,对异地调整集中入市,促进特色产业区的发展制定了具体的政策。德清县结合集体建设用地入市改革试点乡(镇)的经济发展水平、产业发展实际及土地区位优势,在不增加集体建设用地总量的前提下,通过集体建设用地异地调整或土地置换集中入市,形成了七个特色产业区,促进"小微企业众创园"的大发展。德清县洛舍镇众创园就是典型的由异地调整而形成的产业集中区。洛舍镇众创园位于洛舍镇东衡村,规划面积约500亩,为异地调整集中安置地块。其中,众创园中的"钢琴产业"项目,规划用地面积为186亩,通过异地调整集中入市方式将原分散在东衡村周边的钢琴制造企业聚集在产业园区,形成了有特色的钢琴产业区。① 重庆市大足区出让的第二宗集体经营性建设用地也是集中入市,将原有偏远、闲置、零星分布的存量集体经营性建设用地复垦集中到区位优势明显的产业集中区,实行集中区入市。该地块位于宝顶镇东岳村,面积110.54亩,规划用途为商业服务设施用地。经竞买人11轮的竞价,最终由重庆大足石刻国际旅游集团有限公司以3950万元的价格(35.73万元/亩)获得其40年土地使用权。成都市郫县2016

---

① 江宜航:《德清探索集体经营性建设用地异地调整入市》,《中国经济时报》2016年5月20日。

年挂牌出让的第二宗集体经营性建设用地①，将原来零散的存量集体经营性建设用地加以调整后集中入市，用于发展特色旅游产业。广东佛山市南海区在"三旧改造"的推进过程中，积极探索集体经营性建设用地"城中村改造"入市。在2016年"三旧改造"项目推介会上，重点推介村级工业园改造提升项目和集体经营性建设用地入市项目，其中，有10个农村集体经营性建设用地入市项目，主要包括桂城街道华南汽车城产业升级改造项目、西樵崇南商业项目、丹灶西城村丽山股份合作经济社地块、狮山刘边村西头股份合作社商服务用地项目、大沥沥北湖马工业区改造项目等，集体经营性建设用地共569亩，6个项目为商业服务业用地，4个项目为工业用地，其中四宗土地采取出让方式，六宗土地采取租赁方式。② 异地调整集中入市、城中村改造入市不仅节约了建设用地，提高了建设用地利用效率，而且促进了乡镇企业向小城镇集中，形成了有聚集效益的产业园区，为农村经济持续发展奠定了坚实的基础。

为保障集体经营性建设用地入市改革试点有序、规范地推进，各试点地区先后制定农村集体经营性建设用地入市管理办法及一系列配套政策，浙江省德清县的"1+2+5"入市政策体系，佛山市南海区的"1+4"入市政策体系，辽宁省海城市"1+7"政策体系等，集体经营性建设用地入市改革的地方政策体系的建立，使集体经营性建设用地入市改革按照中央确定的改革方向稳定推进。

二 试点地区集体经营性建设用地入市收益分配政策

集体经营性建设用地入市后，土地流转收益如何在国家、集体经济组织及个人之间合理分配，是集体经营性建设用地入市改革需要解决的重要问题。实质上，其分配问题主要涉及两个方面：一是土地收益如何在国家（政府）与集体经济组织之间分配；二是土地收益如何在集体

---

① 郫县挂牌成交的第二宗集体经营性建设用地位于三道堰镇程家船村十四社，面积14.9437亩，规划用途为村庄产业用地，属三道堰镇程家船村农村集体建设用地整理集中使用项目中的产业发展预留区，入市主体为"郫县程家船村资产管理有限公司"，由成都丽景庄园旅游开发有限公司竞得，成交总价1095.82万元。

② 《珠江时报》2016年3月28日。

经济组织内部进行分配。浙江省德清县、佛山市南海区、辽宁省海城市、成都市郫县、重庆大足区等试点地区对土地收益分配问题进行了有益的探索。

（一）国家（政府）与集体经济组织间的分配

国家（政府）如何参与集体经营性建设用地入市收益的分配，试点地区基本上采取了征收土地增值收益调节金的做法。各试点地区在集体经营性建设用地土地增值收益调节金征收比率、计征基数等方面有较大的差异。从计征基数上分析，一种是按照出让收入总额计征，佛山市南海区、北京市大兴区、成都市郫县、重庆大足区、贵州省湄潭县等是按出让总收入征收的；另一种是按照出让（或租赁、作价入股）的增值收益计征的。按此种方式计征仅有浙江省德清县、辽宁省海城市两个试点地区。从征收方式、征收比率上分析，基本上是"按区位、分用途、有级差"设定征收比率的，但差异较大。如北京市大兴区按土地出让收入总额的10%—12%征收土地增值收益调节金；成都市郫县按出让总收入的13%—40%征收。另外，对集体经营性建设用地再次流转仅有浙江省德清县、佛山市南海区、辽宁省海城市三个试点地区征收土地增值收益调节金，浙江省德清县、佛山市南海区是按转让收入的一定比例征收；辽宁省海城市是对转让增值收益征收的。

浙江省德清县、佛山市南海区、辽宁省海城市、重庆大足区四个试点地区在征收土地增值收益调节金方面有一定的代表性。在财政部、国土资源部《农村集体经营性建设用地土地增值收益调节金征收使用管理暂行办法》出台之前，德清县、佛山市南海区等地就先后制定了农村集体经营性建设用地入市土地增值收益调节金征收使用管理办法。但土地增值收益金征收政策各有特点：（1）计征基数。佛山市南海区、重庆大足区按出让总收入计征；而浙江省德清县、辽宁省海城市按入市交易增值收益计征。德清县是以征地区片综合平均价作为集体经营性建设用地出让的成本，以出让（租赁或作价入股）收入扣除成本后的收益作为计征基础。（2）征收方式。四个试点地区都是"按区位、分用途"来征收的。但也有差异，重庆市大足区为鼓励以招、拍、挂方式出让，对招、拍、挂方式出让的降低5个百分点征收土地增值收益调节金；南海区为鼓励"三旧"改造或农村综合整治片区，对该区域集体经营性建设用地出让的土地增值收益调节金降低5个百分点。（3）征收范围。重庆大足区仅对集体经营性建设用地出让行为进行征收；其他三个地区既包括集体经营性建设用地出让，也包括再次转让；浙江德清县、辽宁海城市既对出让行为进行征收，也对集体经营性建设用地租赁、作价出资（入股）行为进行征收。（4）征收比率。浙江德清县、辽宁省海城市参照国有建设用地出让收入中计提的农业土地开发资金、农田水利建设资金、教育资金、保障性安居工程资金、农业发展基金等专项资金[①]，以及政府投入基础设施配套和公共设施配套所需的费用，再考虑土地用途、区位等因素确定土地增值收益调节金征收率。佛山市南海区的土地增值收益调节金征收办法为：出让集体经营性建设用地的，根据土地用途不同，分别按集体经营性建设用地出让成交总价征收5%—15%的土地增值收益调节金。浙江省德清县的征收办法为：根据土地用途、土地区位及土地级差确定土地增值收益调节金征收率；集体经营性建设用地出让、租赁或作价出资（入股）的，工业用地分别按16%、20%、24%征收；商业服务用地征收率分别为32%、40%、48%。[②] 辽宁海城市的征收办法为：首次入市的集体建设用地，土地增值收益调节金征收率：工矿仓储类用地——出让的征收率为30%，租赁、作价出资（入股）的征收率为10%；商业服务类用地——出让的征收率为40%，租赁、作价出资（入股）的征收率为20%。[③] 重庆大足区征收办法为：以协议方式出让集体经营性建设用地的，商业用地一类镇（街道）25%、二类镇（街道）20%、三类镇（街道）15%，工业用地一类镇（街道）20%、二类镇（街道）15%、三类镇（街道）10%；若以招、拍、挂方式出让的，相对应地，镇（街道）每级降低5%。[④]

[①] 浙江德清县计提的专项资金为农业土地开发资金、农田水利建设资金、教育资金、保障性安居工程资金、农业发展基金、生态补偿基金、社会保障基金七项资金；辽宁省海城市计提的专项资金为土地收益基金、农业土地开发资金、教育资金、农田水利建设资金、廉租住房资金五项资金。

[②] 参见《德清县农村集体经营性建设用地入市收益分配管理规定（试行）》。

[③] 参见《海城市农村集体经营性建设用地入市土地增值收益调节金征收使用管理办法》。

[④] 参见《重庆市大足区土地增值收益调节金征收使用权利暂行办法》。

表 2-7　　德清县、南海区、海城市、大足区土地增值收益调节金征收比较

试点地区	首次入市		再次流转	
	计征基数	征收比率	计征基数	征收比率
佛山南海区	出让收入	工矿仓储用地　5%、10% 商业服务用地　10%、15% 公共管理与公共服务用地　5%、10%	转让收入	工矿仓储用地　1.5%、2.5% 商业服务用地　3%、3.5% 公共管理与公共服务用地　1.5%、2.5%
重庆市大足区	出让收入	协议出让：商业用地　15%、20%、25%；工业用地　10%、15%、20% 招、拍、挂出让：商业用地　10%、15%、20%；工业用地　5%、10%、15%	—	—
浙江德清县	增值收益	工矿仓储用地　16%、20%、24% 商业服务用地　32%、40%、48%	转让收入	工矿仓储用地　2% 商业服务用地　3%
辽宁海城市	增值收益	出让入市：工矿仓储类用地　30%；商业服务用地　40% 租赁、入股等：工矿仓储用地　10%；商业服务用地　40%	转让增值收益	征收比例未确定

（二）集体经济组织内部分配

集体经营性建设用地属集体经济组织的资产，归农村集体成员所有，集体经营性建设用地入市流转收益如何在集体经济组织内部合理分配，是试点改革的主要内容，也是改革的难点。集体经营性建设用地入

市收益缴纳土地增值收益调节金后的土地收益,如何在集体经济组织与成员间,成员与成员之间进行分配,关系到集体经济的可持续发展,也会影响农民土地财产权的实现。从试点地区看,主要有三种做法:一是入市收益作为集体资产折股量化到本集体经济组织成员,不直接分配现金给集体经济组织成员。浙江德清县、佛山南海区采取了这种做法。德清县规定,集体经营性建设用地属乡(镇)或村集体所有的,入市收益作为集体资产积累,采取集体公积金和公益金方式管理,或以股权增值方式追加量化为成员股权;或对外投资、购买物业、股份合作、购买政府性债券等以获得投资增值收益,保障集体经济的可持续发展。二是入市收益采取现金分配、集体经济组织提留和将股权量化给集体经济组织成员相结合的办法。如成都市郫县规定,集体经营性建设用地入市收益在扣除缴纳土地增值收益调节金后,20%的土地收益按股东人数进行现金分配;余下的80%作为集体公积金和公益金,其中50%作为集体资产管理公司公积金,并在公司股权中量化到股东,30%作为公益金,用于村级公共福利,如购买新农合、发放养老补助、社区治安投入、基础设施维护、环境综合整治等。[①] 贵州省湄潭县规定,集体经济组织提留40%的土地入市净收益,用于村集体基础设施建设和公益事业;剩余60%作为集体经济组织成员股份留在村集体,年底按股份在集体成员之间分配。三是集体经济组织按一定比例提留作为集体资产,剩余部分以现金方式分配给集体经济组织成员。重庆市大足区规定,集体经济组织按照不高于20%的土地纯收益提留,余下部分在集体经济组织成员之间分配。

第四节 试点地区入市改革成效及需要解决的问题

试点地区经过近一年时间的入市改革实践,在实现集体建设用地与国有土地"同权同价",促进城乡统一建设用地的形成,构建国家、集体和农民个人共享土地收益的分配机制,促进农村经济发展,增加农民

---

① 参见《郫县农村集体经营性建设用地入市收益分配指导意见》。

第二章 集体经营性建设用地流转制度变迁及改革

土地财产性收入等方面取得了明显成效。

一 试点地区入市改革成效

（一）在探索集体土地与国有土地"同权同价"方面积累一定的经验

实现集体经营性建设用地与国有建设用地"同权同价"是入市改革的主要内容，试点地区围绕如何实现"同权同价"进行了有益的探索并取得了一定的经验。（1）基本实现了与国有建设用地同等价格入市。德清县2015年9月拍卖的一宗商业服务业设施用地，拍卖价款为1150万元，拍卖价为862元/平方米。贵州省湄潭县2016年1月拍卖出让鱼合村的一宗集体建设用地，面积为120平方米，土地用途为商业服务业40年使用年限，成交价款为20万元，每平方米价格为1666.67元；而同区位拍卖出让的一宗国有建设用地，面积为1173平方米，拍卖价款为200万元，每平方米价格为1705元，二者价格基本一致。[①] 成都市郫县2015年9月挂牌出让唐昌镇战旗村的一宗集体经营性建设用地，面积为8964.43平方米，土地用途为商业服务业，成交价为705.97万元，每平方米挂牌成交价为787.45元；而同地段商业服务业的国有建设用地的地价水平在795—900元/平方米，该宗地块的价格水平与国有土地使用权出让价格基本相当。（2）赋予集体建设用地与国有土地同等的产权权利。试点地区集体经营性建设用地可以出让、租赁、转让，也可以作价出资（入股），更重要的是赋予了集体经营性建设用地抵押融资的权利。其实，早在2011年，佛山市南海区就出台了集体建设用地使用权抵押政策，但由于受到法律的限制，集体建设用地抵押贷款被银行视为"禁区"，被认为是风险较大的业务。德清县为支持集体建设用地入市流转改革，培育集体建设用地市场，2015年出台了《关于鼓励金融机构开展农村集体经营性建设用地使用权抵押贷款的指导意见》，并在全国率先试点开展集体经营性建设用地使用权抵押贷款。2015年8月，德清县协议出让的第一宗集体经营性建设用地，其受让人以该地作抵押，从中国农业银行德清支行获得了150万元的抵

---

① 根据贵州省湄潭县国土资源局的数据整理。

押贷款，抵押贷款率达 48.85%。据统计，截至 2016 年 6 月，德清县有 16 宗地进行了抵押贷款，总面积为 112968.88 平方米，抵押贷款总额为 4182.2 万元①。中国农业银行先后在北京市大兴区、成都市郫县、河南省长垣县等试点地区开展集体经营性建设用地抵押贷款业务，并于 2016 年 3 月出台了《中国农业银行集体经营性建设用地抵押管理办法（试行）》，该办法对抵押物准入、抵押物价值评估、抵押的集体经营性建设用地的处置变现作了明确规定。2016 年 6 月，中国银监会、国土资源部在总结试点地区集体建设用地抵押融资经验的基础上，出台了《农村集体经营性建设用地使用权抵押贷款管理暂行办法》，使集体经营性建设用地抵押具有了可操作性的实施办法，商业银行开展集体经营性建设用地抵押业务有了依据。该办法的实施是落实农村集体经营性建设用地与国有建设用地"同权"的重要举措，对解决农村集体企业融资需求，拓宽农村集体经济组织和乡（镇）企业融资渠道，促进农村经济的发展具有极其重要的作用。

（二）初步构建了城乡统一的建设用地市场

入市改革试点地区在集体经营性建设用地入市方式、交易规则、交易平台建设、交易价格发现和实现机制等方面进行了有益的探索，为构建城乡统一的建设用地市场积累了经验。（1）建立了统一的城乡建设用地交易平台。如浙江德清、成都市郫县将集体经营性建设用地纳入统一的公共资源交易中心交易；佛山南海区纳入集体产权交易中心交易；其他试点地区纳入土地交易中心交易。（2）实行与国有建设用地相同的交易方式。集体经营性建设用地主要是以挂牌竞价方式出让，也有以招标、拍卖方式进行交易的；通过建立集体经营性建设用地交易平台，促进了集体经营性建设用地一级市场和二级市场的形成。一级市场主要有出让、租赁、作价出资（入股）等交易方式；二级市场包括转让、转租、抵押等交易方式。（3）初步建立了集体经营性建设用地地价体系，初步实现了与国有土地"同权同价"。为保障集体经营性建设用地入市交易具有科学的价格依据和价格标准，试点地区对集体经营性建设用地进行了分等定级，制定了集体经营性建设用地基准地价、出让最低

---

① http://www.zj.xinhuanet.com/zjqyInfo/20160603/3186060_c.html。

第二章 集体经营性建设用地流转制度变迁及改革

保护价（或出让底价），基本上形成了集体经营性建设用地价格管理体系，为集体经营性建设用地地价评估、流转交易成交价格的形成提供了依据，以确保集体经营性建设用地入市流转价格形成机制的市场化和科学化。如佛山南海区、成都市郫县制定了不同用途的集体经营性建设用地基准地价和基准租金标准；其他未出台集体经营性建设用地基准地价试点地区，均采取了参照国有建设用地基准地价作为集体经营性建设用地流转价格的基本依据。

（三）坚持以市场竞价机制配置土地资源，实现集体经营建设用地价值最大化

在集体经营性建设用地入市改革过程中，试点地区按照市场机制配置土地资源的改革方向，采取以招标、拍卖、挂牌为主流转集体经营性建设用地，探索集体建设用地价格发现和实现机制。2015—2016年7月，通过拍卖、挂牌方式出让集体经营性建设用地面积占入市总量的77.74%，集体经营性建设用地市场价值得以充分显现，充分保障了农村集体经济组织和农民的土地财产利益；同时也增强了节约用地的社会观念，营造了良好的土地集约利用的社会环境。通过就地入市、调整集中入市、城中村改造入市等多种途径，满足企业和社会的用地需求，推动了农村经济的发展。如浙江德清县通过调整集中入市形成了7个产业区，促进了"小微企业众创园"的发展；重庆大足区形成了"大足石刻文化旅游园区"。佛山市南海区通过"三旧改造"，推动了村级工业园的转型升级。同时，为促进工业产业的发展，除通过出让方式流转集体经营性建设用地外，还通过租赁方式出租建设用地使用权方式满足中小企业的用地需求，有效降低了中小企业一次性用地成本，降低了企业的前期投资资金压力。浙江德清县、成都市郫县、山西省泽州县等试点地区试行了以"租赁"方式入市。如德清县采取一次性签订20年的土地租赁合同，每5年缴纳一次土地租金，5年后每周期在首期租赁价基础上递增10%。

（四）建立了入市民主决策、土地收益共享机制

改革顺利实施的关键是能否得到民众的支持，是否有广泛的社会基础。集体经营性建设用地入市改革与集体经济组织成员的利益息息相关，因此，他们的意愿、态度直接关系到集体经营性建设用地入市改革

的效果。试点地区通过完善制度建设、充分尊重民意、建立民主决策机制等方式，使集体土地产权人和农民在集体经营性建设用地入市改革中有充分的话语权，从而得到民众的广泛支持。（1）民主、公开的入市决策机制。试点地区有关集体经营性建设用地入市的重大事项，如入市地块、入市方式、交易形式、入市收益分配与使用等全部纳入民主管理的范围，向集体经济组织全部成员公开，交易信息透明、公开，由集体经济组织成员进行集体决策，按规定须经集体经济组织全体成员的2/3以上表决同意方可实施。这种民主、公开的入市决策机制，充分尊重民意，使集体经济组织成员真正感受到自己是集体财产的主人，提高了民众的民主参与意识，从而保障集体经营性建设用地入市改革得到了广泛的民众支持因而得以顺利推进。如浙江德清县实施集体经营性建设用地入市决策"三会"制度，即村两委会商议入市事项、村民代表大会商议入市决策、股东大会商议收益分配。（2）集体经济组织、农民、政府共享集体经营性建设用地流转收益，农村土地财产性收入大幅提升。试点地区有效探索集体经营性建设用地入市收益在国家、集体与个人之间的分配大体平衡，重点向集体经济组织和农民倾斜。对集体经营性建设用地入市，国家（政府）征收一定比例的土地增值收益调节金，以平衡地区之间的土地收益差异，兼顾城郊地区与远郊地区、经济发达地区与经济欠发达地区、在耕地区与非在耕地区的土地收益差距；同时，对集体经营性建设用地流转所产生的土地增值收益，主要是由经济发展和城市化带来的，政府征收一定比例的土地增值收益调节金，通过再分配方式保障社会公共利益的大体均衡发展。征收土地增值收益调节金后的剩余部分，在集体经济组织、成员间进行分配，集体经济组织分配的部分主要用于基础设施和公共设施建设以及民生改善、社会保障等方面；集体经济组织成员分配的收益，采取现金分配和股权量化给集体成员相结合，或全部以股权方式分配给集体成员且股权"固化"，农民每年按股权获得分红收益，构建可持续发展的土地收益分配机制，使集体经济组织成员入市改革的获得感增强。

二 集体经营性建设用地入市改革需要解决的问题

试点地区在集体经营性建设用地入市改革方面，取得了明显的成效，也探索形成了一些成熟的、可复制、可推广的经验。但还存在着一些亟待解决的问题。这些问题不解决或解决得不好，会影响农村土地制度改革的成功。

(一) 关于集体经营性建设用地入市范围问题

农村集体经营性建设用地入市改革，需要明确其流转的范围，可以上市交易流转的集体建设用地？农村集体建设用地是指农村集体经济组织从事第二、三产业，基础设施公共配套设施以及居住生活用地，包括农民宅基地、农村公共服务及基础设施用地、农村集体企业用地等。属于集体经营性建设用地的是村办及乡镇企业用地等，其他则属于非经营性的集体建设用地，具有公益性质。根据中共十八届三中全会《关于全面深化改革若干重大问题的决定》以及 2015 年 2 月全国人民代表大会常务委员会授权国务院在试点地区进行集体经营性建设用地改革的决定①中的相关规定，可以入市流转的是存量集体经营性建设用地。从目前 15 个试点市（县）的情况看，主要是存量集体经营性建设用地入市流转，不允许增量集体经营性建设用地入市流转，可以流转的仅仅是原来的村办企业、乡（镇）企业用地，这部分用地占集体建设用地的比例不高；同时，也不是所有的集体经营性用地都可以入市流转，比如按村镇建设规划，原有土地用途需调整的就不能入市，因此入市流转的建设用地总量相当有限。以浙江德清为例，符合入市条件的集体经营性建设用地仅占总量的 54.43%。这不利于提高土地利用效率，也会影响农村经济的发展。因此，入市的集体经营性建设用地不能仅限于存量用地，应当将增量部分也纳入其中。同时，随着土地制度改革的逐步深化，集体经营性建设用地应当建立动态调整机制。一是随着城市化的发展，大量的农村人口进入城镇，农村的宅基地大量调整而原有宅基地又不能复垦或调整为新增的集体建设用地，该部分建设用地可以转换为经营性建设用地，应当允许流转。二是原有农村公共服务及基础设施用地，因某种原因废弃或闲置，按照规划可调整为经营性用途的，也应当

---

① 《关于授权国务院在北京市大兴区等三十三个试点县（市、区）行政区域暂时调整实施有关法律规定的决定》指出："在符合规划、用途管制和依法取得的前提下，允许存量农村集体经营性建设用地使用权出让、租赁、入股。"《人民日报》2015 年 3 月 3 日。

允许流转。

(二) 集体经营性建设用地入市主体问题

集体经营性建设用地入市主体必须是集体土地所有权人或集体土地所有权人的委托者。从20世纪60年代人民公社后，中国农村集体土地所有权一直实行的是以"队（即现在的村）为基础，三级所有"体制，即村（或村内）集体经济组织和乡（镇）农村集体经济组织所有，具体运行则是按实际经营管理权来界定的，这事实上造成了所有权主体的缺位。实际上，现在乡（镇）经历了多次的合并与行政区划调整，同时它是中国行政管辖中的一级政府组织，并不是集体经济组织，这种制度设计导致了集体土地流转中村（或村内）集体组织和农民的利益难以得到保障，更有可能引发严重的社会冲突与矛盾，同时也增加了社会成本和交易成本。因此，应界定和明晰集体土地所有权主体，切实维护集体土地所有者的利益。根据中国农村的实际情况，应以村集体经济组织为基础重构集体土地所有权主体。关于入市主体资格问题，浙江德清、成都市郫县、佛山市南海区、北京市大兴区等试点地区是通过组建具有法人资格的集体股份经济合作社（村经济合作社）、乡（镇）资产经营公司或者农民集体经济联合社等作为具体的入市主体，代表集体土地所有权人履行土地权利；其他试点地区是由乡（镇）、村代行入市主体，但由于种种原因，集体经济组织不健全，难以发挥应有的作用，同时，由于不具备市场主体资格，难以履行民事主体权利和义务。

(三) 集体经营性建设用地入市收益的分配问题

集体经营性建设用地入市的土地收益如何分配，关系到农村集体经济组织、农民的切身利益，也涉及各利益主体的利益分配是否公平、合理的问题。从目前试点地区看，不论是对首次入市还是对再次流转的土地增值收益的分配，政府均按固定的比例提取土地增值收益调节金，且各地征收比例差异较大，绝大多数试点地区按土地流转总价的一定比例征收，而不是按照土地流转总价扣除成本后的净收益征收，这种征收办法没有科学的根据，缺乏合理性。应按照集体经营性建设用地与国有建设用地"同权、同价、同责"的改革思路，参照国有建设用地出让转让设计征收办法，对集体经营性建设用地一级市场按国有土地出让提取相同比例的农业土地开发资金、农田水利建设资金、教育资金、保障性安居工程资金、社会保障资金，而不征收土地增值收益调节金；对集体经营性建设用地转让参照土地增值税办法征收土地增值税。入市收益内部分配问题主要有集体经济组织与其成员如何分配——集体经济组织留成多少，分配给集体经济组织成员采取何种方式——是现金还是股权，哪些人享有土地收益分配资格，成员权资格如何界定等问题，国家需要在尊重村民自治和民主管理的基础上，对集体经营性建设用地入市收益分配与使用给予指引性规定，规范土地收益分配，以保障集体经济组织和农民持续性获得稳定收益及持久发展的动力。

（四）相关配套改革滞后

农村集体经营性建设用地入市改革是"牵一发而动全身"的改革，反之，其改革也受到他项政策的牵制。要加快农村土地制度改革，离不开相关配套政策联动改革，以保证政策协同运转，形成政策合力，才能促进农村集体经营性建设用地入市改革。第一，只有实现产权清晰，才能保证流转畅通，随着不动产登记统一制度的全面启动，农村集体经营性建设用地也需尽快明确产权主体，避免在政策实际落实中出现农村集体经营性建设用地主体不明的情况；第二，城乡规划制度和用途管理制度是政府加强土地资源管理的重要手段，随着城市化的推进，城乡边界变得越来越模糊，城乡规划存在缺位或漏洞，特别是对村集体土地的控制性详细规划基本处于空白，这导致部分农村地区的集体经营性建设用地因规划缺失、用途管制过死而无法流转，其土地价值难以实现；第三，实体产业是支撑区域经济发展的基本动力之一，试点地区的产业布局规划普遍滞后，乡镇企业布局随意，功能分区不合理，三产联动难度大，导致区域整体效益低，而区域产业经济发展政策不清晰，就无法因地制宜，缺乏吸引相关企业单位进驻的能力，农村集体经营性建设用地的价值难以显化。另外，农村集体经营性建设用地入市主动迎接工商资本下乡，但由于农地金融政策改革滞后，土地开发及农村产业发展缺乏金融资本的支持，在很大程度上阻碍了工商资本下乡的积极性，尽管在2016年6月中国银监会、国土资源部联合发布《农村集体经营性建设用地使用权抵押贷款管理暂行办法》，但在农村集体经营性建设用地入市改革实践中，其抵押贷款比国有建设用地抵押率低，商业银行参与的积极性不高，农地金融制度改革尚处于发展的初始阶段。

（五）其他政策问题

其他涉及集体经营性建设用地入市的政策问题，主要有：（1）关于入市的集体经营性建设用地入市用途问题。按现行政策规定，农村集体经营性建设用地在符合规划和用途管制前提下入市流转，入市流转后的土地用途只能为工业仓储用地和商业服务业用地，不能用于商品住宅开发。很明显，对集体建设用地存在着歧视性限制，这与集体经营性建设用地与国有建设用地"同权、同价"，建立城乡统一建设用地市场的改革目标不一致。如何在逐步完善集体经营性建设用地入市制度的基础上，放开使用用途限制，在符合规划和用途管制的前提下，真正享有与国有土地同等的权利，同时也为化解集体土地"小产权房"问题探索经验。（2）集体经营性建设用地入市地区，农民转变为城镇居民后，如何在农民自愿基础上建立集体土地有偿退出机制？2016年，国务院《关于实施支持农业转移人口市民化若干财政政策的通知》明确指出："维护进城落户农民土地承包权、宅基地使用权、集体收益分配权。地方政府不得强行要求进城落户农民转让在农村的土地承包权、宅基地使用权、集体收益分配权，或将其作为进城落户条件。"按现行政策规定，进城落户农民可继续保持原有农村土地权利及农村集体的相关权益，包括土地权利和土地收益分配权。而农民享有的土地权利及集体分配权是以集体经济组织成员权为基础的，成员权又是以是否具有农村户籍作为标准的，如何与相关政策保持衔接和协调，是需要研究的问题。否则会带来新的社会矛盾和不公，甚至会产生"逆城市化"问题，如农民长期在城市生活、工作且已成为城镇常住户口的、高校中的大学生等，都不愿意改变农民身份，保留其农民身份和集体成员资格对他们来说是更加理智的选择。另一个问题是，城郊地区原农村集体成员全部转变为城镇居民后，其土地所有权归属也是需要解决的问题。按现行政策规定，"农村集体经济组织全部成员转为城镇居民的，原属于其成员集体所有的土地"归国家所有①，但集体土地直接上市流转合法化后，若原集体经济组织或原村委会等不复存在，其土地是"归国家所有还是归原集体经济组织所有"，若归原集体经济组织所有，由谁来履行土地

---

① 参见《土地管理法实施条例》第2条。

所有权？同时，可能会出现在集体土地上居住、生活的人员已全部是城镇居民，其土地所有权若仍为原集体经济组织所有，与现行的相关制度政策存在着严重的矛盾与冲突。（3）集体经营性建设用地入市流转改革与土地征收制度改革相衔接的问题。

第三章 国家试点地区集体经营性建设用地入市改革分析
——以南海、德清、郫县为例

为推进农村集体建设用地入市流转改革，全国人大常委会授权国务院在北京市大兴区等33个县（市、区）进行农村土地征收、集体经营性建设用地入市、宅基地管理制度改革试点。其中，选择了15个县（市）进行农村集体经营性建设用地入市改革试点，探索农村集体经营性建设用地入市流转，为全面实施农村集体经营性建设用地改革探索经验。从改革进程来看，截至2015年11月，全国15个试点地区中，先后有贵州湄潭县、四川郫县和浙江德清县等13个地区试行了集体经营性建设用地入市改革，但是，从客观来看，中国农村集体经营性建设入市改革面临着一些制度上的困境，那么，能否顺利地建成城乡统一的建设用地市场？究竟哪些因素阻碍了农村集体经营性建设用地入市步伐？这些都是亟待研究的课题，也是亟须解决的现实难题。广东佛山市南海区、浙江德清县、四川郫县三个试点地区的改革试点具有典型性，取得了一些可资借鉴的改革经验。

第一节 佛山市南海区入市改革分析

广东省佛山市南海区1992年开始进行集体建设用地入市改革，是国内最早探索集体建设用地入市改革的地区，已探索出了具有推广价值的经验。

第三章 国家试点地区集体经营性建设用地入市改革分析

一 佛山市南海区改革情况[①]

为了解决城市化进程中建设用地供应不足的突出问题，1992年广东南海县（现佛山市南海区）自发性地进行了集体建设用地改革。对原有的农村集体经济组织进行改造，实行以土地股份制为主要内容的农村股份合作制改革，将集体资产及土地折成股份。以村为单位成立股份公司，将村民小组改组为股份合作社，以户籍村民作为配股对象，设置基本股（以村民成员权为基础）、土地用益物权股和劳动贡献股（以村民劳动年限长短为依据）等多种股份，按股权份额分红。经过多年的实践，逐步形成了"股权固化、合理流动"的土地股份制模式。村（组）股份公司主要负责土地开发，厂房、商铺开发以及物业、土地出租等。据统计，到2007年，南海区已先后建立农村股份合作组织近2000个，其中股份公司达200家；股份合作社多达1800多家，占全市村民小组总数的99%[②]；到2013年，社员股东总数为75.9万，占农村居民总数的99.4%[③]。据统计，截至2014年底，南海区集体建设用地面积为250.68平方公里，占南海区建设用地总面积的47%[④]，与国有建设用地基本相当，盘活存量集体建设用地是经济发展的必然要求。佛山市南海区2005年至2013年年底，共出让、出租集体建设用地1552宗，共计573.42万平方米，流转入市的集体建设用地占南海区集体建设用地总面积的2.3%；其中，出让集体建设用地88宗，面积为145.87万平方米；出租集体建设用地1464宗，面积为427.55万平方米。[⑤]通过农村集体土地股份制改革，使农村集体土地所有者和农民在城市化进程中获得了土地增值收益。据统计，集体土地租金收入从

[①] 参见邓宏乾、彭银《土地流转、收益分配与农地制度结构性变革》，《江汉论坛》2016年第10期。

[②] 马健：《创新与困局 南海模式——对南海土地股份合作制发展状况的调查》，《农村工作通讯》2008年第17期。

[③] 国务院发展研究中心课题组：《广东省佛山市南海区集体建设用地入市调查》，《中国经济时报》2014年2月13日。

[④] 南海区人大常委会城建环资工委：《关于我区农村集体建设用地开发使用情况的调研报告》，2014年6月。

[⑤] 根据南海国土网数据整理。

2008年的22.6亿元增加到2012年的30.2亿元①，全区村组两级可支配收益达62.72亿元，村组两级分红从2008年的16.8亿元增加到2013年的30.73亿元，2013年股东人均分配现金4005元。② 2014年9月制定的《佛山市南海区集体建设用地使用权流转实施办法》规定，出让出租的集体建设用地不包括宅基地，出让的土地用途主要包括批发零售用地、商务金融用地、住宿餐饮用地（不含酒店等住宿类用地）和其他商业服务用地。③

2015年被确定为国家改革试点城市后，于2015年12月29日挂牌出让了第一块集体建设用地使用权，该地块出让年限为30年，面积约28.93亩（该地属南海区大沥镇太平村北海股份经济合作社所有），成交单价为200万元/亩，总价为5876万元。④ 通过挂牌交易，集体土地市场价值得以显化，比原先主要靠土地和房产出租获得了更高的土地收益，土地增值收益大幅上升⑤，增加了农民的土地财产性收入。

在推进集体经营性建设用地入市改革的过程中，南海区探索"旧厂房改造入市、旧村居改造入市"的集体建设用地入市的新路径。南海区"三旧改造"始于2007年，2013年南海区政府制定了《南海区城市更新（"三旧"改造）实施意见》。为了给"旧厂房改造入市、旧村居改造入市"提供更好的政策，为集体建设用地入市改革注入新的活力，2015年南海区颁布了《关于进一步推进城市更新（三旧改造）工作的实施意见》。截至2016年3月，南海区共认定"三旧改造项目"2801宗，涉及土地面积16.79万亩，已完成改

---

① 国务院发展研究中心课题组：《广东省佛山市南海区集体建设用地入市调查》，《中国经济时报》2014年2月13日。
② 南海区人大常委会城建环资工委：《关于我区农村集体建设用地开发使用情况的调研报告》2014年6月。
③ 参见《佛山市南海区集体建设用地使用权流转实施办法》，第38条。
④ 《农村集体经营性建设用地敲下全省"第一槌"》，《珠江时报》2015年12月29日第2期。
⑤ 原先土地出租年收入6万元左右/亩，若按年利率8%计算，30年的现值收入为67.55万元/亩，而挂牌出让的收入为200万元/亩，增值了132.45万元/亩，且到期还可无偿获得地上建筑物所有权。

第三章 国家试点地区集体经营性建设用地入市改革分析

造土地面积 13572 亩，正在实施改造的土地面积 25786 亩。①

根据《佛山市南海区关于进一步推进城市更新（"三旧"改造）工作的实施意见》，南海区"三旧改造"政策主要有：（1）供地政策：将城市更新项目改造为商住用途的（旧村居改造项目除外），以"收回公开出让"方式供地；自行改造的城市更新项目涉及改变土地用途、延长使用年限或增加容积率的，可采用"协议出让"方式供地（城镇住宅项目除外）；旧村居改造项目有以"收回协议出让"、以带建筑物形式"不收回公开转让"、以"收回公开出让"三种方式供地。（2）城市更新项目的土地出让收益分配政策。涉及收回公开出让的，其土地出让收益补偿分配，可采取货币补偿、物业补偿、货币补偿与物业补偿相结合的形式，实行出让收益补偿、回购物业、代建物业等多种方式，充分保障原土地权利人的合法权益。城市更新项目土地出让金（若含异地教育配套费的需先扣除），扣除土地出让金 10%，计提农田水利建设资金、地方教育资金、保障性安居工程资金和农业土地开发资金等，按不同改造类型进行分配。实行货币补偿的，涉及收回公开出让的，区、镇（街道）、原土地使用权人对该地块土地出让金按 2∶3∶5 的比例补偿分配；涉及协议出让和补办出让手续的，区、镇（街道）按 1∶1 的比例分配土地出让金。实行物业补偿的，城市更新项目涉及收回公开出让的，土地出让收益可选择物业补偿或货币补偿与物业补偿相结合的形式，对原土地使用权人进行补偿。涉及收回公开出让的，土地出让收益补偿分配可选择物业补偿形式，由原土地使用权人以合理价格向土地受让方回购物业。回购物业的总价不得高于原土地使用权人按货币补偿分配的金额（土地出让金的 50%），回购的建筑面积不得高于规划条件所规定的该类建筑面积的 35%，剩余的金额作为货币补偿。若村（居）集体经济组织只选择商服用途物业回购的，回购比例可适当提高，但回购金额不得高于货币补偿分配的金额。回购物业的价格由土地成本和建筑成本构成。（3）旧村居改造项目土地收益分配政策。采用收回公开出让的，土地出让金按公开交易的成交价计收，根据项目原土地不同性质进行土地出让收益补偿分配。其中，农村村庄范围用地部分，区、镇

---

① 《佛山日报》2016 年 3 月 28 日。

（街道）、原土地使用权人对土地出让金按1:1:8的比例进行补偿分配；非农村村庄范围用地部分，区、镇（街道）、原土地使用权人对土地出让金按1:1:3的比例进行补偿分配；采用带建筑物形式"不收回公开转让"，涉及补缴土地出让金的，根据项目原土地不同性质计收土地出让金。其中，农村村庄范围用地部分，按土地成交价的40%补缴土地出让金；非农村村庄范围用地部分，按土地成交价的60%补缴土地出让金。区、镇（街道）对补缴的土地出让金按1:1的比例分配。采用"收回协议出让"的，根据项目原土地不同性质计收土地出让金。其中，农村村庄范围用地部分，按规划用途土地市场价格的20%补缴土地出让金；非农村村庄范围用地部分，按规划用途土地市场价格的40%补缴土地出让金。区、镇（街道）对补缴的土地出让金按1:1的比例进行分配；旧村居改造项目土地出让金区级分配部分全额划拨给镇（街道），镇（街道）将土地出让金区、镇两级分配部分全额划拨给村（居）集体经济组织，用于扶持旧村居改造。实施"三旧改造"工程，不仅推动了集体建设用地入市流转，而且提高了土地利用效率，促进了南海区城市更新和产业升级，同时，提升农村集体经济组织和农民的财产性收入。据统计，2015年至2016年3月，三旧改造项目土地出让金为81.4亿元，占全区土地出让金的39.2%。[①]

南海区在集体建设用地入市改革过程中，不断完善土地增值收益分配政策。2015年前，南海区集体建设用地使用权流转参照国有土地增值税征收标准向政府缴纳土地增值收益。2015年作为国家试点地区后，南海区的集体经营性建设用地使用权出让、转让按其用途以土地成交价格为基础征收差别化的土地增值收益调节金。集体经营性建设用地使用权出让的土地增值收益调节金收取办法：工矿仓储和公共管理与公共服务用途，属于城市更新（"三旧"改造）项目或农村综合整治片区内的地块为5%，其他地块为10%；商业服务用途，属于城市更新（"三旧"改造）项目或农村综合整治片区内的地块为10%，其他地块为15%。转让农村集体经营性建设用地使用权的土地增值收益调节金的计收办法：工矿仓储和公共管理

---

① 《佛山日报》2016年3月28日。

与公共服务用途为 2.5%；商业服务用途为 3.5%。转让房地产的土地增值收益调节金的计收办法：工矿仓储和公共管理与公共服务用途为 1.5%；商服用途为 3%[①]。土地增值收益调节金区、镇（街道）各分享 50%，统筹用于农村基础设施建设支出。集体经营性建设用地出让收益按以下方式进行分配：按规定比例缴纳土地增值收益调节金，再由村（居）集体经济组织按出让时土地公开交易成交价格的 30% 缴纳集体建设用地流转城乡统筹提留金，统筹用于城乡公共基础设施的建设维护、公共服务的建设支出以及社会保障支出。集体建设用地出让的纯收益纳入村股份公司统筹，纯收益中扣除 10% 作为股份公司的福利基金，剩余部分留成 51% 作为集体经济组织的发展基金和福利基金，49% 作为土地分红，农民个人按股份分红。[②]

二　佛山市南海区改革经验

南海区集体建设用地入市改革，在农村集体建设用地确权登记、集体建设用地入市流转政策、构建建设用地交易平台、集体建设用地基准地价体系、制度土地增值收益分配等方面为中国农村集体建设用地入市流转提供了有益的经验。

（一）出台了有关集体建设用地流转地方法规并不断完善

为了规范农村集体建设用地使用权流转交易行为，保障集体土地所有权人和用益物权人及土地使用者的合法权益，2011 年，南海区政府制定了一系列集体建设用地使用权有偿出让、出租、转让、抵押等地方性法规。这些法规的制定对引导和规范农村集体建设用地起到了积极的促进作用，为实现集体土地与国有土地的"同地同价同权"提供了政策依据。但在实践中出现了一些新问题，主要有农用地与建设用地捆绑入市交易、以发包方式替代建设用地流转；流转的集体建设用地改变土地用途；已出让的建设用地面临到期续期等。这些问题若

[①]《佛山市南海区农村集体经营性建设用地土地增值收益调节金与税费征收使用管理试行办法》，2015 年 12 月 11 日。

[②] 高圣平、刘守英：《集体建设用地进入市场：现实与法律困境》，《管理世界》2007 年第 3 期。

不能得到及时解决，将影响集体建设用地的有序流转，南海区通过实践经验总结，不断修订、完善集体建设用地流转法规，并于2014年9月颁布实施了《南海区集体建设用地使用权流转实施办法》。该"实施办法"对规范集体建设用地流转程序、明确准入条件、界定土地用途等起到了积极作用。流转的集体建设用地必须符合土地利用总体规划，城乡规划或区、镇（街道）产业发展规划；必须取得集体土地产权证；集体建设用地的受让人不得将土地用于住宅建设或类似住宅的居住用房建设或将地上已有的房地产改为居住用房，这些规定杜绝了"小产权房"问题，维护了房地产市场和土地市场的有序运行，促进了集体建设用地入市健康发展。2015年被确定为国家试点地区后，为落实中央关于农村集体经营性建设用地入市改革试点文件精神，颁布实施了《南海区农村集体经营性建设用地入市管理试行办法》《南海区农村集体经营性建设用地土地增值收益调节金与税费征收使用管理试行办法》《南海区存量农村集体经营性建设用地完善手续实施细则》三个地方性法规，以规范农村集体建设用地流转秩序，使集体建设用地入市改革具有政策依据。

（二）明晰集体土地所有权主体——村集体经济组织

按现行法律规定，农村集体土地所有权主体有：村内集体经济组织、村集体经济组织、乡（镇）农村集体经济组织。具体归谁所有，是按实际经营管理权来界定的，这造成了事实上的农村集体土地所有权主体"虚化"缺位，集体土地究竟归谁所有在中国一直是模糊不清的，由于存在三个所有者主体，在涉及土地财产权利时，乡（镇）、村、村内集体经济组织间常常发生矛盾，而农民没有"话语权"，这种制度安排严重损害了集体土地所有者及土地所有权成员——农民的土地财产权利。南海区土地制度改革创新解决了集体土地所有权主体和入市主体问题，《南海区集体建设用地使用权流转实施办法》第3条明确规定："集体建设用地属村（居）集体经济组织所有。"该"实施办法"规定："村（居）集体经济组织出让、出租、抵押集体建设用地使用权的，须经村（居）集体经济组织表决同意，并形成正式的表决材料。"这些规定明确了集体建设用地所有权主体和入市流转主体，有利于保护集体土地所有者和农民的土地权利，也为有序推进集体建设用地流转提供了制度保障。南海区在试点改革中,充分尊重集体土地所有权共有权人——农民的意愿和意见,让农民参与集体建设用地出让、出租、抵押的决策,使集体土地所有者的地位得以真正实现。

(三) 构建了集体建设用地交易平台

为了保证农村集体资产交易公正、公平,保障集体资产交易收益最大化,构建了南海区集体产权交易中心、镇(街道)集体资产管理交易中心、村(居)集体资产管理交易站三级交易平台,制定了《南海区农村集体资产管理交易办法》,规范农村集体建设用地交易行为。该"办法"明确规定了集体建设用地流转及物业出租交易、管理权限。该"办法"规定,农村集体建设用地的出租、出让必须进入镇级以上(含镇级)交易机构进行公开竞价交易;"土地使用权证、房产证"两证齐全,且单宗建筑面积1000平方米以上(含1000平方米)的房屋及建筑物出租必须进入区交易中心公开竞价交易。通过建立集体建设用地流转交易平台,保证了集体建设用地交易的公开透明,有效地规避了"暗箱操作",有利于保障农村集体和农民的土地利益。

(四) 制定了集体建设用地基准地价、基准租金体系

为保障集体建设用地出让、出租有科学的价格依据,落实城市规则、经济发展战略和产业政策,充分发挥地租地价的作用,最优配置土地资源,南海区政府2013年制定了南海区各用途集体建设用地基准地价和基准租金标准,基准地价主要包括网格点基准地价、区片基准地价、土地区位等级基准地价,制定了集体建设用地容积率基准地价,形成了较为完整的集体建设用地地价体系,以指导集体建设用地出让出租、抵押、作价入股、转让转租工作,基本实现了集体建设用地与国有建设用地同产权、同市场、同价格。并明确规定:"集体建设用地使用权公开出让、出租的起始价(起始租金)或协议出让价(协议租金),原则上不得低于集体建设用地基准地价(基准租金)的70%。"以防止集体建设用地流转中的"寻租"行为,保护农村集体土地所有权人和农民的利益(基准地价见表3-1、表3-2)。

表 3-1　　　　　南海区集体建设用地基准地价标准　　　　（元/m²）

土地级别 \ 土地用途	商业	住宅	工业
一级	1934	1374	471
二级	1932	910	403
三级	954	744	375
四级	826	—	350

说明：商业、住宅用地为容积率 2.0 下的单位面积地价，工业用地为容积率 1.0 下的单位面积地价。

资料来源：佛山市南海区人民政府：《关于公布实施南海区集体建设用地基准地价的通知》。

表 3-2　　　　南海区集体建设用地楼面基准地价标准　　　（元/楼面 m²）

土地级别 \ 土地用途	商业	住宅	工业
一级	967	687	471
二级	662	455	403
三级	477	372	375
四级	413	—	350

说明：商业、住宅用地为容积率 2.0 下的楼面地价，工业用地为容积率 1.0 下的单位面积地价。

资料来源：佛山市南海区人民政府：《关于公布实施南海区集体建设用地基准地价的通知》。

（五）建立了土地增值收益分享机制

集体经营性建设用地入市增值收益的分配是否合理，直接影响着农村集体经营性建设用地入市改革的成败，只有建立兼顾国家、集体、农民土地增值收益分配机制，才能推动城乡统一建设用地市场的构建。南海区在土地收益分配方面进行了有益探索。2015 年制定了《佛山市南海区农村集体经营性建设用地土地增值收益调节金与税费征收使用管理试行办法》，针对集体经营性建设用地入市的不同交易方式，分类差别化征收土地增值收益调节金或土地税费。对出让集体建设用地的，按土地用途对土地出让成交总价分别征收5%—15%的土地增值收益调节金（见表3-3）；对转让集体建设用地的，按土地用途、物业类型对转让总价分别征收1.5%—3.5%的土地增值收益调节金（见表3-4）。农村集体经营性建设用地使用权以作价出资（入股）、租赁等方式入市的，应比照国有建设用地作价出资（入股）、租赁缴纳相关税费，主要包括

表3-3　　南海区农村集体经营性建设用地使用权出让土地增值收益调节金征收标准

出让类型		征收比例（%）	征收基数
工矿仓储用途	城市更新（"三旧"改造）或农村综合整治片区	5	土地出让收入（若协议出让价低于基准地价的，以基准地价作为征收基数）
	其他	10	
商业服务用途	城市更新（"三旧"改造）或农村综合整治片区	10	
	其他	15	
公共管理与公共服务用途	城市更新（"三旧"改造）或农村综合整治片区	5	
	其他	10	

资料来源：《佛山市南海区农村集体经营性建设用地土地增值收益调节金与税费征收使用管理试行办法》，2015年12月11日。

表3-4　　南海区农村集体经营性建设用地使用权转让土地增值收益调节金征收标准

转让类型		征收比例（%）	征收基数
土地使用权	工矿仓储用途	2.5	转让收入
	商业服务用途	3.5	
	公共管理与公共服务用途	2.5	
房地产	工矿仓储用途	1.5	
	商业服务用途	3	
	公共管理与公共服务用途	1.5	

资料来源：《佛山市南海区农村集体经营性建设用地土地增值收益调节金与税费征收使用管理试行办法》，2015年12月11日。

营业税及附加（现为增值税）、土地增值税、房产税（房地产出租的）等。

第二节 浙江德清县入市改革分析

一 浙江德清县改革基本情况

浙江德清县被确定为国家试点地区后，对全县12个乡镇（开发区）151个行政村的存量集体经营性建设用地进行了全面调查。据统计，全县共计有存量集体经营性建设用地1881宗，面积10691亩；符合入市要求和入市条件的有1036宗用地，面积5819亩。① 这为集体经营性建设用地入市改革奠定了良好的基础。为保障集体经营性建设用地改革的顺利实施，德清县政府制定了《德清县农村集体经营性建设用地入市试点实施方案》《德清县农村集体经营性建设用地入市管理办法（试行）》，并出台了《德清县集体经营性建设用地使用权出让规定（试行）》等五个文件，这些政策和制度的出台和实施，保证了集体经营性建设用地流转改革的有序推进。

2015年8月19日，一块集体经营性建设用地以协议方式先行入市。该地块位于莫干山镇仙潭村，原为镇集体所有，面积4040.9平方米，为原集体企业闲置用地。土地用途为商业服务业设施用地，入市实施主体为德清县莫干山城建发展有限公司。德清县莫干山镇醉清风度假酒店以307.11万元取得该宗地40年的使用权。② 2015年9月8日实施首次拍卖，出让集体经营性建设用地使用权。该地块位于洛舍镇砂村，面积为13295.35平方米，紧邻规划中的湖州莫干山高新区北部园区，与规划中的杭宁高速砂村出口相邻。规划用途为商业服务业设施用地，起拍价为720元/平方米，入市主体为德清县洛舍镇砂村村股份经济合作社。4位竞买人参与竞拍，经过24轮竞拍，最后成交价为1150万元，宗地溢价率达20.13%。③ 通过拍卖方式成功出让集体经营性建设

---

① 德清县国土资源局。
② 浙江省德清县国土资源局。
③ 根据浙江省德清县国土资源局的资料整理。

第三章 国家试点地区集体经营性建设用地入市改革分析

用地，为探索构建城乡统一的建设用地市场，实现集体土地与国有土地"同权同价"积累了经验。据统计，从2015年8月至2015年12月，德清县集体经营性建设用地成功入市8宗，面积为71352.43平方米，其中，协议出让面积为6669.69平方米，挂牌出让面积为30216.6平方米，拍卖出让面积为13295.35平方米；协议租赁面积为2335.58平方米，挂牌租赁面积为18835.21平方米；出让成交总价为2496.8万元，租赁入市成交价为160.65万元（前5年的价格，5年后每周期在首期租赁价基础上递增10%）（具体见表3-5）。

表3-5　德清县改革试点以来集体经营性建设用地入市情况

入市方式	交易形式	入市时间	宗地面积（m²）	规划用途	入市主体	起始价（元/m²）	成交价（万元）
出让	协议出让	2015.08	4040.90	商业服务业设施用地	德清县莫干山城建发展有限公司	—	307.11
		2015.12	2628.79	旅游用地	德清县莫干山城建发展有限公司	—	191.90
	挂牌出让	2015.11	28042.60	工业用地	德清县新市镇宋市村股份经济合作社	280	785.19
		2015.11	2174.00	工业用地	德清县新市镇水北村股份经济合作社	288	62.61
	拍卖出让	2015.09	13295.35	商业服务业设施用地	德清县洛舍镇砂村村股份经济合作社	720	1150.00
租赁	挂牌租赁	2015.12	5193.21	工业用地	德清县新市镇蔡界村股份经济合作社	9.42	24.26
		2015.12	13642.00	其他服务设施用地	德清县武康镇太平村股份经济合作社	16.14	110.09
	协议租赁	2015.12	2335.58	旅游用地	德清县莫干山镇南路村股份经济合作社	—	26.30

说明：（1）租赁成交价指的是前5年租期的价格，5年后每周期在首期租赁价基础上递增10%。

资料来源：根据德清县国土资源局公布的成交数据整理。

二 浙江德清县改革基本经验

浙江德清县集体经营性建设用地入市改革在坚持"土地公有制性质不改变、耕地红线不突破、农民利益不受损"三条底线的基础上,大胆创新,取得了明显成效,为集体经营性建设用地入市改革探索了可复制、可推广的经验,为国家立法和修改完善土地的相关法律法规提供了实践依据。

(一)重视集体经营性建设用地确权登记,为入市改革提供了基本保障

德清县政府对全县12个乡镇(开发区)151个行政村的存量集体建设用地进行全面调查,对每宗地块的坐落位置、权属状况、利用现状等进行了全面的普查、勘测、确权并登记发证,以保证集体建设用地入市流转具备产权基础;同时,结合"多规合一",将集体建设用地纳入城乡统一规划,结合土地利用、产业发展、村镇建设等规划,对集体建设用地实施了"一地一规划"工程,对具体地块编制了控制性详细规划,以指导流转的集体建设用地的开发利用。经普查,全县共有存量集体经营性建设用地1881宗,面积为10691亩;符合入市要求和入市条件的有1036宗用地,面积为5819亩①,占集体经营性建设用地总量的54.43%。这为集体经营性建设用地入市改革奠定了良好的基础。

(二)形成了较为完备的法规政策体系,为入市改革提供制度保障

德清县政府高度重视集体经营性建设用地入市改革的制度建设,2015年,德清县先后制定了一系列农村集体经营性建设用地入市流转的地方性法规和政策,主要包括农村集体经营性建设用地使用权出让、出让地价、异地调整集中入市、土地增值收益调节金征收与使用、入市收益分配、土地民主决策与管理等法规政策。较为完备合理的制度供给有力地支撑了集体经营性建设用地入市流转规范的有序推进和运行。政策体系主要包括:(1)入市主体。集体经营性建设用地合法入市主体有:集体经营性建设用地所有权属乡(镇)集体经济组织的,入市主体为乡(镇)资产经营公司、乡(镇)全资下属公司或其代理人;属

---

① 德清县国土资源局。

第三章　国家试点地区集体经营性建设用地入市改革分析

村集体经济组织所有的,入市主体为村股份经济合作社(村经济合作社)或其代理人;属村民小组集体经济组织所有的,若依法取得市场法人资格的,可作为入市主体;未依法取得市场法人资格的,在自愿的基础上,可委托村股份经济合作社(村经济合作社)等代理人作为入市主体。① 明确区分集体建设用地所有权主体与入市主体,界定土地管理主体与土地产权经营主体,能有效运用市场机制,实现集体经营性建设用地市场价值,维护农民集体的土地权益。(2)入市程序。集体经营性建设用地入市所涉及的宗地情况、入市方式、交易形式、起始地价、土地使用用途、收益分配与使用等重大事项须向集体经济组织全体成员公开,且须经民主决策方可提出入市申请。集体经营性建设用地属村集体经济组织的或村内其他集体经济组织的,由村股份经济合作社(村经济合作社)成员会议或成员代表会议按一事一议的要求形成决议,到会成员占应到会成员的三分之二以上,且通过人数达到与会成员的三分之二以上方有效;属乡(镇)集体经济组织的,须经乡(镇)党政联席会议或乡(镇)长办公会议集体研究决定。入市申请经民主决策通过后,由乡(镇)人民政府审核,并由入市主体向县国土资源局提出入市申请,报县政府核准后实施。充分尊重农村集体经济组织及成员的意愿,强化入市决策的民主性,增强入市改革的透明度,充分发挥农村集体及成员入市改革的主动性和积极性。(3)入市增值收益分配与管理。德清县在充分调研的基础上,结合国家试点改革目标,按照与国有土地"同权同价同义务"的基本原则,实施了"按类别、分用途、有级差"的土地增值收益调节金征收办法。工业用地因土地级差、区位不同,分别按16%、20%、24%收取土地增值收益调节金,商业服务用地因土地级差、区位不同,分别按32%、40%、48%收取土地增值收益调节金。土地增值收益调节金按照政府非税收入管理,全额上缴县财政,实行收支两条线管理。土地增值收益调节金主要用于农村基础设施建设、集体建设用地前期开发等支出。同时,为了保证土地增值收益的合理使用,平衡区域差异,政府征收的调节金,大部分归县级政府统筹使用,商业服务类用地征收调节金的60%、工矿仓储类用地征

---

① 《德清县农村集体经营性建设用地入市管理办法(试行)》。

收调节金的80%由县级统一安排使用，剩下的40%、20%由所在乡镇（开发区）安排使用。①

（三）以市场机制为导向，初步实现与国有土地"同权同市场同价"

德清县在参照国有建设用地使用权出让、转让规则的基础上，制定了集体经营性建设用地上市交易的相关制度及运作规则，制定实施了《德清县集体经营性建设用地出让地价管理规定（试行）》《德清县农村集体经营性建设用地使用权出让地价评估指导方案》，探索建设城乡统一的建设用地市场。（1）构建统一的城乡建设用地交易平台。将集体经营性建设用地交易统一纳入县公共资源交易中心，实行与国有建设用地出让"三统一"，即"统一交易平台、统一交易方式、统一交易规则与监管"。同时，在城乡统一的基准地价体系建立前，参照国有建设用地基准地价和国有建设用地正常市场价格水平，评估集体经营性建设用地入市价格。（2）充分发挥市场竞争机制的作用，使集体经济组织和农民个人的土地财产权得以充分实现。《德清县农村集体经营性建设用地使用权出让规定（试行）》明确规定，集体经营性建设用地使用权出让"原则上采用招标、拍卖、挂牌方式"；并限定了协议方式出让的范围，即在2015年8月17日前②，"土地已有使用者且确实难以收回的，集体经济组织在报请所在乡镇人民政府（开发区管委会）同意的基础上，可采用协议出让方式"。③德清县在集体经营性建设用地入市过程中，可以通过"挂牌"出让、"挂牌"租赁方式，甚至可以通过"拍卖"方式入市，充分实现集体经营性建设用地的市场价值。如2015年9月8日首次拍卖出让一宗集体经营性建设用地使用权，起拍价为720元/平方米，最后经过24轮竞拍，以1150万元价格成交，宗地溢价率达20.13%。通过市场化的交易方式，使集体经营性建设用地的价值得以充分实现，也基本实现了与国有土地"同权同价"。（3）探索集体经营性建设用地抵押融资。抵押融资是实现集体经营性建设用地与国有建

---

① 参见《德清县农村集体经营性建设用地入市土地增值收益调节金征收和使用规定（试行）》。
② 即《德清县农村集体经营性建设用地使用权出让规定（试行）》实施前的集体建设用地。
③ 《德清县农村集体经营性建设用地使用权出让规定（试行）》。

第三章 国家试点地区集体经营性建设用地入市改革分析

设用地"同权"的重要内容。德清县出台了《关于鼓励金融机构开展农村集体经营性建设用地使用权抵押贷款的指导意见》,并在全国率先试点实施集体经营性建设用地使用权抵押贷款。2015年德清第一宗集体经营性建设用地协议出让,面积为4040.9平方米,德清县莫干山镇醉清风度假酒店以307.11万元取得该宗地40年的使用权。2015年9月,中国农业银行德清县支行完成了全国第一笔农村集体经营性建设用地使用权抵押贷款——150万元的抵押放款,为度假酒店建设提供了开发资金①,实现了与国有土地同等抵押的权利。这为国家制定有关集体经营性建设用地抵押贷款制度积累了经验,2016年5月,中国银监会、国土资源部出台了《农村集体经营性建设用地使用权抵押贷款管理暂行办法》。据统计,截至2016年6月,德清县16宗地进行了抵押贷款,抵押总面积为112968.88平方米,抵押贷款总额为4182.2万元。②

(四)构建了兼顾国家、集体、个人利益共享的土地收益分配机制

集体建设用地入市收益分配是否合理,直接关系到农村集体土地所有权人及农民的土地利益能否实现,也直接影响到集体经营性建设用地入市改革的成败。构建公平共享的土地收益分配机制,需要解决一系列难点问题,主要包括:农村集体经营性建设用地入市成本如何核算?如何科学合理计算土地增值收益?如何确定土地增值收益分配比例?如何实现国家、集体、个人利益共享,充分保障农民公平分享土地增值收益?土地增值收益在集体经济组织内部如何公平分配?

德清县在入市改革过程中,按照"明确收益属性、明确收益用途、保障农民利益"为核心的基本思路,对上述难点问题进行了探索,初步建立了国家、农民集体、农民个人共享土地增值收益的分配机制。

1. 科学合理地制定了集体建设用地入市成本

按照征地区片综合平均价为基础确定集体经营性建设用地成本,即依据集体经营性建设用地的土地区位、土地等级、年产出、土地供求关系以及经济发展水平等因素划分区片,测算土地征收综合补偿标准,以此为基础确定集体建设用地平均征收价格,并将平均征

---

① http://www.zj.xinhuanet.com/zjqyInfo/20160603/3186060_c.html。
② 同上。

收价格作为集体土地投入成本。德清县经过评估，确定集体经营性建设用地平均征收价格为5万元/亩，以此作为计算土地增值额的扣除成本。

2. 制定了土地增值收益调节金征收依据

农村集体经营性建设用地入市享有与国有土地同权同市场同价格的权利，相应地，也应该履行与国有建设用地的同等义务，国家应当分享一部分土地增值收益。德清县按目前国有建设用地市场平均价（工业用地为25万元/亩，商业服务业用地为80万元/亩）扣除集体经营性建设用地成本，作为计算集体经营性建设用地入市平均增值收益的基数；再参照国有建设用地出让收入中应当计提的农业土地开发资金、农田水利建设资金、教育资金、保障性安居工程资金、农业发展基金、社会保障基金等（约占集体经营性建设用地出让收入的15%），政府需投入基础设施和公共设施建设所需的费用，综合计算土地增值收益调节金征收率。

3. 确立了"按类别、分用途、有级差"的土地增值收益调节金征收模式

集体经营性建设用地出让、租赁、作价出资（入股）的，出让（出租）人按成交地价总额区分不同情况按比例缴纳土地增值收益调节金：县城规划区内的，商业服务类用地按48%缴纳，工矿仓储类用地按24%缴纳；乡（镇）规划区内的，商业服务类用地按40%缴纳，工矿仓储类用地按20%缴纳；规划区外的商业服务类用地按32%缴纳，工矿仓储类用地按16%缴纳。集体经营性建设用地再转让的，转让方应当按照建设用地使用权（包括地上的建筑物及其附着物）转让收入总额的一定比例缴纳土地增值收益调节金：商业服务类用地按3%缴纳；工矿仓储类用地按2%缴纳。另外，集体经营性建设用地受让（承租）人按成交地价总额的3%缴纳土地增值收益调节金[①]（具体见表3-6所示）。

---

① 参见《德清县农村集体经营性建设用地入市土地增值收益调节金征收和使用规定（试行）》。

表 3-6　德清县集体经营性建设用地土地增值收益调节金征收标准

用地范围	土地用途	工矿仓储用地（%）	商业服务业用地（%）
首次入市	县城规划区内	24	48
	乡（镇）规划区内	20	40
	规划区外	16	32
转让		2	3

4. 制定较为合理的土地入市收益在集体经济组织内部分配的制度和使用管理政策

土地入市收益在集体经济组织内部如何分配，关系到集体经营性建设用地入市改革能否得到农民的支持，是影响集体经营性建设用地入市改革成败的关键。为规范集体经营性建设用地入市收益分配行为，保障农民的土地财产权益，在改革之初，德清县政府制定了《农村集体经营性建设用地入市收益分配管理规定（试行）》，对土地收益分配及管理做出了明确的规定。按照集体土地"三级所有"的实际，土地入市收益相应地归属不同的集体经济组织享有，并实行不同的分配和管理政策。一是集体经营性建设用地属村集体经济组织（村股份经济合作社或村经济合作社）所有的，其入市收益归村集体经济组织（村股份经济合作社或村经济合作社）所有，按入市方式的不同实行有区别的收益分配政策。以出让方式入市获得的土地收益，或以租赁方式入市且租赁期限 5 年以上的（含 5 年），其租金按不少于 5 年按年分期收取，出让和租赁的土地收益作为集体资产，采取集体公积金和公益金方式管理；或以股权增值方式量化为集体成员股权；或对外投资、购买物业持有经营、股份合作、购买政府性债券等以获得投资增值收益，投资所取得的收益，在扣除必要的投资费用后，将不少于 30% 的收益按股份分红，剩余部分用于村级组织日常运行费用；以作价出资（入股）方式入市的，原则上在《作价出资（入股）入市合同》中明确采取"固定收益+分红"方式获取投资收益，土地使用权作价出资形成的股权由村股份经济合作社（或村经济合作社）持有，其土地作价计入村级集体无形资产，其收益作为集体收入按年度计入投资收益。若村级公益事业需动用土地入市收益的,需乡镇人民政府审核同意,但支出总额不得超过土地入市收益的50%。

二是集体经营性建设用地属村内其他集体经济组织(村民小组)所有的,其入市收益在扣除应向国家缴纳的土地增值收益调节金、10%的村集体提留以及入市的相关费用后,可用于农户分配;也可委托村股份经济合作社(或村经济合作社)对外投资、购买物业、股份合作、购买政府性债券等,投资所获收益再进行分配。三是集体经营性建设用地属乡(镇)集体所有的,其入市收益归乡(镇)集体并纳入乡(镇)财政统一管理。其收益主要用于农村基础设施建设、农村社会保障、医疗保障等支出。①

为了规范集体建设用地入市收益的使用,德清县实行土地收益专户管理,专款专用。同时,按三级集体经济组织分别实行不同的管理政策,一是属乡镇集体经营性建设用地入市取得的收益,统一列入财政账户由乡镇财政统一核算管理;二是属村级集体经营性建设用地入市取得的收益,按不同入市方式分类管理。以出让、租赁方式入市的,村股份经济合作社(或村经济合作社)设立辅助账户,专门用于其入市收益的核算管理;以作价出资(入股)方式入市的,每年度所取得的投资收益直接计入村股份经济合作社(或村经济合作社)基本账户进行核算管理。三是属村内其他集体经济组织(村民小组)集体所有的经营性建设用地入市收益的,按"组财村代理"原则,由村股份经济合作社(或村经济合作社)单独设立科目进行统一核算管理。②规范集体经营性建设用地入市收益分配和管理,是完善国家、集体、个人的土地增值收益分配机制,保障农村集体和农民土地财产权益的重要举措。德清县集体经营性建设用地入市改革,取得了良好的社会效应和经济效益。以德清县洛舍镇砂村为例,在集体经营性建设用地入市改革之前,该村农民每股股权价值为5500元;改革后集体经营性建设用地入市收益以股权增值方式分配给农民股东,每股价值增加到8000元,股权价值增长45.5%,使农民持有的土地股权获得了较大的

---

① 参见《德清县农村集体经营性建设用地入市收益分配管理规定(试行)》。
② 同上。

增值收益。①

第三节 四川郫县入市改革分析

郫县作为全国乡村城市化的试点县,在就地城镇化、农村集体经营性建设用地改革等方面取得了可资借鉴和推广的经验。

一 郫县改革基本情况

(一)郫县入市改革概况

四川郫县在全国 15 个农村集体经营性建设用地试点县(市)区中,积极探索就地入市、异地调整集中入市,采用挂牌竞价方式出让、出租农村集体经营性建设用地使用权取得了明显的成效。2015 年 9 月,首宗农村集体经营性建设用地顺利入市,特别是从 2016 年以来,郫县农村集体经营性建设用地入市的进程明显加快,以市场手段为主,不断创新入市交易方式,实现了买卖方式与租赁方式并举,积累了一定的改革经验。截止到 2016 年 12 月,郫县农村集体经营性建设用地入市流转成交 12 宗,累计入市建设用地面积共计 148128.81 平方米,其中挂牌租赁出让 2 宗、协议出让 1 宗、挂牌买卖出让共 9 宗。② 2016 年,郫县计划推出 4 宗集体经营性建设用地挂牌出让,土地用途为工业用地,面积为 69322.5 平方米。③ 四川郫县集体经营性建设用地入市总体规模较大,具有一定的示范效应(见表 3-7 所示)。

(二)郫县农村集体经营性建设用地入市的典型案例分析

四川郫县自试点改革以来,顺利推进 16 宗农村集体经营性建设用地入市,积累了较为丰富的经验,这里选取其中有代表性的流转案例进行分析。

1. 郫县首宗农村集体经营性建设用地就地入市案例分析

2015 年 9 月 7 日,郫县唐昌镇战旗村的首宗集体经营性建设用地

---

① 江宜航:《德清农村集体经营性建设用地入市改革取得阶段性成效》,《中国经济时报》2016 年 2 月 1 日。
② 根据郫县国土资源局的土地出让和成交公告资料整理。
③ 同上。

表3-7 郫县农村集体经营性建设用地出让信息汇总表

出让时间	土地所有权人	入市主体	土地用途	宗地面积（㎡）	交易方式	起始价（万元/亩）	成交价（万元/亩）
2015.9.7	唐昌镇战旗村	唐昌镇战旗资产管理公司	商业服务	8964.43	挂牌出让	49.5	52.5
2016.2.6	三道堰镇程家船村十四社	郫县程家船资产管理有限公司	商业服务	9962.44	挂牌出让	73.33	73.33
2016.2.19	新民场镇星火社区三社	郫县星火资产管理有限公司	商业服务	2093.28	挂牌出让	56	57
2016.3.11	红光镇白云村五社、八社	成都白云拓展资产管理有限公司	商业服务用地	13274.94	挂牌出让	68	68
2016.4.1	郫县安德镇红专村第九农业合作社	郫县红专资产管理有限公司	工业用地	2533	协议出让	40	40
2016.4.6	友爱镇皇庄村二社	郫县皇庄资产管理有限公司	商业服务用地	3574.69	挂牌出让	64.73	64.73
2016.5.13	友爱镇梅花村八、九社	郫县友爱镇梅花资产管理有限公司	商业服务用地	6399.18	挂牌出让	55.21	55.21
2016.7.20	古城镇中平村十一、十二社	郫县中平资产管理有限公司	仓储用地	8873.89	挂牌租赁	1.25	1.6
2016.9.21	德源镇平城村第三、七社	成都平城企业管理有限公司	仓储用地	7786.87	挂牌租赁	1.2	1.4

第三章 国家试点地区集体经营性建设用地入市改革分析

续表

出让时间	土地所有权人	入市主体	土地用途	宗地面积（㎡）	交易方式	起始价（万元/亩）	成交价（万元/亩）
2016.11.3	红光镇白云村第二至八社	成都白云拓展资产管理有限公司	商业服务用地	72253.76	挂牌出让	69	69
2016.11.13	郫县古城镇中平村一社	郫县中平资产管理有限公司	商业服务用地	8083.18	挂牌出让	41	41
2016.12.14	三道堰镇程家船村五社	程家船资产管理有限公司	商业服务	4329.15	挂牌出让	73.33	73.33

资料来源：根据四川郫县国土资源局郫县挂牌出让集体经营性建设用地使用权公告资料整理。

顺利入市。① 该宗土地面积为8964.43平方米，土地用途为商业服务业设施用地，土地使用权年限为40年，出让起始价为49.5万元/亩。原属于村集体企业用地，多年来一直闲置，前些年一直以低廉的租金出租给该村村民使用。该地以挂牌出让方式在成都郫县公共资源交易服务中心出让，经过多轮竞价，最终由四川迈高旅游资源开发有限公司以52.5万元/亩价格获得。该公司将结合该村现有的旅游及产业资源，用于发展集"农业观光、乡村旅游、休闲农庄"于一体的乡村旅游项目。②

具体入市路径如图3-1所示，首先，由郫县国土局牵头，联合建

---

① 唐昌镇战旗村，位于成都郫县西北部，地处郫县、彭州、都江堰三县（市）交界处，处于成都市二圈城与三圈城的交汇处，区位优势明显。全村土地面积为2853.8亩，其中集体建设用地面积为695.3亩，全村共529户，共计1704人。战旗村现有村集体企业7家、个体企业5家，9个农业合作社，另外集体资产达1280万元，村集体年收入达60万元。2008年，战旗村就被定为四川省新农村建设试点示范村、成都市新农村文化建设示范村、农村产权制度改革试点村、创新农村治理结构改革方式试点村。2015年初被确立为农村集体经营性建设用地改革试点县。

② 根据中国新闻网《四川首宗集体经营性建设用地入市在郫县敲响"第一槌"》（2015年9月8日）整理。

设、规划、环保等相关职能部门,通过对辖区具体土地的调查,摸清了可用于入市的存量土地,确定了该地块的用地规划、产业发展、出让方式、土地使用年限等宗地出让条件;其次,出让方案经全体村民大会集体讨论,成立郫县唐昌镇战旗资产管理公司,全体村民作为该公司的股东,该公司具备市场法人资格,代表村民对外经营;再次,该资产管理公司作为入市主体,申请挂牌出让该地块,并聘请具有评估资质的土地评估机构进行地价评估;待评估结果出来后,由资产管理公司负责编制土地的位置图、四至范围、面积、使用年限、规划条件、出让底价、竞买方案和土地收益分配方案等挂牌出让方案;最后,将该入市方案交由镇政府审核,并报县国土局审查,审查符合入市要求后,进入县公共资源交易中心进行交易。最终迈高旅游资源开发有限公司通过多轮竞价,获得了该地块的土地使用权。①

该宗集体经营性建设用地入市案例具有以下特点:(1)该地块入市采取了"就地入市"的方式。该地块属存量集体经营性建设用地,在入市前,基本处于闲置状态。入市后用于发展乡村旅游产业,盘活了存量闲置建设用地,提高了土地利用效率。(2)采用市场竞价方式挂牌出让,通过市场竞争方式有利于集体建设用地价值的实现,该地挂牌出让起始价为49.5万元/亩,实际成交价为52.5万元/亩,土地溢价率为6%。(3)实行土地所有权主体与入市主体、土地营运管理主体分离,保证了集体经营性建设用地入市的规范有序运行。该地属战旗村集体所有,入市主体为具备入市主体资格的战旗资产管理公司。村委会既是集体土地所有权的代表,又要履行相关管理职能,村委会不具备法人主体资格,若由村委会直接出让集体建设用地,容易导致村委会职能混淆,不利于集体建设用地市场的培育。(4)实行土地股份化改革,保证了农民的土地利益。战旗村所有村民作为集体土地共有权人,其利益如何实现?战旗村通过成立具有法人资格的资产管理公司,所有村民为该公司股东,通过持有公司股权获得土地利益。该地块受让人向资产管理公司支付土地出让收益总计706万元,农民以所持有的股权按比例获

---

① 根据郫县国土资源局土地出让的公告和农村集体经营性建设用地入市的相关新闻资料整理而来。

第三章 国家试点地区集体经营性建设用地入市改革分析

得土地入市红利。

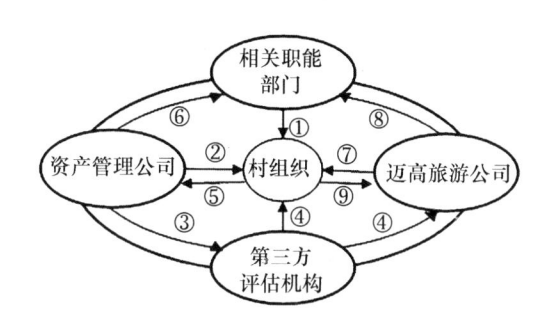

图 3-1 四川郫县首次农村集体经营性建设用地入市路径

2. 郫县农村集体经营性建设用地集中入市案例分析

2016年2月6日，郫县挂牌成交第二宗集体经营性建设用地。该地属郫县三道堰镇程家船村十四社所有，土地面积为9962.44平方米，土地用途为商业服务用地，土地的使用权为40年，起始价为73.33万元/亩。入市主体为"郫县程家船资产管理有限公司"。经过多轮竞价，最终由成都丽景庄园旅游开发有限公司获得该宗土地使用权，实际成交价为73.33万元/亩，出让总价为1095.82万元。①

2016年2月19日，郫县成功入市第三宗集体经营性建设用地。该宗入市属郫县新民场镇星火社区三社所有，该地属商业用地一级区域，土地面积为2093.28平方米，出让起始价为56万元/亩。入市主体为郫县星火资产管理有限公司。最终由自然人购买，成交单价为57万元/亩，总成交额为178.98万元。②

上述两宗集体经营性建设用地出让案例除了具有第一宗案例的一些特点外，还具有以下特点：（1）第二宗集体经营性建设用地流转为异地调整集中入市，为土地整理区域中产业发展预留地，实现了将原零散建设用地进行易地调整，在没有增加原有建设用地面积的情况下，在产业发展预留地中集中入市，提高了建设用地的利用效率，促进了农村集

---

① 四川郫县国土资源局网站。
② 同上。

体产业的发展，为集体经营性建设用地入市提供了新的路径。（2）为集体经营性建设用地入市土地增值收益分配和使用管理提供了经验。第二、三宗集体经营性建设用地流转，入市主体需按出让地价总额的30%向政府缴纳土地增值收益调节金，以体现土地增值收益共享和集体经营性建设用地与国有土地"同权同责"的基本原则。同时，也明确了土地增值收益调节金的使用和管理方法，土地增值收益调节金将优先用于入市所在地的基础设施和公益设施建设，体现了"取之于地，用之于地"的原则，改善了农村地区的基础设施条件，促进了农村经济的发展。

3. 郫县首宗租赁集体经营性建设用地入市

2016年7月20日，郫县首宗租赁集体经营性建设用地使用权在县公共资源交易中心大厅挂牌成交。该地块属郫县古城镇中平村十一、十二社所有，土地面积为8873.89平方米，土地用途为仓储用地，土地租赁期为10年，起始年租金为1.25万元/亩，入市主体为成都平城企业管理有限公司。最终成都润华建材有限公司通过现场竞价，成功竞得该宗地租赁使用权，租赁年限为10年，成交价为1.6万元/亩/年①，租赁价格溢价率为33.33%。此次挂牌成交的首宗"租赁"地块，标志着郫县农村集体经营性建设用地入市改革又迈出了重要的一步，拓宽了集体经营性建设用地入市途径；同时，此举还将有效减轻企业投入成本，通过土地供给改革支持产业发展，为企业转型升级和可持续发展创造了良好条件。

二 郫县改革经验

（一）彰显土地价值、厘清利益关系

通过对郫县战旗村集体经营性建设用地入市路径的梳理，不难发现：第一，相关职能部门制定集体经营性建设用地出让的综合管理措施文件，实质上是明确土地产权和集体经营性建设用地入市主体，规范交易程序，显化土地利益。第二，全体村民通过参股成立具有法人资格的资产管理公司，代表全体村民行使集体土地所有权，代表集体土地所有权主体出让、租赁集体建设用地使用权，农民通过持有土地股权获得土

---

① 四川郫县国土资源局网站。

第三章　国家试点地区集体经营性建设用地入市改革分析

地利益,保障了农民的土地利益。第三,郫县2016年对各乡(镇)集体建设用地进行了分等定级,并按乡(镇)的区位和土地等级制定了14个镇的集体经营性建设用地基准地价标准。以郫县犀浦镇集体经营性建设用地基准地价为例,一类地:商业服务用地为2150元/㎡,其他集体建设用地为2100元/平方米,工业用地为420元/平方米;二类地:商业服务用地为1350元/平方米,其他集体建设用地为1230元/㎡,与国有建设用地基准地价基本一致,为实行城乡统一的基准地价奠定了基础,也为集体建设用地入市流转提供了价格依据。第四,在土地进入公共资源交易中心进行交易之前,需由相关职能部门出具最终审核意见,其实质是要求入市的集体建设用地在用途、规模上符合规划,体现了合规性。第五,在交易中心通过多轮竞价交易,彰显了土地的价值属性与可交易性。第六,集体经营性建设用地入市主体缴纳"土地增值收益调节基金"、提取集体公益金和公积金,农民通过持有土地股份分享土地收益及土地增值收益,土地增值收益在国家、集体与农民间进行合理分配,农村集体经济组织和农民的土地权利得到保障,从而推动了农村集体经营性建设用地的入市。

(二)明确产权主体、确立法人资格

如表3-8所示,从选取的典型案例来看,四宗集体经营性建设用地入市均是在成立资产管理公司、确立其法人资格的基础上,赋予其相关法定权利,代表村民经营管理集体资产。在集体建设用地市场上,资产管理公司作为土地出让的主体,完全代表村民对外出让农村集体经营性建设用地等资产,维护村民的整体利益。在管理农村集体资产方面,资产管理公司同样扮演着至关重要的作用,既要处理好与农村村民的利益分配关系,又要盘活农村集体资产,实现权益资产的保值增值,致力于促进村域经济的发展。在土地出让收益管理方面,资产管理公司代表农村集体和农民个体,作为对外出让农村集体经营性建设用地的法人主体,在取得土地出让金等收益后,不仅要合理分配好土地出让金、土地租金等土地增值收益,还要代表集体土地所有权人和全体共有权人管好所提取的集体土地收益资产,切实保障和维护好村民的合法权益。

表 3-8　　郫县农村集体经营性建设用地入市案例及其经验

宗地位置	出让主体	土地用途	收益分配	示范意义
郫县唐昌镇战旗村	唐昌镇战旗资产管理公司（代表村集体）	乡村旅游综合体	受让人向政府缴纳土地成交价15%的土地增值收益调节基金	首宗土地挂牌入市
郫县三道堰镇程家船村十四社	郫县程家船资产管理有限公司（代表村集体）	乡村旅游项目	政府收取土地增值收益调节金，剩余部分20%的土地增值收益现金分配给该村全体村民（即程家船资产管理有限公司的股东），80%作为程家船资产管理有限公司的公积金和公益金	异地调整，集中入市
郫县新民场镇星火社区三社	郫县星火资产管理有限公司（代表村集体）	商业服务用地	出让人向政府缴纳30%的土地增值收益调节金	征收土地增值收益调节金
郫县古城镇中平村十一、十二社	郫县中平资产管理有限公司（代表村集体）	生产仓储用地		以租赁方式出让的土地

（三）兼顾多方利益、注重利益分配

兼顾多方利益主体的利益，处理好国家、集体和个体的利益关系，是促进农村集体经营性建设用地入市的基本动力。郫县制定了《农村集体经营性建设用地入市收益分配指导意见》，明确了政府通过征收土地增值收益调节金方式参与土地增值收益分配，兼顾了国家作为社会管理者的利益分配权力，使政府对农村基础设施和环境改善投入有了稳定的资金来源。在改革实践中，不断完善土地增值收益调节金征收办法。一是改土地成交价增值收益调节金由外向土地受让方收取为土地成交价由内向土地出让方收取。二是入市土地缴纳增值收益调节金征收率按照"分区位、有级差"的原则，郫县根据入市土地所在的基准地价区域范围级别差、规划用途以及入市方式的不同，征收13%—40%不同比例

第三章 国家试点地区集体经营性建设用地入市改革分析

的集体经营性建设用地土地增值收益调节金。① 郫县创造性地设计出"分区位、有级差"的征收土地增值收益调节金方式,为调节集体建设用地入市增值收益提供了有益的经验。三是注重土地收益及增值收益在农村集体和农民个体之间的分配,例如郫县三道堰镇程家船村十四社在土地整理项目实施后,根据异地调整集中入市需要解决原建设用地上农民的安置问题,除安排安置用房外,人均给予3万元的安置补偿费,该宗入市土地增值收益除政府按规定比例收取土地增值收益调节金后,剩余部分20%的土地增值收益现金分配给该村全体村民(即程家船资产管理有限公司的村民股东),80%作为程家船资产管理有限公司公积金和公益金(其中公积金为50%,公益金为30%)。② 程家船资产管理有限公司代表农村集体土地所有权人和全体村民营运管理集体土地收益资产,公积金主要用作村级集体资产再投资以获取投资增值收益;同时进行基础设施和公共配套建设,改善该村的基础设施条件,为农村经济发展打造良好的投资环境;公益金主要用于村级公共福利和社会保障等。③ 改革实践证明,只有处理好国家、农村集体和农民个体的利益分配,重点向农村集体经济组织和农民倾斜,建立合理的土地增值收益分配机制,才能推动农村集体经营性建设用地入市流转。

(四) 搭建交易平台、引入市场机制

农村集体经营建设用地入市,不论是首次入市还是再次流转,都存在巨大的增值空间,因此,只有搭建集体建设用地交易平台、培育建设用地市场才能保证农村集体经营性建设用地顺利实现其增值收益。综合上述四个典型案例分析,郫县公共资源交易服务中心作为土地交易市场,不仅是土地市场信息交流的重要平台,还是集体经营性建设用地通过招标、拍卖、挂牌上市交易的主要场所。从郫县已成交的土地来看,11宗集体经营性建设用地是采取挂牌竞价交易方式流转的,通过市场

---

① 四川郫县国土局:《郫县探索零星分散集体经营性建设用地调整集中使用入市》, http://www.pixian.gov.cn/index.php?cid=13&tid=251180。
② 四川在线:《郫县两宗集体经营性建设用地成功入市,探索出"化零为整"入市模式》, http://sichuan.scol.com.cn/ggxw/201602/54348698.html。
③ 李果:《成都多方向探索农村"土改"》, http://finance.sina.com.cn/roll/2016-03-24/doc-ifxqssxu8029451.shtml。

化方式流转集体建设用地，使土地价值得以显现，取得了良好的示范效果。此外，郫县通过第三方土地评估机构对入市交易的土地进行评估，确定农村集体经营性建设用地入市起始价，客观量化土地价值及土地增值收益，维护了土地市场的公平运行，有效保护了集体土地所有权和村民的合法权益。

第四章　农村集体经营性建设用地入市收益分配[*]

农村集体经营性建设用地入市改革是土地制度改革的重要内容，自 2008 年以来，中国确立了集体土地与国有土地"同地、同权、同价"，"建立城乡统一的建设用地市场"的改革方向和改革目标，这对破除城乡分割的二元土地产权制度，尊重和保护农村集体经济组织和农民的土地财产权，充分发挥市场机制在土地资源配置中的决定性作用具有重要的现实意义。为保证集体建设用地改革的顺利推进，2014 年底中国决定在全国范围内选取 30 个左右县（市）进行集体土地制度改革试点。2015 年年初确定了 15 个县（市）为集体经营性建设用地入市改革试点地区。目前，在试点地区，突破现行法律的规定，试行集体经营性建设用地入市流转改革，这是对现有土地制度的重大突破。通过对改革试点地区进行分析，认为厘清集体经营性建设用地入市各利益主体之间的分配关系，构建科学的土地收益分配机制是影响集体经营性建设用地入市改革成败的关键因素。

第一节　现行集体经营性建设用地流转收益分配的主要问题

15 个国家集体经营性建设用地入市改革试点地区经过一年多的实践探索，集体经营性建设用地入市改革取得了一定的成效，为改革的全

---

[*] 本章以"土地流转、收益分配与农地制度结构性变革"为题刊登在《江汉论坛》2016 年第 10 期。

面推进提供了宝贵的实践价值。但是由于制度缺失和缺乏现存的可资借鉴的模式，集体经营性建设用地流转收益分配还存在着不少问题。

一 农村集体土地所有权主体缺位，土地收益分配主体模糊

随着社会主义公有制的建立，中国农村确立了"三级所有，队为基础"的管理体制，逐步形成了农民集体三级所有的集体土地所有制。按现行法律规定，农村集体土地所有权是"三级所有"，即村、村民小组、乡（镇）农村集体经济组织所有，具体运行中则是按实际经营管理权来界定的。目前，集体土地征收后补偿费的分配在实践中存在着一宗集体土地有多个所有权主体的现象，且乡（镇）村参与征地补偿款分配的比重较大，存在着一宗集体土地有多个所有权主体的现象，这可以从目前集体土地征收后补偿费的分配中得到验证，乡（镇）、村参与征地补偿款的分配且占比较大，真正分配给村民小组和村民的份额较少。这事实上造成了所有权主体的缺位和"虚化"。农村集体土地所有权到底归哪级集体经济组织所有？法律对之没有做出明确界定，这种制度设计导致了集体土地流转中农村集体土地所有权人和农民的利益难以得到保障，甚至会引发严重的社会冲突与矛盾；也增加了社会成本和交易成本。同时，农村集体经营性建设用地的类型众多，主要包括农村集体经济组织——村、村民小组、乡（镇）兴办的各类企业，农村集体经济组织以土地使用权入股、联营等形式与其他单位、个人共同举办的各类联营企业等集体经营性建设用地。事实上，农村集体经营性建设用地所有权主体长期不明，集体经营性建设用地产权主体虚位且权能残缺，集体经济组织也很难履行经营和管理集体土地的职责，也未明晰村委会或村民小组行使集体土地产权权责，导致集体土地产权不明、权益归属不清，土地利益分配缺乏必要的规则。在试点地区，一部分通过组建具有法人资格的集体股份经济合作社（村经济合作社）、乡（镇）资产经营公司或者农民集体经济联合社等作为具体的入市主体，代表集体土地所有权人行使土地权利，但是，集体股份经济合作社的法定代表人一般是集体经济组织的负责人，这种双重身份混淆了行政管理权（或村民自治组织）和产权经营管理权的职责；另一部分是通过村民小组、村委会、乡镇来行使土地权利，但这些农村集体经济组织不具有交易主

第四章 农村集体经营性建设用地入市收益分配

体资格，难以承担与市场经济要求相适应的经济责任。

二 集体建设用地入市土地收益分配方式、分配机制不完善

（一）关于分配方式问题

集体经营性建设用地入市流转后，其收益采取何种方式在农村集体与成员间进行分配，既影响农民现实可获土地收益的多寡，也关系到土地收益分配的公平性和农村集体经济的可持续发展。从目前试点地区来看，其收益分配方式缺乏有效的制度安排，各地的做法也不一样。主要有三种方式：一是入市收益作为集体资产折股量化到本集体经济组织成员，不进行现金分配，如浙江德清县、佛山南海区；二是入市收益采取现金分配同将股权量化到集体经济组织成员相结合的办法，如成都市郫县等；三是直接分配现金给集体经济组织成员，如重庆市大足区等。股权量化方式是以现有家庭人数分配还是以家庭原有股权配置，从南海区实施的情况来看，采取了"确权到户、股权固化、户内共享、社内流转、长久不变"的股权配置模式。没有分配到村集体股权的农村村民，自然不能分享股权的分红及村集体的相关福利（村集体的公共福利与股权挂钩），这与现有农村集体经济的制度设计存在着冲突。在这一模式下，新增人口虽然获得了村集体成员资格，但却不能享有成员权的相关权益（因土地股权被固化，新增人口未持有集体资产股份）。同时，从村集体实际流出的村民（户籍未迁出），实际上不能履行村集体的相关义务和为村集体的发展做出新贡献（如已上大学的原农村村民、外嫁女等），但居民原有的成员权仍可保有股权并获得股权分红及相关集体福利，这事实上造成了新的不公平。若直接采取现金分配方式，村民的未来发展如何解决是亟须研究的问题。

（二）关于分配机制问题

1. 集体经营性建设用地入市的土地增值收益分配问题

从目前试点地区的情况看，采取了征收土地增值收益调节金的做法来调节土地增值收益，将一部分土地增值收益上缴政府。征收方式主要有两种：第一种按集体经营性建设用地成交总价的一定比例征收土地增值收益调节金，集体建设用地土地增值收益的实际征收额要比国有土地使用权转让缴纳的土地增值税高，未体现集体建设用地与国有建设用地

"同权同责"的原则，减少了农村集体经济组织和农民的土地财产收益。佛山市南海区、重庆市大足区、北京市大兴区、四川郫县等试点地区是按此方法征收土地增值收益调节金的。以四川郫县为例，假定按集体经营性建设用地流转总价征收30%的土地增值收益调节金为例，若按土地收益增值一倍计算，实际相当于土地增值收益的60%被收归政府，远高于国有土地使用权转让所征收的土地增值税（土地增值100%的土地增值税＝土地增值额×40%－扣除项目金额×5%）。各地征收率也有较大的差异，佛山市南海区按5%—15%征收，重庆市大足区按5%—25%征收，四川郫县征收率为13%—40%，北京市大兴区征收率为10%—12%。同时，也不符合土地增值收益征税的基本规则，基本规则应当是对增值部分进行征收，而不是对总收入进行征收。第二种按照土地出让或流转总价扣除土地成本后的净收益征收。从各地政策情况来看，土地成本是按土地征收或土地收益的区域平均成本来核定的，难以反映具体地块的实际开发成本，没有将集体建设用地土地开发成本作为扣除项目金额加以扣除。浙江德清县、辽宁海城市等试点地区是采取第二种方式征收土地增值收益调节金的，浙江德清县征收率为16%—48%，辽宁海城市征收率为10%—40%。这种征收办法缺乏合理性和科学性，容易导致农村集体经济组织和农民土地财产利益受损。

2. 集体经营性建设用地入市收益分配内部监管制度缺失

试点地区虽然对集体经营性建设用地的流转收益分配、使用等做出了规定，也明确了集体土地收益使用及分配的民主决策规则；国家相关政策要求集体经济组织（乡镇、村、村民小组）对集体经营性建设用地流转收益使用、分配情况应及时向集体成员公开，也规定了相关监督机制；但是在土地收益分配实践中，土地收益集体提留比例、分配方式、使用等往往是由村委会或村民小组组长决定的，集体经济组织成员的决策参与权难以落实，其知情权、监督权也无从履行，对土地收益分配缺乏有效的监督，农村集体经济组织及村民的权益难以得到保障，甚至出现了贪污、私分、挪用集体土地收益的现象。以广东乌坎村为例，乌坎村成立了乌坎港实业开发公司，经营房地产业务。2010年3月，乌坎村村委会（实际上为当时的村支书个人）与香港某置业有限公司合作成立了陆丰县佳业开发有限公司，双方约定合作条件，由村提供

80万平方米的滩涂场地的使用权，香港公司投入资金，净利润由双方五五分成①，但实际上乌坎村村民获得的土地收益很少，土地收益分配问题造成了罕见的"乌坎事件"。

3. 集体经营性建设用地上市流转收益的税收调节机制缺失

集体经营性建设用地入市收益实质上是一种财产性收入，应当按照集体土地与国有土地"同权、同价、同义务"的原则，政府应当对集体经营性建设用地入市收益征收财产所得税、土地增值税等税收加以调节。但目前政府主要是通过收取土地增值收益金及收取行政管理费等方式参与分配的，这实际上混淆了公共管理职能和财产权的性质，不利于建立规范的农村集体土地财产权的收益分配制度。

第二节 集体经营性建设用地土地收益的形成、实现机制

在农村集体经营性建设用地入市过程中，科学构建土地收益分配机制不仅关系到不同利益主体间利益分配的合理性和公平性，还为农村集体经营性建设用地入市改革提供了基础。

一 集体经营性建设用地土地收益的形成机制

农村集体经营性建设用地入市的增值收益是多种因素共同作用的结果。从实物、权益和区位三个维度来看，土地的可利用性和地理条件是其价值形成的前提，但增值收益的根源在于权益的变化（即赋予它与城市国有土地同等入市、同权同价的权利），区位条件则影响收益的增幅（即正外部性有利于增值收益的形成）。集体经营性建设用地入市形成的增值收益也是不同利益主体权衡博弈的结果，在增值收益的形成过程中所涉及的因素众多，从利益形成的源头看，如法律赋予它与市地同权同价的权利，只要入市交易就能实现其价值，即形成建设用地的绝对地租；土地管理部门通过规划和用途管制影响增值收益的大小，如城市

---

① 根据2012年3月31日《中国经营报》刊登的《乌坎事件非创新，村民自治路漫漫》中的资料整理而来。

郊区规划直接改变集体建设用地的区位状况，产生级差地租Ⅰ；政府部门增加公共投资，改善了区位条件，增加了土地的价值，产生级差地租Ⅱ；众多新土地使用者（土地受让者）构成对建设用地的市场需求，并通过投资经营以获得增值收益，同属级差地租Ⅱ；土地所有者拥有建设用地发展权，并投资改善和维护了土地的正常使用功能，属于级差地租Ⅰ；集体经营性建设用地的区位具有特殊性（如临近繁华地段的城中村），使经营性产品的价格具有垄断性，就会大幅提高土地增值率，形成垄断地租；政府通过改善其基础设施和维护良好的社会经济环境，为土地收益的形成创造了增值的条件，等等。

在取得土地使用权后，如果新土地使用者进行开发经营，那么土地增值收益多形成于生产性因素的投入；若新土地使用者选择使用权或经营权的再交易，那么增值收益则源于土地权益流转的价差。在农村集体经营性建设用地交易的二级市场上，政府、集体土地所有者、农民、集体建设用地使用者之间的土地增值收益分配关系需要依土地产权关系、产权结构及其贡献率大小来确定，需厘清政府履行行政管理职能与土地财产权的关系。

二 集体经营性建设用地土地收益的实现机制

要实现土地入市的增值收益，即实现与市地"同价"入市，只能依靠市场机制。长期以来，城乡二元的建设用地市场的失衡，导致集体建设用地"黑市交易和隐性市场"情形普遍存在，一方面扰乱了建设用地市场的规范正常运行，另一方面也阻碍了集体建设用地土地收益及增值收益不能通过公开市场来实现，严重损害了集体土地所有者和农民的利益，所以完善集体经营性建设用地交易市场是增值收益实现的关键。

建立健全集体经营性建设用地入市交易的一级市场，实现了土地价值的"第一次飞跃"。由于农村集体经营性建设用地归农村集体所有，借鉴典型试点地区改革的经验，可以成立资产管理公司或项目运营公司，赋予其法人主体资格，代表村集体和入股村民经营管理集体经营性建设用地。村民委员会或其他村集体组织可以牵头成立监管机构，加大对土地入市交易和土地经营的监管力度，保证土地入市交易和利益分配在"阳光下"运行。区别于普通商品，土地具有不可移动性、稀缺性

第四章　农村集体经营性建设用地入市收益分配

等特征，区位因素对土地价格有着重大影响，因此，需要对集体建设用地进行分等定级，依土地级别确定集体建设用地基准地价和出让底价，为集体建设用地入市流转提供价格依据；为保障集体建设用地的市场价值得以形成和显化，应选择公开招标、拍卖和挂牌等交易方式，通过采用市场竞价机制来实现集体建设用地的土地价值，达到与国有建设用地"同价"入市的目的。

完善集体经营性建设用地入市交易的二级市场，实现土地价值的"第二次飞跃"。促进城乡建设用地生产要素平等地进入市场，保障集体经营性建设用地的顺畅流转，赋予集体建设用地使用权转让、抵押的权利，这对活跃建设用地交易市场，实现集体建设用地的土地价值最大化等具有积极作用。建设用地交易二级市场活跃，才能满足社会建设用地的需求，那么，如何保障建设用地交易双方的利益？这需要明晰土地产权和界定产权边界。若产权模糊不清、缺少产权界定的基本规则，建设用地交易无法进行。因此，应加快推进农村集体经营性建设用地确权、登记等基础性工作的展开，健全和完善集体建设用地产权交易规则。在明确土地产权主体、明晰土地产权关系的基础上，完善土地市场服务体系，建立产权交易服务中心，构建统一的建设用地交易中心。同时，须推进金融体制改革，构建农村集体建设用地抵押市场，发挥其融资功能，提升集体建设用地资产的资本化程度，实现集体建设用地市场与资本市场的有效对接。

三　集体建设用地入市收益分配机制

集体经营性建设用地入市是多方参与主体合作竞争博弈的市场行为，其土地收益的形成与分配是多方博弈的结果。在实践中，土地收益分配比例难以科学地确定，为解决这一难题，本章试图将 Shapley L. S. 提出的 Shapley 值法[①]运用到农村集体经营性建设用地入市增值收益的初次分配的研究中来。该方法是用于解决多人合作对策问题的一种博弈方法，其理论假定如下：当 n 个主体从事某项经济活动时，他们可任意组合达成若干种合作方式，且每个参与主体都会得到比不合作更多的收

---

① L. S. Shapley (1953), "A Value for N-person Games," In H. W. Kuhn and A. W. Tucker (eds.), *Contributions to the Theory of Games*, Volume II.

益，合作主体的增加不仅不会引起效益的减少，反而会使 n 个主体的合作效益更好。Shapley 值法就是解决 n 个主体的合作效益在合作主体间公平合理分配的一种方法。

设集合 $I = \{1, 2, \cdots, n\}$，对于任何一个合作子集 S（表示 n 人集合中的任一组合）都对应着一个实数函数 $v(S)$，满足：

$$v(\emptyset) = 0 \tag{4-1}$$

$$v(S_1 \cup S_2) \geq v(S_1) + v(S_2), S_1 \cap S_2 = \emptyset \ (S_1、S_2 \subseteq I) \tag{4-2}$$

称 $[I, v]$ 为 n 人合作对策，v 为对策的特征函数。

通常用 X_i 表示集合 I 中 i 成员从合作的效益 $v(I)$ 中应得到的收入。在合作集合 I 的基础上，合作组合以 $X = (X_1, X_2, \cdots, X_n)$ 表示。该合作的达成必须满足如下条件：

$$\sum_{i=1}^{n} X_i = v(I) \tag{4-3}$$

且 $X_i \geq v(i)$，$i = 1, 2, 3, \cdots, n$ \hfill (4-4)

在 Shapley 值法中，合作 I 下的各个合作成员所得的利益分配称为 Shapley 值，并记作：$\Phi(v) = (\varphi 1(v), \varphi 2(v), \varphi 3(v), \cdots, \varphi n(v))$，其中 $\varphi i(v)$ 表示在合作 I 下，第 i 个成员所得的分配，可由下式求得：

$$\varphi i(v) = \sum_{s \in si} w(|S|) [v(S) - v(S/I)], i = 1, 2, \cdots, n \tag{4-5}$$

$$W(|S|) = \frac{(n - |s|)! \, (|s| - 1)!}{n!} \tag{4-6}$$

其中，S_i——合作成员 i 的所有子集；

$|S|$——子集 S 中合作组的合数；

n——合作任意组合的成员数；

$w(|s|)$——加权因子；

$v(S)$——子集 S 的效益；

$v(S \backslash i)$——子集 S 中除去成员 i 后可以取得的收益。①

---

① 戴建华、薛恒新：《基于 Shapley 值法的动态联盟伙伴企业利益分配策略》，《中国管理科学》2004 年第 4 期，第 33—37 页。

第四章　农村集体经营性建设用地入市收益分配

基于上述理论，农村集体经营性建设用地入市参与主体主要有集体土地所有者、土地用益物权人、政府、土地使用权受让人等，若不同利益主体寻求合作，其增值收益的分配可以看成是多人合作对策的收益分配，因而可运用 Shapley 值法来解决集体建设用地增值收益的分配问题。以首次入市为例，分不同情况进行讨论。

第一种情况，假定存量的集体经营性建设用地不能入市，即新土地使用者（A）、政府（B）和农民集体及个体（C）不选择合作，在这种情形下，新土地使用者因无法获得土地不能进行任何投资，因而难以获得投资收益；农村集体和农民个人因集体建设用地受法律限制而不能合法流转，只能获取有限的土地收益；政府也就不能获得任何土地税收收益。假设不选择合作，政府（B）和农民集体及个体（C）的收益均为 10 个单位。

第二种情况，在现有法律制度下，农村集体经营性建设用地只能通过政府征收后变为国有土地才能入市，即 C 没有被赋予与国有土地所有权人同等的土地所有权地位，集体经济组织和农民个人无权以土地为条件参与合作，假设 A 与 B 合作的收益为 40 个单位，A 和 C 合作的收益为 30 个单位（双方此时的合作只能是隐形合作，法律规定，集体土地不能上市流转），B 和 C 合作的收益为 30 个单位（国家按法律征收集体土地，C 必须无条件服从，其合作是非自愿的）。

第三种情况，若法律允许集体经营性建设用地直接入市，那么 A、B、C 之间的合作会产生协同效益，假设合作收益为 75 个单位，但若将合作的利益平均分配，A、B、C 各获得 25 个单位。但是，一般来说，平均分配土地收益难以调动新的土地使用者合作的积极性，若集体建设用地没有市场需求，集体建设用地的市场价值就难以显现，政府、农村集体经济组织和农民个人的利益最大化也难以实现。那么到底如何合理分配其合作收益呢？

基于 Shapley 值法理论，可以得出 $I = \{A, B, C\}$，在不合作的状态下，各自的利益分别为：$v(A) = v(B) = v(C) = 10$ 个单位；若是两方合作，政府征收农村集体建设用地，然后再出让给土地使用者，假设 B 与 C 的合作收益为 $v(B \cup C) = 30$（因 C 是被动的，因为集体土地只能由国家征收，农村集体土地所有者无权行使其土地财产权）；A 与

中国土地收益分配问题研究

B 的合作收益为 $v(A\cup B)=40$;当然,若政府土地供给不足,土地使用者难以从国有土地使用权出让市场中获取土地,则可能存在 A 与集体经济组织与农民个人达成私下协议,其收益为 $v(A\cup C)=30$。在集体建设用地入市合法的情况下,A、B、C 三方有效合作,其收益 $v(A\cup B\cup C)=75$。按照 Shapley 值法计算 $\Phi(v)$ 的值,新土地使用者 A 的利益分配 $\varphi A(v)$ 的计算过程如表 4-1 所示。

表 4-1　　集体经营性建设用地收益的分配 $\varphi A(v)$ 计算表

SA	A	$A\cup B$	$A\cup C$	$A\cup B\cup C$
$v(S)$	10	40	30	75
$v(S\backslash A)$	0	10	10	30
$v(S)-v(S\backslash A)$	10	30	20	45
$\lvert S\rvert$	1	2	2	3
$W(\lvert S\rvert)$	1/3	1/6	1/6	1/3
$W(\lvert S\rvert)[v(S)-v(S\backslash A)]$	10/3	5	10/3	15

在三方合作中,新的土地使用者的收益为 26.67 个单位。同理可得,政府的收益为 26.67 个单位,农村集体经济组织和农民个人的收益为 21.66 个单位,其收益均大于不合作或仅存在双方合作情形的收益(不合作的收益为 10 个单位;A 与 B 合作,若均分收益,各自可获取 20 个单位的收益;A 与 C 合作,若均分收益,各自的收益为 15 个单位;B 与 C 合作,若均分收益,各自也获取 15 个单位的收益)。在实际中,三方最终所获收益,依据各自在合作中的地位及其作用,在谈判和交易过程中其分配比例会有所调整,政府为鼓励农村集体建设用地入市流转,可能会让渡一部分利益给新的土地使用者和农村集体经济组织。Shapley 值法可以为土地增值收益的分配提供一种有益的参考。

上述合作博弈的过程和结果印证了以下几点结论:第一,只有集体建设用地享有与国有土地同等入市的权利,发挥市场定价机制的作用,其潜在价值才能显现,土地财产权价值也才能实现。第二,原有禁止集体建设用地入市流转以及国家征收集体土地的制度安排,严重损害了农村集体和农民的土地财产权,也是导致集体建设用地"地下交易"的主要原因。第三，承认和赋予农村集体经济组织和农民的土地产权，才能调动农村集体土地所有者和农民合作的积极性，最终形成多赢的合作关系，实现土地利益最大化。

将Shapley值法运用到农村集体经营性建设用地入市增值收益的分配中来，不仅说明农村集体经营性建设用地必须与市地同等入市、同权同价的重要性，也是解决集体建设用地入市参与主体合理分享土地增值收益的最佳路径。通过Shapley值法可测算出参与主体合作的最大收益分配额，能实现增值收益分配的"帕累托最优"，政府通过对集体土地所有者因出让其建设用地使用权而征收土地增值税等税收和对新的土地使用者所获收益征收土地增值税、所得税而获得收益；集体土地所有者和农民因建设用地使用权流转实现土地财产权，获得土地收益及增值收益；新的土地使用者因开发利用土地而获取投资收益。因此，政府应当为集体经营性建设用地入市改革和入市交易提供多方合作的法律基础。

第三节　处理好集体经营性建设用地土地收益分配的几个问题

集体经营性建设用地入市是多方合作博弈的过程，其土地收益的形成是多方权衡博弈的结果，在农村集体经营性建设用地入市过程中，土地增值收益来源不同，权益主体的地位也各有差异，所以土地收益的分配不能一概而论，应区分市场、地区和增值类型的差异，才能处理好公平和效率的关系，兼顾好国家、集体和个人的利益关系，因此，应解决好土地增值收益分配中的一些关键问题。

一　由于交易方式不同，分配侧重点应有所差别

中国土地市场分为土地一级市场和土地二级市场，二者在交易主体、交易类别和交易方式等方面都存在较大的差异，因此在土地增值收益分配中应加以区别。在一级市场上，集体经营性建设用地入市主要是以出让、合作、租赁和入股等形式实现的，那么首次入市的收益分配应以公平性为原则，更加侧重对产权权益的合理分配，农村集体依据土地所有权参与收益分配，农民个体基于用益物权分享收益。在二级市场

上，土地的交易主要是通过土地权益流转实现的，土地增值收益取决于新土地使用者的经济行为，新土地使用者即投资者，享有使用、收益和部分处分的权利，所以再次流转的收益分配应更加注重效率。

二 处理好各利益主体的土地利益分配关系

合理处理村集体与村民个体间的利益关系，不仅会推动集体建设用地入市，还有利于维护基层社会的稳定。土地收益的分配原则上应以产权为基础，具体从三个方面体现。首先，集体经营性建设用地归农村集体组织所有，农村集体组织依据所有权分享土地收益，但其收益应当主要用于发展农村经济、改善村民生活；其次，集体经营性建设用地在入市前的原使用权人，对集体建设用地享有占有、使用和收益的权利，以用益物权人的身份参与土地收益的分配；最后，村民基于成员权分享土地收益，然而随着新型城镇化的推进，村民成员关系不再因地缘或血缘关系而稳固，所以土地收益分配机制应主动适应这一特征。处理好农村集体组织和农民个体的利益分配关系，应做到既不能使已城市化的原村民因集体土地增值而"回流"，也不能让农民因集体土地增值而"坚守"。

集体经营建设用地上市交易的收益应在国家、农村集体经济组织、土地用益物权人和农民之间进行合理分配，规范合理土地收益分配体制，有利于促进农村地区经济社会的可持续发展，也有利于保障农村集体土地产权人的利益。农村集体经营性建设用地上市交易后，政府对其通过增值收益征收土地增值税（类似于目前的土地增值收益调节金）来调节收益分配，将一部分土地增值收益收归政府，以平衡在耕农民与非在耕农民以及地区间的利益关系，促进农村地区的均衡发展。征收土地增值税后剩余部分提取一定比例作为农村集体的公积金和公益金，其公积金主要用于农村基础设施建设、公共配套设施建设环境综合整治；其公益金主要用于农村集体的社会保障、医疗卫生、教育文体等公共服务支出。然后提取一定比例的现金对农村集体成员进行分配，一方面，通过现金分配以解决未持有股权的新增人口的利益问题，以增进社会的公平；另一方面，现金分配方式可以使农村成员具有土地财产权的获得感。土地收益提取集体公积金、公益金和一定比例的现金后，将剩余部分股份化，在集体资产公司股权中量化到股东，股份可自由转让、赠与、分割和继承，这有利于农户内部利益分配的动态平衡，促进代际间的公平，并且不妨碍村民的自由流动。集体建设用地入市收益分配如表4-2所示。

表4-2　　　　　　　　　集体建设用地入市收益分配

土地市场	入市方式	分配主体	分配依据	分配比例	收益类型
一级市场（首次入市）	出让、合作、租赁和入股等	农民集体	所有权	依据Shapley值等方法测算或农民集体协商	所有权收益
		村民个体	成员权		共有权收益
		原土地使用者	用益物权	按市场价对权属剩余年限给予补偿	用益物权收益
		国家	公共管理权	按土地增值额累进征税，按所得税对新土地使用者征税	税收收入
二级市场（再次流转）	土地权属流转	转让人	用益物权	投资经营收益，及土地流转价差等收益	投资产生的增值收益
		国家	公共管理权	按土地增值额累进征税	税收收入

三　兼顾国家与农村集体的利益

农村集体经营性建设用地入市流转改革，对现行的农地征收制度产生了巨大的冲击，也将动摇"土地财政"的制度基础，这实际上是对土地利益格局的再调整。此外，城市化的增长具有"收敛性"的特征，所以地方政府从"土地财政"转到以"房地产税"为主构建地方财政体系符合市场经济规律，因此政府应通过税收制度来调节集体建设用地在入市和交易中所产生的增值收益。在集体经营性建设用地入市的增值收益分配中，各级政府不应直接参与分配，而应通过税收间接调节收益的分配。一是改革目前对农村集体经营性建设用地征收土地增值收益调节金的做法，建立科学公平的集体经营性建设用地土地增值收益分配制度。按照集体经营性建设用地"同权同价、流转顺畅、收益共享"的入市原则，实行城乡统一土地税制，承担与国有土地同等的税收义务。改变目前按集体经营性建设用地出让、转让总价征收土地增值收益调节金办法，参照国有建设用地成本核算方法，制定农村集体经营性建设用地成本核算办法，土地增值额等于集体建设用地出让成交价扣除土地取得成本、土地开发成本、基础配套设施建设成本等，真正按土地增值额增幅累进征收土地增值税。农村集体建设用地再次流转，对转让人征收土地增值税。二是建立土地财产税收体系。农村集体出让土地，对出让人（集体资产公司）征收土地出让收益所得税；对集体建设用地新的受让人征收土地契税；对占有、使用集体建设用地的单位和个人征收土地财产税（类似于目前的城镇土地使用税）。通过建立土地税收制度，构建符合市场经济规则的集体建设用地收益分配调节机制，以增进集体建设用地流转收益再分配的公平程度。

农村集体经营性建设用地入市改革的实质是其增值收益形成、实现和分配的过程。集体经营性建设用地入市收益的合理分配，不仅影响农村集体经营性建设用地的改革进程，还关系到社会的公平和稳定。只有建立兼顾多方利益的长效利益分配机制，才能推动城乡统一的建设用地市场的构建，进而保护好农民的财产权益，盘活农村资产，促进农村经济的健康持续发展。因此，只有在理顺增值收益形成和实现机制的基础上，创新土地收益分配机制，兼顾好政府、农村集体、农民个体以及土地使用者之间的利益，才能推进农村集体经营性建设用地入市改革的顺利进行。

第五章 中国国有土地收益形式、规模及问题

自20世纪80年代国有土地使用权实行有偿有期限制度以来,政府通过征收农村集体土地再出让、国有土地出让、土地税收等形式获取了高额的土地收益,形成了中国特有的"土地财政"现象。随着城镇化的加速推进,土地资产化速度、规模不断扩大。据统计,2001—2016年,全国土地出让收入总额超过30万亿元,成为地方财政的主要财源。

第一节 中国国有土地收益的主要形式

中国国有土地收益形式主要包括地租(或地价)、土地(房地产)税收以及土地收费等。中国国有土地收益政策在不同时期有较大的差别,下面主要分析现行地租(或国有土地出让收益)、土地(房地产)税收政策。

1949年新中国成立后至20世纪50年代土地改革期间,中国城市土地实行有偿使用,对土地使用者主要是收取城市土地地租。随着社会主义改造的完成,中国实行土地公有制,城市土地国有制逐步建立,城市土地实行行政划拨、无偿无期限使用制度。20世纪70年代末至80年代中期,中国开始实施国有土地使用制度改革,对国有土地使用者实行征收土地使用费和土地出让金政策。通过一系列的改革,至20世纪90年代,中国建立起了国有土地有偿有期限使用制度。土地(房地产)税制作为中国税收体系的一个组成部分,也是伴随着中国税制改革逐步建立和完善的。

一 现行国有土地地租、土地出让收入政策[①]

(一) 土地租金

土地租金主要包括早期的土地使用费（或场地使用费）和土地租赁收取的土地租金。"土地使用费"是政府向国有土地使用者按年收取的土地费用，类似"土地租金"，是国有土地有偿使用的最初形式。土地使用费征收始于20世纪70年代末，主要是对"三资"企业征收。1982年，深圳经济特区、广州市、辽宁抚顺市等市开始实行征收土地使用费试点，1987年在全国开始全面征收。按规定，土地使用费全部归地方所有，主要用于地方城镇基础设施建设、维护。1988年11月，中国开始征收城镇土地使用税，土地使用费随之被取代。征收土地使用费打破了国有土地无偿使用的"禁区"，为后期推行国有土地使用权出让改革起到了积极作用。1993年，为支持国有企业股份制改革，对国有企业划拨的存量国有建设用地尝试进行了土地租赁收取土地租金的改革。土地租赁制度成为国有土地有偿使用制度的重要组成部分，对降低企业用地成本、支持实体经济的发展起到了积极作用。

(二) 土地使用权出让收入

1987年，深圳特区冲破了国有土地使用行政划拨的法律"禁区"，先后以协议、招标、拍卖方式试行批租了三块国有土地使用权，敲响了新中国历史上拍卖土地的"第一槌"，被誉为中国国有土地使用制度的"划时代革命"。深圳特区的成功实践直接导致了中国法律的修订和完善，1988年《宪法》《土地管理法》的修改，为中国国有土地使用权有偿有期限制度改革提供了法律保障和制度基础。

国有土地使用权出让收入是市（县）级及以上人民政府以国有土地所有者身份（从理论上说，是受中央政府授权委托，按法律规定，国有土地归全民所有，由中央政府行使国有土地所有权）向国有土地使用权人让渡一定年期的国有土地使用权所取得的土地财产收入。主要包括：(1) 土地出让金。政府将一定年期的国有土地使用权通过协议、

[①] 邓宏乾：《中国城市主体财源问题研究》，华中师范大学2007年博士学位论文。邓宏乾：《公共财政视角下的土地收益分配改革》，《江海学刊》2007年第3期。

招标、拍卖、挂牌等方式出让并获取的土地出让收入。(2)续期土地出让金。是指国有土地使用期届满,原土地使用权人需要续期时由政府收取的续期土地使用权出让价款。(3)补土地出让金。一是土地合同改约补偿金,国有土地使用权受让人经批准改变原土地用途时,按新的规划用途补缴的地价款;二是原存量划拨国有土地改变用途时,原国有土地使用者补缴的土地出让金。

国有土地使用权出让金的分配政策随着国有土地有偿使用制度的深化而逐步完善。1989—1993年,国有土地出让收入由中央政府、省级政府和地方政府共享,地方政府分配比例较大。1994年实行中央与地方分税制改革后,国有土地出让收入全部划归地方所有,并逐步演变成地方政府的"第二财政"。1994—2007年,国有土地出让收入采取预算外管理模式;为加强国有土地出让收入管理,硬化国有土地出让收入使用范围,约束地方政府行为,从2007年开始,国有土地出让收入全部上缴地方国库,实行地方政府性基金预算管理模式,与地方财政一般预算分开核算,专款专用。目前,国有土地出让收入须按规定比例提取国有土地收益基金、农业土地开发资金、农田水利建设资金、教育资金、保障性住房建设资金、被征地农民社会保障资金等专项资金和缴纳新增建设用地土地有偿使用费,计提的专项资金专款专用。

(三)新增建设用地土地有偿使用费

新增建设用地土地有偿使用费制度始于1999年,是指农用地转用、征收变为建设用地时,国务院或省级人民政府按土地出让金30%的比例向县、市人民政府收取的土地使用费。实行政府性基金预算管理,专款专用,主要用于耕地开发、农地整理等。其目的是抑制地方政府大量滥征农地、新增建设用地的行为,建立耕地保护的经济约束机制,实现耕地总量的动态平衡。新增建设用地土地有偿使用费实行中央政府、省级政府及省级以下地方政府共享,30%上缴中央财政,70%归地方政府。

1999年,国家制定了新增建设用地土地有偿使用费征收标准,按土地等级分为15级,标准为5—70元/平方米。2007年1月1日,国家调整了新增建设用地土地有偿使用费征收标准(见表5-1),比原标准提高了一倍。为加强对土地的宏观调控,2007年调整了新增建设用地土地有偿使用费管理方式，实行中央和省级政府集中管理新增建设用地土地有偿使用费，地方分成的70%部分，一律全额缴入省级国库；2012年，国家调整了新增建设用地土地有偿使用政策，实行"以收定支、专款专用、当年使用、收支平衡"的政策，管理方式的改变，在较大程度上抑制了地方政府盲目扩张新增建设用地现象，提高了新增建设用地土地有偿使用费使用效率，保证了新增建设用地土地有偿使用费的规范使用。

表5-1　　　　　新增建设用地土地有偿使用费征收标准　　　　（元/㎡）

等别	1	2	3	4	5	6	7	8	9	10	11	12	13	14	15
标准	140	120	100	80	64	56	48	42	34	28	24	20	16	14	10

二　现行土地（房地产）税收政策[①]

房地产税制是税收体系的一个重要组成部分，中国现行房地产税制的基本框架是在1993年税制改革的基础上逐步形成的。房地产税收结构可分为房地产保有税、流转税类。房地产保有阶段的税收主要有城镇土地使用税、房产税；房地产流转阶段的税收主要有增值税（2016年5月1日前征营业税及附加）、土地增值税、契税、所得税。

（一）房地产保有税类

房地产保有税类，是以土地、房屋为征税对象，以其价值或实物数量为计税依据，对房地产所有权人或占有征收的税收。房地产保有税是最为古老的税种，也是财产税收体系中最重要的税种，从国际经验来看，房地产保有税是地方税的骨干税种。

1. 城镇土地使用税

中国现行的城镇土地使用税始于1988年。它以城镇国有土地和城镇集体土地（不包括农村地区的土地）为征税对象，以土地使用权人实际占用的土地面积为计税依据，采取分类分级的幅度定额税率征收的一种税。

---

① 参见邓宏乾《中国城市主体财源问题研究》，华中师范大学2007年博士学位论文；邓宏乾《公共财政视角下的土地收益分配改革》，《江海学刊》2007年第3期。

2007年国家修订了《城镇土地使用税暂行条例》，将城镇土地使用税税率标准在原基础上提高2倍。现行税收标准为：大城市1.5—30元/平方米；中等城市1.2—24元/平方米；小城市0.9—1 8元/平方米；县城、建制镇、工矿区0.6—12元/平方米。

2007年取消了个人所有的居住房屋及院落用地以及外商投资企业和外国企业免征城镇土地使用税政策；对国家财政预算收支的行政事业单位的自用地和非营利事业用地继续实行免征城镇土地使用税政策。

2. 房产税

中国现行的房产税始于1986年。房产税是以城镇房屋（不包括农村地区房屋）为征税对象，以房屋的原值（或重置价格、房产账面价值）、租金收入为计税依据，对房屋所有人（国有房产为国有房产的经营管理单位）征收的一种税收，它属于财产税。

房产税分为从价和从租两种计税方式，从价计税按房产原值一次减除10%至30%后的余额计算，税率为1.2%；从租计税按房产出租的租金收入计算，税率为12%。① 国家财政预算收支的行政事业单位的自用房、非营利事业用房、个人自住自用的住房等实行免征房产税政策。

（二）房地产流转税类

房地产流转税是指土地或房地产在开发、流通环节中，以营业额或收益为征税对象的税收。中国房地产流转税类主要包括增值税（2016年5月前征收营业税及附加）、土地增值税、契税、房地产所得税等。

1. 土地增值税

1993年，中国首次设置土地增值税。土地增值税是对有偿转让国有土地使用权、房地产获得土地增值收益征收的一种税，它实质上属于收益税或资产利得。国外也称之为"不动产增值税"或"不动产投机税"。土地增值税的课税依据为有偿转让国有土地使用权、房地产所取得的土地增值额；土地增值额是指转让房地产所取得的收入减除国有土地使用权取得成本、房地产开发成本费用（或存量房地产交易按购买价格或市场评估价格）等扣除项目金额后的价值。中国土地增值税实行四级超额累进税率（见表5-2）。

---

① 1986年9月《中华人民共和国房产税暂行条例》。

表5-2　　　　　　　　　中国土地增值税税率及计税方法

计税基础	累进级距	税率	速算扣除系数	计税公式
土地增值额	增值额≤扣除项目金额50%	30%	0	增值额×30%
	增值额50%＜扣除项目金额≤100%的部分	40%	5%	增值额×40%－扣除项目金额×5%
	增值额100%＜扣除项目金额≤200%的部分	50%	15%	增值额×50%－扣除项目金额×15%
	增值额＞扣除项目金额200%的部分	60%	35%	增值额×60%－扣除项目金额×35%

说明：新建房的扣除项目金额包括取得土地使用权所支付的金额、土地开发成本与费用、房屋及配套设施的建设成本与费用、房地产销售已缴纳的营业税及附加（现为增值税）等；存量房的扣除项目金额主要包括房地产购入价、房地产转让已缴纳的税收。

按现行土地增值税政策规定，出让国有土地使用权；无偿转让房地产（包括赠与、继承房地产）；保障住房建设；开发普通住房销售，土地增值额未超过扣除项目金额20%的；以土地作价入股进行投资或者作为联营条件的（不包括合资、合作开发房地产完成后转让行为）；房地产自用和出租房地产的行为；企业兼并重组转让房地产的；房地产的代建行为等不征土地增值税。

2010年5月，国家对增量房地产转让实行土地增值税预征办法，并确定东、中、西部地区预征率最低标准，分别为2%、1.5%、1%。目前对增量房地产市场采取"先预征后结算"的征收模式，房地产开发商在项目销售阶段，按销售收入分次或按年预征土地增值税；在项目全部销售后，按照实际销售收入，清算应纳土地增值税税额。按房地产项目来清算土地增值税，但因为房地产项目时间跨度长，短则3—5年，有的长达10年以上，清算土地增值税存在技术难点，比如如何核算房地产开发成本、销售价格等；同时，部分房地产开发企业财务管理混乱，销售收入、成本凭证残缺不齐，隐瞒、虚报房地产成交价格，项目完成后故意不申报土地增值税清算等现象大量存在，使土地增值税不能及时缴纳入库，造成土地增值税流失较为严重。另外，目前对存量房地产交易基本未按《土地增值税暂行条例》及《实施细则》的规定征收土地增值税。

2. 契税

中国现行契税政策始于 1997 年。契税是在土地、房屋不动产所有权发生转移变动，在办理产权转移登记时，对房屋所有权和土地产权受让人征收的一种税。契税课征对象为城镇国有土地产权转移、城镇房屋所有权转移（不包括农村集体土地、房地产，以及城镇房地产继承行为）；计税价格为实际成交价或市场评估价格（土地使用权和房屋交换，以交换的价格差价为计税依据）；契税税率为 3%—5%。

实际征税税率由各省（市）自行确定。

对国家财政预算收支的行政事业单位购买的土地、房产实行免征契税政策；为支持居民家庭改善居住条件，对个人购买普通住房实行税收优惠。比如，从 2016 年 2 月开始，对购买家庭唯一住房或第二套改善性住房且面积为 90 平方米及以下的，契税税率调整为 1%。[①]

3. 增值税

2016 年 3 月，财政部、国家税务总局颁布了《营业税改征增值税试点实施办法》，从 2016 年 5 月 1 日起，将房地产业纳入营业税改增值税试点范围。

房地产业的增值税是对房地产开发、流通等环节的新增价值征收的一种流转税，实行价外税。房地产业增值税的计税方式分为一般计税方法和简易计税方法，税率分别为 11%、5%。[②]

房地产业的一般计税方法采取了税款抵扣办法，即销售税额扣除进项税额的差额就是应缴的增值税税额。其计税方法：

应纳税额 = 当期销项税额 − 当期进项税额

销项税额 = 销售额[③] × 税率

进项税额 = 购买价格（成本）× 税率

[①] 财政部：《关于调整房地产交易环节契税、营业税优惠政策的通知》。

[②] 11% 的税率适用于一般纳税人销售、出租不动产，转让国有土地使用权；5% 的税率主要适用于小规模纳税人销售、出租不动产，转让国有土地使用权。

[③] 销售额 = 含税销售额 ÷（1 + 税率）。房地产开发企业中的一般纳税人销售其开发的房地产项目（选择简易计税方法的房地产老项目除外），以取得的全部价款和价外费用，扣除受让土地时所支付的土地价款后的余额为销售额。

简易计税方式是指按照销售额和增值税征收率计算增值税,不抵扣进项税额。其计税公式为:

应纳税额 = 销售额① × 征收率

为保障营业税改增值税改革的顺利实施,2016 年国家税务总局出台了《营业税改征增值税试点有关事项的规定》《营业税改征增值税试点过渡政策的规定》,制定了一系列的过渡性政策。涉及房地产业的过渡性政策主要有如下几项。

(1) 销售不动产的过渡性政策

销售不动产过渡性政策主要是一般纳税人销售自行开发的房地产老项目、小规模纳税人,销售自行开发的房地产项目等情形,按简易计税方式以 5% 的征收率计征增值税。适用过渡性政策的情形见表 5 - 3 所示。

表 5 - 3　　销售不动产的过渡性政策的适用范围、计税依据

适用范围	计税依据	征收率
一般纳税人销售自行开发的房地产老项目	销售额	5%
小规模纳税人销售自行开发的房地产项目	销售额	
一般纳税人销售其 2016 年 4 月 30 日前取得(不含自建)的不动产	以取得的全部价款和价外费用 - 该项不动产购置原价或者取得不动产时的作价	
一般纳税人销售其 2016 年 4 月 30 日前自建的不动产	以取得的全部价款和价外费用为销售额	
小规模纳税人销售其取得(不含自建)的不动产(不含个体工商户销售购买的住房和个人销售不动产)	取得的全部价款和价外费用 - 该项不动产购置原价	
小规模纳税人销售其自建的不动产	以取得的全部价款和价外费用为销售额	
个人销售其取得(不含自建)的不动产(不含其购买的住房)	全部价款和价外费用 - 该项不动产购置原价或者取得不动产时的作价	

资料来源:国家税务局:《营业税改征增值税试点有关事项的规定》,2016 年 3 月 23 日。

---

① 销售额 = 含税销售额 ÷ (1 + 征收率)。

第五章　中国国有土地收益形式、规模及问题

（2）不动产租赁的过渡性政策

其过渡性政策主要有：一般纳税人出租其2016年4月30日前取得的不动产、小规模纳税人出租其取得的不动产和个人出租其取得的不动产（不含出租住房），按照5%的征收率计税；个人出租住房，减按1.5%的征收率计税。

（3）住房的免税政策

住房转让、出租的免征增值税主要有：个人销售自建自用住房；个人将购买2年以上（含2年）的住房对外销售的（不含北京市、上海

表5-4　　　　　　　　现行房地产税制体系一览

税　种		计税依据	税　率
直接以房地产为课税对象	1. 城镇土地使用税	按占用的土地面积计征	幅度定额税率（元/m²·年） 大城市：1.5—30元/m²；中等城市：1.2—24元/m²；小城市：0.9—18元/m²；县城、建制镇、工矿区：0.6—12元/m²
	2. 土地增值税	土地增值额	
	3. 契税	成交价格	3%—5%
	4. 耕地占用税	实际占用的耕地面积	定额税率（元/m²）：人均耕地在1亩以下的地区，10—50元/m²；人均耕地在1—2亩的地区，8—40元/m²；人均耕地在2—3亩的地区，6—30元/m²；人均耕地在3亩以上的地区，5—25元/m²
	5. 房产税	房产价值	1.2%
		房屋租金	12%
与房地产相关的税种	6. 增值税	增值额	一般计税税率：11%
			简易计税税率：5%
	7. 城市维护建设税	增值税税额	市区：7%；县城、建制镇：5%；其他：1%
	8. 所得税	所得额	房地产企业税率：25%
			个人转让、出租房地产税率：20%

市、广州市和深圳市的住房);个人将购买2年以上(含2年)的普通住房(仅指北京市、上海市、广州市和深圳市的普通住房)对外销售;公共租赁住房经营管理单位出租公共租赁住房(2018年12月31日前)。

除了上述税种外,现行房地产税种还有耕地占用税、所得税等。现行房地产税种见表5-4所示。

第二节 中国国有土地收益及支出规模

一 中国国有土地收益规模

中国国有土地收益主要包括国有土地使用权收益(国有土地出让收入、划拨国有土地收入、国有土地出租收入)、土地税收收入等。

(一)国有土地出让收入

中国土地出让收入属"土地财产性收入"。2001—2015年,中国国有土地出让收入达272738.5万元。土地出让收入增幅较大,2014年比2001年上涨了33倍。期间,同比下降的年份为2005年、2008年、2012年、2015年。2005年主要是受房地产宏观调控的影响,中央政府出台了"国八条",国有土地出让面积和土地交易价格呈"双下降";2008年主要是全球经济下滑造成的,国有土地出让面积比2007年下降了41.65%;2012年国家房地产宏观调控"国十条"出台,对商品住房实行限购、限贷政策,全国房地产市场和土地市场降温明显;2015年受国家供给侧改革以及"去产能、去库存"等政策的影响,经济增速放缓,固定资产投资特别是房地产投资增速大幅下降,土地需求减弱。

国有土地出让收入成为地方财政的主要收入来源。2003年,土地出让收入占地方财政收入的55%;最高年份达到66.76%(2010年)[①](见表5-5)。2010—2015年的6年里平均占地方财政收入的比重

---

① 根据《中国财政年鉴》(2002—2015年)、《中国统计年鉴》(2002—2015年)数据整理得出;李心怡:《我国"土地财政"转型研究——基于房地产税收改革视角》,华中师范大学2014年硕士学位论文。

为55.30%。

表5-5 2001—2015年国有土地出让收入及占地方财政一般预算收入的比重

年份	土地出让面积（万公顷）	土地出让收入（亿元）	增长率（%）	地方财政收入（亿元）*	土地出让占地方一般财政预算收入（%）
2001	9.04	1295.89	——	7803.30	16.61
2002	12.42	2416.79	86.51	8515.00	28.38
2003	19.36	5421.31	124.32	9849.98	55.00
2004	18.15	6412.18	19.28	11893.37	53.91
2005	16.56	5883.82	-8.24	15100.76	39.00
2006	23.30	8077.64	37.29	18303.58	44.10
2007	23.50	12216.72	51.24	23572.62	51.80
2008	16.59	9739.21	-20.28	28649.79	35.80
2009	22.08	15910.21	63.36	32602.59	52.69
2010	29.37	27114.39	70.42	40613.04	66.76
2011	33.39	31500	16.17	52547.11	59.95
2012	32.28	28886.31	-13.7	61078.29	44.04
2013	33.68	41266	53.4	69011.16	59.80
2014	27.18	42940.30	3.24	75876.58	56.60
2015	22.14	33657.73	-22.4	82983	44.60

* 地方财政收入指一般预算收入，主要包括地方财政税收收入、地方财政非税收入。

资料来源：《中国财政年鉴》（2002—2015年）、《中国统计年鉴》（2002—2015年）、各年《中国国土资源统计年鉴》、国家统计局网站。

（二）与土地相关的税收收入

与土地相关的税收收入包括与土地直接相关的税收收入和间接相关的税收。与土地直接相关的税收主要有城镇土地使用税、土地增值税、耕地占用税、契税；与土地间接相关的税收主要有房产税、房地产开发企业主营业务税金及附加（包括房地产开发企业转让土地、销售房地产缴纳的营业税①、城市建设维护税、教育费附加)、房地产所得税。② 与土地直接相关的税收 2010 年上涨较快，以土地增值税为例，2010 年—2014 年，土地增值税总额为 13268.55 亿元，是 2001—2009 年 9 年征收总和的 6 倍。表 5-6 反映的是 2001—2014 年与土地（房地产）相关的税收收入情况。

从表 5-6、表 5-7 可以看出，在 2001—2014 年 14 年里，与土地相关的税收增长迅速，占地方财政收入的比重由 2001 年的 9.91% 上升到 2014 年的 26.08%，2009—2014 年的土地税收（包括与土地相关的税收）分别占地方财政收入的 22.70%、24.61%、22.95%、24.14%、25.34%、26.08%，占地方财政收入的 1/4 左右，已成为地方财政的重要收入来源。特别是 2007 年以来，与土地相关的税收增幅较大，其主要原因一是 2007 年国家提高了城镇土地使用税、耕地占用税税率。城镇土地使用税税率提高了 3 倍，耕地占用税税率提高了 5 倍，使得这两项税的收入增长迅速，城镇土地使用税、耕地占用税分别由 2007 年的 385.49 亿元、185.04 亿元增加到 2014 年的 1992.62 亿元、2059.05 亿元，分别增加至 5.2 倍、11.13 倍。二是在房地产宏观调控中，取消了房地产的税收优惠政策，加大了税收征管力度。如将存量普通住宅交易的营业税由两年改为 5 年免征；出售自有住房按所得额的 20% 征收个人所得税。同时，加强土地增值税征管。2006 年 12 月，国家加强了土地增值税的征管，对土地增值税清算的条件、扣除项目等问题进行了规范和明确；2010 年提高了土地增值税预征率，实行地区差别化的税率，东部、中部、西部地区分别为 2%、1.5%、1%。这些措施堵塞了土地增值税征收漏洞，土地增值税由 2007 年的 403.10 亿元上涨到 2014 年的 3914.68 亿元，增加至 9.71 倍。三是房地产交易量增加，房地产价格上涨，使得房地产税基增大，相应地提高了房地产税收收入。如契税从 2007 年的 1206.25 亿元上涨到 2014 年的 4000.70 亿元，增加至 3.32 倍。

---

① 2016 年 5 月 1 日起，房地产行业的营业税改征增值税。
② 由于统计的原因，与土地间接相关的税收中未计算房地产行业的所得税。

第五章 中国国有土地收益形式、规模及问题

表 5-6　2001—2014 年土地（房地产）税收收入情况　　　（亿元）

年份	与土地直接相关的税收				与土地间接相关的税收	
	城镇土地使用税	土地增值税	耕地占用税	契税	房产税	房地产开发企业主营业务税金及附加
2001	66.15	10.33	38.33	157.08	228.42	273.45
2002	76.83	20.51	57.34	239.07	282.38	370.15
2003	91.57	37.28	89.90	358.05	323.86	493.72
2004	106.23	75.04	120.09	540.10	366.32	413.04
2005	137.34	140.31	141.85	735.14	435.96	845.25
2006	176.81	231.47	171.12	867.67	514.85	1127.12
2007	385.49	403.10	185.04	1206.25	575.46	1660.30
2008	816.90	537.43	314.41	1307.53	680.34	1829.20
2009	920.98	719.56	633.07	1735.05	803.66	2585.49
2010	1004.01	1278.29	888.64	2464.85	894.07	3464.66
2011	1222.26	2062.61	1075.46	2765.73	1102.39	3832.98
2012	1542.71	2719.06	1620.71	2874.01	1372.49	4610.87
2013	1718.77	3293.91	1808.23	3844.02	1581.50	6204.18
2014	1992.62	3914.68	2059.05	4000.70	1851.64	5968.43

资料来源：《中国统计年鉴》（2002—2015 年）、各年《中国国土资源统计年鉴》、国家统计局网站。

表 5-7　2001—2014 年土地税收占地方财政一般预算收入的比重

年份	地方财政收入（亿元）	与土地直接相关的税收合计（亿元）	占地方财政收入的比重（%）	与土地间接相关的税收合计（亿元）	占地方财政收入的比重（%）	合计占地方一般财政预算收入的比重（%）
2001	7803.30	271.89	3.48	501.87	6.43	9.91
2002	8515.00	393.75	4.62	652.53	7.66	12.28
2003	9849.98	576.8	5.86	817.58	8.30	14.16
2004	11893.37	841.46	7.08	779.36	6.55	13.63
2005	15100.76	1154.64	7.65	1281.21	8.48	16.13
2006	18303.58	1447.07	7.91	1641.97	8.97	16.88
2007	23572.62	2179.88	9.25	2235.76	9.48	18.73

中国土地收益分配问题研究

续表

年份	地方财政收入（亿元）	与土地直接相关的税收合计（亿元）	占地方财政收入的比重（%）	与土地间接相关的税收合计（亿元）	占地方财政收入的比重（%）	合计占地方一般财政预算收入的比重（%）
2008	28649.79	2976.27	10.39	2509.54	8.76	19.15
2009	32602.59	4008.66	12.30	3389.15	10.40	22.70
2010	40613.04	5635.79	13.88	4358.73	10.73	24.61
2011	52547.11	7126.06	13.56	4935.37	9.39	22.95
2012	61078.29	8756.49	14.34	5983.36	9.80	24.14
2013	69011.16	10664.93	14.06	7785.68	11.28	25.34
2014	75876.58	11967.05	15.77	7820.07	10.31	26.08

资料来源：《中国统计年鉴》（2002—2015年）、国家统计局网站。

（三）国有土地收益规模

国有土地出让收入和土地（房地产）税收收入，相当于地方财政一般预算收入的比重均在50%以上（除2001年、2002年外），2010年达到91.37%；2011年、2013年、2014年分别达到82.90%、86.53%和82.67%（见表5-8）。其中，国有土地出让收入所占比重较大，而土地（房地产税收）所占比重较小，在土地收益结构中，2001—2014年平均占41.8%，低的年份仅为25%左右（2003年、2004年），其结构极不合理。

表5-8　2001—2014年全国土地收益相当于地方财政收入的比重

年份	土地出让收入（亿元）	与土地直接相关的税收合计	与土地间接相关的税收合计	地方财政收入（亿元）*	土地收益相当于地方财政一般预算收入的比重（%）
2001	1295.89	271.89	501.87	7803.30	26.52
2002	2416.79	393.75	652.53	8515.00	40.67
2003	5421.31	576.8	817.58	9849.98	69.20
2004	6412.18	841.46	779.36	11893.37	67.54

续表

年份	土地出让收入（亿元）	与土地直接相关的税收合计	与土地间接相关的税收合计	地方财政收入（亿元）*	土地收益相当于地方财政一般预算收入的比重（%）
2005	5883.82	1154.64	1281.21	15100.76	55.10
2006	8077.64	1447.07	1641.97	18303.58	61.01
2007	12216.72	2179.88	2235.76	23572.62	70.56
2008	9739.21	2976.27	2509.54	28649.79	53.14
2009	15910.21	4008.66	3389.15	32602.59	71.49
2010	27114.39	5635.79	4358.73	40613.04	91.37
2011	31500	7126.06	4935.37	52547.11	82.90
2012	28886.31	8756.49	5983.36	61078.29	71.43
2013	41266	10664.93	7785.68	69011.16	86.53
2014	42940.30	11967.05	7820.07	75876.58	82.67

* 地方财政收入指一般预算收入，主要包括地方财政税收收入、地方财政非税收入。

资料来源：《中国统计年鉴》（2002—2015年）、各年《中国国土资源统计年鉴》、国家统计局网站。

二 中国国有土地出让收入支出规模与结构分析

按照现行政策规定，国有土地出让收入需按规定比例计提国有土地收益基金、农业土地开发资金、保障性住房建设资金、农田水利建设资金、教育资金、被征地农民保障资金、土地出让业务费等，所提资金用于专项支出。根据国务院《关于规范国有土地使用权出让收支管理的通知》和财政部、国土资源部、中国人民银行关于印发《国有土地使用权出让收支管理办法》的规定，国有土地收益基金收入按土地出让收入的4%—8%计提；农业土地开发资金按不低于土地出让平均纯收益的15%计提；保障性住房建设资金按照不低于土地出让纯收益10%的比例计提；农田水利建设资金按照不低于土地出让纯收益10%的比例计提，若计提数小于土地出让收入的2%，则按土地出让收入计提2%；教育资金按照不低于土地出让纯收益10%的比例计提；土地出让业务费按土地出让收入2%的比例计提（见表5-9）。

表 5-9　　　　　　国有土地出让收入计提的专项资金一览

计提项目	计提比例	计提基数	政策依据
国有土地收益基金	4%—8%	土地出让收入	《国有土地使用权出让收支管理办法》,具体提取比例由各省市确定
农业土地开发资金	15%	土地出让面积×土地出让平均纯收益征收标准	财政部、国土资源部《用于农业土地开发的土地出让金收入管理办法的通知》
保障性住房建设资金	10%	土地出让收入-征地和拆迁补偿支出-前期开发支出-农业土地开发资金支出-补助被征地农民社会保障支出-支付破产或改制企业职工安置费支出-土地出让业务费支出-缴纳新增建设用地土地有偿使用费	《关于切实落实保障性安居工程资金加快预算执行进度的通知》
农田水利建设资金	10%	同上	《关于从土地收益中计提农田水利建设资金有关事项的通知》
教育资金	10%	同上	关于从土地收益中计提教育资金有关事项的通知》
被征地农民保障资金	—	安置补助费和被征地农户的土地补偿费不能满足社会保障资金,可用土地出让收入补足	关于切实做好被征地农民社会保障工作有关问题的通知》
土地出让业务费	2%	土地出让收入	

依据《关于规范国有土地使用权出让收支管理的通知》及相关规定,土地出让收入支出可分为成本性支出和非成本性支出两部分。成本性支出主要包括征地拆迁补偿费以及前期土地开发支出等(计提的国有土地收益基金主要用于成本性支出的);非成本性支出主要包括按规定计提的农业土地开发资金等 6 项专项资金。其中,计提的农业土地开发资金专项用于土地整理和复垦、基本农田建设等方面的支出;计提的

保障性住房建设资金由市（县）人民政府统筹用于公共租赁住房、城市和国有工矿棚户区改造等保障性安居工程[①]；计提的农田水利建设资金专项用于农田水利建设；计提的教育资金主要用于农村学前教育、义务教育和高中阶段学校的校舍建设和维修改造、教学设备购置等项目支出[②]；计提的土地出让业务费主要用于国有土地出让管理等方面的支出。

综合起来看，国有土地出让收入的支出范围大体上可以分为征地拆迁补偿等成本补偿性费用支出；"三农"的支出；城市建设支出等。从实际支出来看，（1）成本补偿性支出比重最大，由2009年的63.12%上升到2014年的82.4%，增长了30.5%；2015年有所下降，但也占了79.60%。这主要是因为征地、拆迁补偿成本不断提高。以2015年为例，用于征地拆迁补偿和补助被征地农民支出17935.82亿元，占土地

表5-10　　　　2009—2015年中国土地出让收入支出结构　　　　（亿元）

年份	土地出让收入支出总额	成本补偿性支出		"三农"支出		保障性安居工程支出		城市建设支出	
		支出额	占比（%）	支出额	占比（%）	支出额	占比（%）	支出额	占比（%）
2009	12327.10	7781.10	63.12	1017.91	8.26	187.1	1.52	3340.99	27.10
2010	26977.06	16732.23	62.02	2249.54	8.34	463.62	1.72	7531.67	27.92
2011	33172.16	24053.76	72.51	2891.17	8.72	662.35	2.00	5564.88	16.78
2012	28421.85	22624.90	79.60	1999.79	7.04	593.01	2.09	3204.15	11.27
2013	40881.2	33686.11	82.40	2685.21	6.57	719.81	1.76	3754.23	9.18
2014	41210.98	33952.37	82.40	2435.49	5.91	760.10	1.84	4063.02	9.85
2015	33727.78	26844.59	79.60	2528.17	7.50	823.49	2.44	3531.53	10.47

资料来源：根据财政部网站公布的数据整理；李心怡：《我国"土地财政"转型研究——基于房地产税收改革视角》，华中师范大学2014年硕士学位论文。

[①] 财政部、住房城乡建设部：《关于切实落实保障性安居工程资金加快预算执行进度的通知》。

[②] 财政部、教育部：《关于从土地收益中计提教育资金有关事项的通知》。

出让收入支出总额的53.18%,成本补偿性支出占66.8%。①(2)土地出让收入中的"三农"支出较为稳定。2009—2015年,其支出比重大致保持在7%—8%。2015年,"三农"支出2528.17亿元,占支出总额的7.5%。(3)城市建设支出居支出额中的第二位,但从2011年开始趋于下降,从2010年城市建设支出占总支出的27.92%下降到9%—10%(2013年仅为9.18%)。

第三节　中国国有土地收益存在的主要问题

伴随着20世纪80年代国有土地有偿使用政策实施以来,中国土地资产化快速发展,土地资产化为中国城市化积累了巨额资金,国有土地出让收入成为地方政府的主要收入来源;而同时中国房地产税制不健全,房地产税收难以成为地方政府的重要收入来源,造成中国"土地财政"与"地方主体税缺位"的特有现象。

一　中国国有土地出让收益存在的问题

由于城乡分割的二元制土地结构和土地价格双轨制的制度安排,政府垄断着土地的一级市场,地方政府大肆卖地的行为既包含体制因素,长期以来,中国实行以政绩考核的"标尺竞争"官员考核机制,使官员更加追求经济指标;也包含经济因素,目前地方财税体制不完善,"财权上收、事权下移",地方财政收入与其所承担的公共服务职能严重不相匹配,为弥补财政收支的缺口,地方政府卖地生财成为"明智"的现实选择。

(一) 土地出让异化为"土地财政"

2007年以前,国有土地有偿使用收入未纳入地方预算管理,实行预算外专户管理,土地出让收入的"自收自支"体制是刺激地方政府"寅吃卯粮",大量出让国有土地的基本诱因;2007年开始实行国有土地出让收支基金预算管理模式,即土地出让收入和支出全额纳入地方基

---

① 财政部:《2015年全国土地出让收支情况》,http://zhs.mof.gov.cn/zhengwuxinxi/zonghexinxi/201604/t20160401_1934261.html。

第五章 中国国有土地收益形式、规模及问题

金预算管理，实行"收支两条线"管理模式，与地方一般预算分开核算，专款专用。但是，地方政府通过国有土地部门、土地储备机构等截留国有土地出让收入的现象较为普遍，土地出让收入游离于地方财政预算管理之外，这种体制滋生了地方政府强烈的"征地""卖地"冲动，土地有偿使用异化为"土地财政"。

1. 国有土地出让收入已成为"第二财政"

据统计，2001—2015年，中国国有土地出让收入达272738.5万元，国有土地出让收入占地方一般财政预算收入的比重大，2010—2015年6年间平均占地方财政收入的比重为55.30%，最高年份达到66.76%（2010年）。以武汉市为例，2001—2015年国有土地出让收入规模增速较快。2001年的土地出让收入规模最低，仅为64766万元，2011年以后，国有土地出让收入每年均超过了500亿元，2013年达到了686亿元。从土地出让收入与地方财政一般预算收入的比较来看，有9个年份超过了50%，最高年份达到了90.9%（2003年）；2002—2015年平均达到57.18%，高出全国平均水平7.7个百分点（全国平均为49.48%）。国有土地出让收入成为武汉市主要的财政收入来源。

2. 地方债务对土地出让收入依存度高

地方政府为了改善城市基础设施和发展地方经济，大量举债筹资融资，国有土地出让收入成为地方政府偿还债务的主要资金来源。2013年，国家审计署对全国391个市（地、州、盟、区）、2778个县（市、区、旗）进行了土地出让情况审计，承诺以土地出让收入来偿债的市级政府高达81%，县级政府超过50%。[1] 从审计结果来看，经济发达地区地方债务对土地出让收入的依存度高于经济欠发达地区，东部地区明显高于中西部地区。以浙江省为例，地方政府债务对土地出让收入的依赖程度最高，在浙江省、市、县政府债务中，承诺以土地出让收入为偿债来源的债务余额为2739.44亿元，占政府债务余额总量的66.27%。[2]

---

[1] http://www.cs.com.cn/xwzx/jr/201312/t20131231_4266458.html.

[2] http://finance.qq.com/a/20140127/018044.htm.

表 5-11　　2001—2015 年武汉市国有土地出让收入情况

年份	土地出让收入（万元）	地方一般财政预算收入（万元）	土地出让收入相当于地方财政一般预算收入的比重
2001	64766	861586	0.075
2002	265973	858287	0.310
2003	906552	997094	0.909
2004	893488	1292067	0.692
2005	863203	1704327	0.506
2006	1501951	2318501	0.648
2007	2205776	2963794	0.744
2008	1823129	3769100	0.484
2009	1815136	5027269	0.361
2010	3632931	8140364	0.446
2011	5771131	11942998	0.483
2012	5488317	8285846	0.662
2013	6860000	9785185	0.701
2014	5960000	11010206	0.541
2015	6450000	12456300	0.518

资料来源：《武汉统计年鉴》（2001—2015 年）；《中国国土资源年鉴》（2001—2012 年）；2013—2015 年数据根据武汉市国有土地出让数据整理得出。

（二）国有土地抵押融资问题突出

土地抵押融资主要指政府以土地储备中心、政府融资平台等为载体，以国有土地作为抵押担保品从银行获得贷款。政府土地储备中心将拟收购或储备的国有土地抵押给银行，从银行获得收购或储备资金；或者政府将储备的土地（储备的土地实际上产权归政府所有，国有土地还未出让，未办理国有土地使用权证）注入城市融资平台，再由它用这些资产作担保获得城市建设资金，土地抵押融资在城市化建设中起到了杠杆作用，形成了"贷款—储备土地—土地抵押贷款—土

第五章 中国国有土地收益形式、规模及问题

地开发（或城市基础设施建设）"机制，从而使政府背负的债务越来越多，债务对土地出让收入的依赖程度越来越严重。从表5-12可以看出，84个重点城市土地抵押面积从2007年的13.01万公顷增加到2015年的49.08万公顷，增加至3.77倍；抵押贷款从2007年的13433亿元增长到2015年的113300亿元，增加至8.43倍。2015年累计土地抵押贷款113300亿元，相当于地方财政收入的1.37倍（2015年地方财政收入为82983亿元）；2009—2015年每年新增土地抵押贷款增长幅度较高，分别为65.79%、19.50%、37.95%、-11.81%、58.03%、-2.26%、2.89%，其中负增长的仅有2012年和2014年；2015年新增土地抵押贷款17800亿元，相当于当年地方财政收入的21.45%。国有土地抵押面积多，2015年累计抵押国有土地面积49.08万公顷，相当于2015年国有建设用地供应量的92%；贷款总量大、年新增土地抵押贷款额增幅过快，且土地抵押贷款投资的城市建设项目具有（主要是城市基础设施项目、公共设施项目等）投资回报率低、投资回收期长等特征，土地抵押面临着较大的偿债风险和地方财政风险。

表5-12　2007—2015年全国84个重点城市土地抵押贷款情况

年份	土地抵押总面积（万公顷）	当年净增抵押土地面积（万公顷）	土地抵押贷款累计金额（亿元）	当年新增抵押贷款（亿元）
2007	13.01	—	13433	—
2008	16.60	3.59	18107	4674
2009	21.70	5.10	25856	7749
2010	25.82	3.74	35300	9206
2011	30.08	4.19	48000	12700
2012	34.87	4.72	59500	11200
2013	40.39	5.33	77600	17700
2014	45.10	4.56	95100	17300
2015	49.08	3.87	113300	17800

资料来源：《中国国土资源公报》（2007—2015年）。

二 土地（房地产）税收存在的主要问题①

目前土地（房地产）税制存在着税制不科学、税负结构不合理、房地产财产税在地方财政收入中的比重低等问题，这些问题若不解决，难以建立起与市场经济发展相适应的地方税收体系。

（一）土地（房地产）税制不合理

土地（房地产）税制不合理主要表现在如下几个方面。

1. 土地（房地产）税征税范围小，免征对象过宽

城镇土地使用税、房产税的征税范围仅为经营性土地、经营性房地产，非经营性土地、房地产不在征税范围内；仅对城镇土地、城镇房产征收，农村集体土地、集体房产也不在征税范围内；对自住自用的别墅用地、豪华住宅用地及其房产等也免税。土地增值税仅对有偿转让国有土地使用权和房地产征收，对其他有偿转让房地产、出租、作价入股、自用经营性房地产等产生的土地增值收益不在征税范围内。实际上，土地增值税仅对房地产开发商销售房地产（仅对增量房地产销售而产生的土地增值征税）或转让国有土地使用权征税，对存量房地产交易基本上没有征税。这种税制设计不符合税收公平的基本原则，也不能有效发挥税收杠杆调节房地产市场，促进房地产市场健康发展的应有作用。

2. 计税依据不科学，税率普遍较低

城镇土地使用税采用幅度定额税率征收，以土地面积为计税依据，缺乏科学性，也有失公允。房产税的计税价格（从价计征）为房屋的综合造价或是房屋的重置价格（不包括土地价格），而不是按房产市场价或市场评估价格，房产税税基因房产原值每年提取折旧而不断降低，从而会影响房产税收；也没有对营业性房地产与非营业性房地产加以区别对待，如商业用地与工业用地，同一地段都按同一税率标准缴纳，不符合税收负担能力基本原则。房地产税税率普遍较低，以城镇土地使用税为例，大城市为 1.5—30 元/m²；

---

① 邓宏乾、徐松明：《改革房地产税制，重构地方主体税种》，《学术论坛》2010 年第 1 期。邓宏乾：《公共财政视角下的土地收益分配改革》，《江海学刊》2007 年第 3 期。

中等城市为 1.2—24 元/m²；小城市为 0.9—18 元/m²；县城、建制镇、工矿区为 0.6—12 元/m²。以 2015 年为例，全国 105 个主要监测城市综合地价平均为 3633 元/平方米[①]，即使以大城市最高税率标准 30 元/m²计算，仅为平均地价的 0.825%；城镇土地使用税因定额税率不能随土地价值上涨而增加。低税率及赋税不公平，不能抑制滥占滥用土地现象，难以建立合理利用房地产资源的约束机制。

3. 土地增值税税目设置单一，没有实行房地产短期和长期占有差别税率

中国目前的土地增值税实质上是土地转移增值税，税目单一；同时，对长期持有和短期持有土地使用权、房地产未区别对待，对长期持有国有土地使用权、房地产未采取优惠税收政策，难以抑制房地产投机活动，不利于房地产市场的健康发展。

（二）房地产税负结构不合理，重"流转"、轻"保有"

目前，中国房地产税收结构极不合理，房地产流转税负重、保有税负轻。流转环节课征的税收有营业税及附加 5.65%（2016 年改为征收增值税，税率分别为 11%、5%），土地增值税 30%—60%，所得税 25%；保有环节课征的税收仅有城镇土地使用税和房产税；城镇土地使用税为 0.6—30 元/m²；房产税从价计税税率为 1.2%，从租计税税率为 12%。且城镇土地使用税、房产税仅对经营性用地、经营性房地产征收，对其他土地、房地产全部免征。从表 5-13 可以看出，2010—2014 年房地产保有环节税收占房地产税收总额（未包括房地产所得税）平均为 21.1% 左右，最高年份（2012 年）也仅为 22.22%，在房地产税收结构中所占比重低，若将房地产所得税、房地产二手房交易的营业税及附加等全部考虑进去的话，房地产保有环节的税负则更低。重流转、轻保有的房地产税制，增加了房地产交易成本，难以发挥房地产税的调节作用，不利于房地产资源的合理利用和资源的有效配置。

---

① 国土资源部：《2015 年中国国土资源公报》。

表 5-13　2010—2014 年房地产保有税收占房地产税收的比重　　（亿元）

年份	流转环节税收				保有环节税收			保有税占比（%）
	营业税及附加	土地增值税	契税	合计	城镇土地使用税	房产税	合计	
2010	3464.66	1278.29	246485	7207.8	1004.01	894.07	1898.08	20.84
2011	3832.98	2062.61	2765.73	8661.32	1222.26	1102.39	2324.65	21.16
2012	4610.87	2719.06	2874.01	10203.94	1542.71	1372.49	2915.2	22.22
2013	6204.18	3293.91	3844.02	13342.11	1718.77	1581.50	3300.27	19.83
2014	5968.43	3914.68	4000.70	13883.81	1992.62	1851.64	3844.26	21.68

说明：(1) 营业税及附加仅计算了房地产开发企业缴纳的，未计算房地产二手房交易的营业税。

(2) 房地产保有税不包括耕地占用税。耕地占用税是对占用耕地从事非农建设一次性征收的税收。

资料来源：《中国统计年鉴》(2010—2015 年) 各年的数据。

（三）房地产财产税在地方财政收入中的比重低

近十年来，国家加强了房地产税收征管，房地产税收在地方一般财政预算收入中的比重逐年提高，从 2005 年占 16.13% 提高到 2014 年的 26.08%；但总体所占比重还不高，2005—2014 年房地产税收平均占地方财政一般预算收入的比重为 21.67%。房地产财产税（即房产税和城镇土地使用税）占地方一般财政预算的比重相当低，平均不到 5%，房

表 5-14　2010—2014 年房地产财产税占地方财政收入的比重

年份	房地产财产税（亿元）			地方财政收入（亿元）	房地产财产税占地方财政收入的比重（%）
	城镇土地使用税	房产税	合计		
2010	1004.01	894.07	1898.08	40613.04	4.67
2011	1222.26	1102.39	2324.65	52547.11	4.42
2012	1542.71	1372.49	2915.2	61078.29	4.77
2013	1718.77	1581.50	3300.27	69011.16	4.78
2014	1992.62	1851.64	3844.26	75876.58	5.07

资料来源：《中国统计年鉴》(2011—2015 年)、《中国国土资源统计年鉴》(2011—2015 年)、国家统计局网站。

地产财产税的独特作用没有得到发挥，更没有成为地方税的主体税种。以深圳市为例，2005—2013 年房地产财产税占地方一般财政预算收入的比重约为 2.5%—3%，最高也仅为 4.11%（2009 年）。如何将房地产财产税培育为地方税收的主体税种是迫切需要研究和解决的问题。

表 5-15　　2005—2013 年深圳市房地产财产税占地方财政收入的比重　　（万元；%）

年份	房产税	城镇土地使用税	两税总额	财政一般预算收入	占比
2005	130149	0	130149	4123787	3.16
2006	147853	0	147853	5008827	2.95
2007	157763	360	158123	6580555	2.40
2008	201177	59913	261090	8003603	3.26
2009	234510	127465	361975	8808168	4.11
2010	269200	94600	363800	11068200	3.29
2011	293000	101900	394900	13395700	2.95
2012	328400	81600	410000	14820800	2.77
2013	384441	89538	473979	15479599	3.06

说明：2007 年之前，深圳市未开征城镇土地使用税。

资料来源：2005—2013 年财政一般预算收入来自《深圳市统计年鉴》；房产税、城镇土地使用税数据来自《中国财政年鉴》（2006—2014 年）。

第六章 房地产税、土地财政与公共品供给*
——基于1999—2011年省际面板数据的实证分析

改革开放以来,随着市场化进程的不断推进,中国经济发展迅速,被世界誉为"中国式的经济增长奇迹"。在城镇化进程中,中国土地资产化发展迅速,通过土地资产化方式,为城镇化发展积累了巨额资金。房地产税、土地出让收入作为地方政府主要的财政收入来源,其支出是否增加公共品的供给,是否提升了公共品的供给质量需要进行客观分析。本章运用1999—2011年中国省际面板数据,实证研究房地产税和土地出让收入对经济性公共品和非经济性公共品供给的影响,意在厘清房地产税、土地出让收入和公共品供给之间的关系,寻求有效增加公共品供给的机理,为实现基本公共服务均等化,以及去"土地财政"以及构建以房地产税为主体的地方税收体系提供依据。

第一节 问题提出与文献综述

一 问题提出

在中国改革开放30多年的发展历程中,土地资产化发展迅速,土地收益(国有土地出让收入和房地产税)成为地方财政收入的主要来源,以2010—2014年为例,土地收益相当于地方一般财政收入的比重

---

* 本章以"房地产税、土地财政是否有效增加了公共品供给——基于1999—2011年省际面板数据的实证分析"(邓宏乾、耿勇)为题刊登在《江汉论坛》2015年第3期。

相当高，平均达到83%，2010年达到91.37%。① 国有土地收益的支出客观来看大幅提高了公共品的供给总量。但是，纵观公共品的供给结构和区域差异，不难发现其存在着严重的畸轻畸重现象。就公共品的供给结构而言，经济性公共品和非经济性公共品供给失调。对于交通运输、邮电等经济性公共品的财政支出占财政总支出的比重较大，而对于社会保障、教育等非经济性公共品的支出占财政总支出的比重偏小。就公共品的区域分布而言，东部、中部和西部之间的发展严重失衡。以医疗卫生投入为例，根据《中国统计年鉴（2013）》的数据分析，2012年北京等11个东部省市的财政支出占全国医疗卫生总支出的比重高达45.1%，湖北等8个中部省市占28.5%，西部12个省市则仅占26.4%，区域性差异显著。房地产税和土地出让收入对经济性公共品和非经济性公共品供给的影响以及房地产税、土地出让收入与公共品供给的结构和区域差异的研究有助于地区间的均衡发展和"土地财政"、房地产税的改革。

二 文献综述

（一）国外的理论研究综述

1. 房地产税与地方财政研究

Fischel、Oates、Mckellzie以及Masgrave等人认为，房地产税是地方政府的重要收入来源。相对于中央财政，竞争性本身就是地方财政所具有的一个重要特征。正如财政联邦主义研究领域著名学者Wallace E. Oates（1993）所做的解释，由于一个国家内存在着数量众多的地方政府，这就使每一个地方政府都面临着由此而产生的竞争压力，"这种竞争压力将促使（地方政府）不得不采用最有效率的公共产品生产方式"。② 通过征收财产税，可保障各个地方政府都有一个相对稳定的税源，并使各个地方政府均可按本地的条件设置财产税率，这就可减少地方政府在税源上的竞争，而使各地方政府间的竞争更多地集中到提高公

---

① 根据《中国国土资源统计年鉴》《中国财政年鉴》，财政部《全国土地出让收支情况》中的数据计算得出。
② Wallace E. Oates, *Fiscal Federalism*, Ip Swich Book Co., 1993.

共产品的供应效率上。Musgrave（2001）指出，把财产税当作地方税使用符合联邦主义——不同级别的政府应该提供它们边界之内的服务便利并从内部为其筹资。① Bahl and Linn（1992）认为，"财产税是发展中国家最为重要的地方税种"②。Sally Wallace（2008）认为，全球化进程改变了全球经济的结构，资本流动性增强了。由于对资本的征税越来越难，而且房地产的价值不断上升，对发展中国家来说，房地产资本收益税成为一个更好的选择。他提出，房地产资本收益税并不是在房产税上的双重税，而实行房地产资本收益税能更好地实现垂直公平性，能更好地回报政府提供的公共设施，更能吸引外资的进入和有助于房地产市场的稳健发展。③

2. 房地产税与公共品供给效率

传统的财政分权理论认为，在中央政府和地方政府合理划分事权的基础上，通过财政分权赋予地方政府相对独立的财权，能够有效提高公共品的供给效率（Masgrave，1969）。④ 一是因为相对于中央政府，地方政府更具信息优势，可以根据各自辖区内的居民偏好提供相应的公共品服务（Oates，1972、2006）⑤。二是分权体制下的居民可以选择能够更好地满足自己公共品偏好的地区居住，这种"用脚投票"机制确保了在各个地方社区内个人和地方对公共服务的需求水平趋同，促使地方政府相互竞争，激励地方政府提供更优质的公共品项目，因此在该框架下地方公共服务的提供总能保持在有效的水平上

---

① R. A. Masgrave：《对地方财产税的理论与实践：一些反思的评论》，Wallace E. Oates 编著：《财产税与地方政府财政》，丁成日译，中国税务出版社 2005 年版，第 300 页。

② R. W. Bahl and J. F. Linn（1992），*Public Finance in Developing Countries*，Oxford University Press，Oxford.

③ Sally Wallace，"Property Taxation in a Global Economy: Is a Capital Gains Tax on Real Property a Good Idea.," Gary C. Cornia and Jim Riddell. eds. Toward a Vision of Land in 2015: International Perspectives，47 – 64. *Toward a Vision of Land in 2015: International Perspectives/edited by* 2008 by the Lincoln Institute of Land Policy.

④ R. Masgrave，*The Theory of Public Finance*，New York：McGraw-Hill，1959.

⑤ W. Oates，*Fiscal Federalism*，New York：Harcourt Brace Jovanovich，1972；W. Oates，On the Theory and Practice of Fiscal Decentralization. Working Papers 2006 – 05，University of Kentucky，Institute for Federalism and Intergovernmental Relations，2006.

第六章 房地产税、土地财政与公共品供给

(Tiebout, 1956)[①]。

在上述的分权理论框架下,一些学者对房地产税和公共品供给的关系展开了研究,现有文献主要有"受益论"和"新论"两种观点。"受益论"的代表人物主要有蒂伯特(Tiebout, 1956)、汉密尔顿(Hamilton, 1975)和费舍尔(Fischel, 2001)等人。[②] 在财产税制度安排所面临的众多选择中,按公共部门经济学理论,理想的取向就是把财产税作为受益税对待,即根据公共服务的受益程度分配税收负担。因为纳税人倾向于支持收益大于成本的公共项目,所以受益税能提高公共决策效率。该观点基于 Tiebout (1956) 的分析框架,假设消费者具有"用足投票"的完全流动性和地方政府间存在竞争,这样就确保了在各个地方社区内个人和地方对公共服务的需求水平趋同,因此在该框架下地方公共服务的提供总能保持在有效的水平上。他们认为,地方政府的公共服务主要由房地产税承担,纳税人缴纳的税赋额将从地方提供的公共品中资本化为个人财产价值。由此,纳税主体也会愿意支持那些更具社会效益的公共支出。据此他们认为,房地产税本质上是公共品的价格,即利益税而非资本税。

"新论"是由米斯克斯基提出的。他认为,"受益论"在忽视了整个区域均有房地产税的情况下所进行的局部均衡分析存在着很大的缺陷。他通过构建一般均衡模型,假定整个经济包含高税区和低税区两类,并且资本供给缺乏弹性,得出资本会由高税区流向低税区,导致整个经济社会的资本无效配置和土地利用效率低下的结论。[③] 因此,"新论"认为,对资产征税扭曲了房地产市场的供需和地方财政决策,房地产税不是一种良税。房地产税制"受益论"与"新论"在较长时期里展开争论,它既涉及地方财政开征房地产税制的效率考量,也涉及房

---

① C. Tiebout, "A Pure Theory of Local Expenditures," *Journal of Political Economy*, 1956, 64, (5), pp. 416 – 424.

② Bruce W. Hamilton, "Zoning and Property Taxation in a System of Local Governments," *Urban Studies*, 1975, (12), pp. 205 – 211. William A. Fischel, "Homevoters, Municipal Corporate Governance, and the Benefit View of the Property Tax," *National Tax Journal*, 2001, 54, (1), pp. 157 – 173.

③ Mieszkowski Peter, "The Property Tax: An Excise Tax or a Profits Tax?" *Journal of Public Economics*, 1972, 1 (1), pp. 73 – 96.

地产税制的税负归宿与公平原则，其研究是税收原则理论在房地产税制领域的具体应用与延伸，对房地产税制改革的基础理论研究产生了深远影响。

（二）国内的理论研究综述

1. 房地产税与地方财政关系研究

2003年，中国明确提出开征统一的物业税之前，理论界就已经开始了关于房地产税的研究。但是，在以特殊的中国分税制改革所形成的地方财政拮据的背景下，大多数学者把研究的重点集中于房地产税与地方主体财源方面。其中，以笔者（1989）[①]为代表的部分学者较早地论述了地方主体财源与房地产税制改革问题。此后，便涌现了大批学者对这一问题的关注，特别是后来国土资源部、财政部和国税总局等部门所组织的一些专家研讨会更是推动了这一研究的深入。目前，关于房地产税和地方主体财源研究的成果颇丰，基本形成两种观点。

一是房地产税在短期内难以成为地方财政收入的主要来源，不同的学者基于不同的视角进行了阐释。其中，姜爱华（2002）从影响地方税主体税种选择的因素角度出发，提出要根据税制改革的实际进度，分阶段、分地区地确定相应时期的主体税种。当中国经济体制较为完备，基本与国际惯例接轨时，与此相适应，要建立以财产税为主体税种的地方税体系。[②] 冯菱君、王海勇（2004）在考察中国房地产租、税、费体系现状的基础上，分析了房地产税在短期内无法成为地方主体税种的原因。[③] 他们认为，1993—2000年8年间的房地产税占中国地方财政收入的比重，最低为3.46%，最高不过7.23%，平均也才6%多一点，大大低于美国等发达国家的比重（如美国的房地产税一般要占到地方财政收入的50%—80%），因而可以预见，短期内中国房地产税收收入占地方财政收入的比重不会有大的改变。而西方房

---

① 邓宏乾：《试论城市土地有偿使用与财政体制的配套改革》，《财政研究》1989年第4期。

② 姜爱华：《关于我国地方税主体税种选择的思考》，《中央财经大学学报》2002年第10期。

③ 冯菱君、王海勇：《重构我国房地产税制的基本思路》，《当代经济研究》2004年第11期。

地产税作用的凸显是与其在财政分权中的地位密不可分的。中国由于统一税法的需要和历史的惯性,目前房地产税立法权基本上还集中在中央。如果财政分权的现状没有发生改变,短期内房地产税就难以成为地方政府的主要税源。温来成(2008)①则认为,在中国特殊的财产制度和产权制度背景下所孕育的房地产产权关系和管理制度较为混乱,使得纳税人和税收负担边界模糊,政府难以掌握真实的税源情况,因此,目前开征物业税的先决条件尚不具备,即房地产产权制度不完善。

另一种观点是房地产税可以构成地方的主体财源。笔者(1999)②认为,建立在土地上的房地产永久使用和位置固定的特征决定了房地产税税基稳固的特性。而且,随着经济的发展和城市化的不断扩张,城市房地产数量将不断增加,从而房地产税基将稳定增长,租税的收入规模将不断扩大,确保了房地产租税收入的持续性和稳定性。王国华、马衍伟(2005)③从多种角度论证了房地产税成为地方主体税种的可行性和必要性,从国际经验来看,把财产税作为地方主体税种是世界各国比较通行的做法和惯例;从地方税制建设的层面看,把财产税作为地方税主体税种是切实可行的现实选择;从税源基础看,中国已经基本上具备把财产税作为地方税主体税种的社会经济基础;从法律依据方面看,把财产税作为地方主体税种也有一定的法律依据做后盾。贾康(2010)④则认为,房地产税是中国社会主义市场经济体制建设和通盘配套改革中不可或缺的地方税体系的支柱之一。在房地产保有环节开征房地产税这样的财产税,可以在房地产供需双方行为合理化导向上形成一种经济参数和税负约束,而且房地产税也是中国发挥财产税的再分配调节作用所不可或缺的税种。因此,他认为,相关部门应抓紧研究制定

---

① 温来成:《物业税开征的先决条件之一:房地产产权制度的改革与完善》,《涉外税务》2008年第7期。
② 邓宏乾:《城市财政主体财源:房地产租税研究》,《华中师范大学学报》(人文社会科学版)1999年第5期。
③ 王国华、马衍伟:《财产税应当成为我国地方税的主体税种》,《福建论坛》(人文社会科学版)2005年第3期。
④ 贾康:《抓紧出台物业税(房地产税)》,《城市住宅》2010年第4期。

在中国开征房地产税的方案。

2. 土地财政与公共品供给效率

1994年分税制改革以来，财权集中于中央，事权却未做出相应调整，地方政府依靠一般预算收入和上级转移支付难以满足本级财政支出需要，形成了巨大的财政收支缺口①。为了解决日益严重的财政拮据问题，地方政府被迫将注意力转移到非规范化的融资渠道上，特别是通过"经营土地"获得土地出让收入已经成为地方政府财政增长的主要来源②。由此，以土地收入为主的"二元财政"格局形成。

在这种特殊的"中国式分权"背景下所形成的财政结构，使得地方政府无法有效地提供公共品服务，特别是造成了中国经济性公共品和非经济公共品的畸重畸轻格局。这不难解释分权体制下的地方政府受到以GDP为主要考核指标的晋升激励影响，促成地方政府间的"标尺竞争"，在竞争中地方政府财力配置固化，从而更加偏好于那些能够在任期内有现金流收入的经济性公共品，造成了"重基本建设、轻人力资本投资和公共服务"的明显扭曲③。而作为预算外收入的土地出让收入，与预算内收入房地产税不同，它有着相对软化的预算约束，使用自由度大且透明度较低，其支出更易受到这种机制作用的影响。因此，理性的政府会将土地出让收入更多地投入经济性公共品领域，而弱化对医疗、教育等公共服务的投入④。所以，政府通过土地使用权交易所得到的大量收入且无法等幅提高政府的基本公共服务能力，土地配置和财政分配在很大程度上处于游离状态⑤。左翔等（2013）利用2003—2008年全国284个地级市的面板数据进行实证研

---

① 董再平：《地方政府"土地财政"的现状、成因和治理》，《理论导刊》2008年第12期。

② 杜雪君、黄忠华、吴次方：《中国土地财政与经济增长》，《财贸经济》2009年第1期。

③ 张军：《分权与增长：中国的故事》，《经济性（季刊）》2008年第1期。张永、梁东黎：《晋升激励、官员注意力配置与公共品供给》，《理论学刊》2010年第12期。傅勇、张晏：《中国式分权与财政支出结构偏向：为增长而竞争的代价》，《管理世界》2007年第3期。

④ 陈钊、徐彤：《走向"为和谐而竞争"：晋升锦标赛下的中央和地方治理模式变迁》，《世界经济》2011年第9期。

⑤ 贾康、刘薇：《"土地财政"：分析及出路——在深化财税改革中构建合理、规范、可持续的地方"土地生财"机制》，《财政研究》2012年第1期。

究，发现更多的国有土地出让使经济性公共品的供给显著提升，非经济性公共品的供给则难以改善。①

综上所述，国外的文献多集中于房地产税和地方公共支出资本化与房价的研究上，而对房地产税和公共品供给均等化的关系研究不足。国内的文献则主要集中于土地财政和房地产税与地方财政的关系研究上，而对房地产税和土地财政与公共品供给关系的研究尚不多见。

第二节 计量模型设定和方法

一 计量模型与变量选取

借鉴 Zhuravskaya（2000）在研究俄罗斯联邦财政主义制度与公共品供给、Fahuet（2004）在研究玻利维亚财政分权与地方政府公共投资模式关系以及傅勇（2010）在研究"中国式分权"下的财政体制与政府治理对非经济性公共品供给的相关成果，笔者建立如下回归模型②：

$$\ln PG_{it} = \alpha_0 + \alpha_1 \ln PG_{it-1} + \alpha_2 \ln PT_{it} + \alpha_3 \ln T_{it} + \alpha_4 Control_{it} + \varepsilon_{it}$$

其中，下标 i 和 t 分别代表城市和年份；PG_{it} 代表公共品供给，包括经济性公共品供给和非经济性公共品；PT_{it} 和 T_{it} 分别为房地产税收收入和土地出让收入；$Control_{it}$ 代表一组控制变量；ε_{it} 是随机扰动项。

（一）公共品供给（PG）

基于数据的可得性和公平性原则，采用熵值法构建了经济性公共品（EPG）和非经济性公共品（NEPG）供给的评价指标体系，主要以人均预算内财政投入和最终有效产出量来计算，表 6-1 给出了最终有效产出量的具体指标。

---

① 左翔、殷醒民：《土地一级市场垄断与地方公共品供给》，《经济学（季刊）》2013 年第 2 期。

② E. Zhuravskaya, "Incentives to Provide Local Public Goods: Fiscal Federalism, Russian Style," *Journal of Public Economics*, 2000, (76), pp. 337–368. J. Faguet, "Does Decentralization Increase Government Responsiveness to Local Needs? Evidence from Bovilia," *Journal of Public Economics*, 2004, (88), pp. 867–893.

表 6-1　　　　　　　　　公共品供给评价指标体系

指标类别	一级指标	二级指标
经济性公共品	交通	道路密度、人均道路铺装面积、每万人拥有公共交通车辆数
	能源	城市燃气普及率
	通信	固定电话普及率、长途光缆线路长度、平均每一邮局所服务人口
非经济性公共品	环保设施	单位GDP固体废弃物产生量、城市人均公园绿地面积、城市保洁率
	医疗卫生	每万人拥有医师数、每万人拥有病床数
	科教文化	专利申请量、专利授权量、技术市场成交额、中学师生比、小学师生比、非营利性艺术表演场所数
	社会福利	失业保险参保人数、社区服务机构数

（二）房地产税收收入（PT）

在西方很多国家，房地产税是一个较为成熟的税种，是政府财政收入的重要来源。而中国的房地产税主要对流转环节征税，房地产税收收入占地方财政收入的比例不高。限于数据的可得性，这里所指的房地产税为土地增值税、耕地占用税、房产税、契税、城镇土地使用税和城市维护建设税之和，为了保持数据的一致性，对PT做了人均化处理。

（三）土地出让收入（T）

众多学者在研究土地财政时，把土地出让收入作为重要的衡量指标。[①] 为了数据的一致性，我们对T做了人均化处理。

（四）财政分权（FD）

财政分权指标的构造存在一定的争议，我们采用傅勇和张晏（2007）的做法用各省预算内人均本级财政支出与中央预算内人均本级财政支出之比表示。

（五）各省人均国内生产总值（PGDP）

地方的公共品供给效率和经济发展水平有着密切的关系，尤其是经济性公共品的供给，其关系更为明显。

---

① 陶然、袁飞、曹广忠：《区域竞争、土地出让与地方财政效应——基于1999—2003年中国地级城市面板数据的分析》，《世界经济》2007年第10期。吴群、李永乐：《财政分权、地方政府竞争与土地财政》，《财贸经济》2010年第7期。李勇刚、高波、任保全：《分税制改革》，《土地财政与公共品供给》，《山西财经大学学报》2013年第11期。

（六）人口密度（PD）

公共品供给有着明显的人口偏向，人口越密集的地方对公共品供给的要求也越高。

选取中国1999—2011年31个省（自治区/直辖市）的面板数据，数据除特别说明外均来自《中国统计年鉴》和《中国国土资源统计年鉴》。为了减少各变量的异质性，降低回归偏误，我们对所有变量均做了自然对数处理。表6-2给出了各变量的描述性统计结果。

表6-2　　　　　　　　　变量描述性统计

变量	样本量	平均值	标准误	最小值	最大值
EPG	403	0.25	0.04	0.14	0.33
NEPG	403	0.39	0.06	0.24	0.56
PT	403	120.53	181.97	0.23	1373.31
T	403	363.70	1645.15	0.05	31481.48
FD	403	10.10	6.62	1.07	40.65
PGDP	403	1.87	1.52	0.25	8.34
PD	403	1901.55	1362.28	25	6307.38

二　研究方法

（一）熵值法

熵值法能够避免主观因素的偏误，采用科学的方法来确定权重，使得评价更为贴近现实。我们采用此方法来计算经济性公共品和非经济性公共品的权重，详细的计算步骤如下：

第一步：对公共品供给的指标进行无量纲处理，其中x_{ij}表示第i个省份，第j项公共品的供给指标。

$$y_{ij} = \frac{x_{ij}}{\max x_{ij}} \text{（当}x_{ij}\text{为正向指标时）}$$

$$y_{ij} = \frac{\max x_{ij} + \min x_{ij} - x_{ij}}{\max x_{ij}} \text{（当}x_{ij}\text{为逆向指标时）}$$

第二步：计算第i个省份第j项公共品供给指标的比重。

$$R_{ij} = y_{ij} / \sum_{i=1}^{m} y_{ij}$$

第三步：计算公共品供给指标的熵值。

$$g_j = -\sum_{i=1}^{m} R_{ij} \ln R_{ij}$$

第四步：将熵值逆向化，并计算指标权重。

$$e_j = 1 - g_j$$

$$W_j = e_j / \sum_{j=1}^{n} e_j$$

第五步：加权线性求和计算第 i 个省份公共品供给评价指数。

$$x_i = \sum_{j=1}^{m} y_{ij} w_j$$

将熵值法计算所得的各省经济性公共品和非经济性公共品综合评价指数作为被解释变量 EPG 和 NEPG 纳入回归模型，进行回归分析。

（二）单位根和协整检验

为了避免伪回归，确保估计结果的有效性，需要采用同根面板和异根面板检验方法对各变量进行平稳性检验。我们主要采用 LLC（Levin-Lin-Chu）检验、IPS（Im-Pesaran-Shin）检验和 Fisher-PP（Phillips-Perron）检验三种方法。各变量的单位根检验结果见表 6-3。结果显示除经济性公共品（EPG）外，其他变量均为 I（1）的。

表 6-3　　　　　　　　　变量单位根检验

变量	水平值方程			一阶差分方程			结果
	LLC	IPS	Fisher-PP	LLC	IPS	Fisher-PP	
LnEPG	-0.375*** (0.000)	-2.640*** (0.004)	96.739*** (0.003)				I（0）
LnNEPG	-0.353*** (0.000)	-0.494 (0.311)	9.784 (1.000)	-1.067*** (0.000)	-5.520*** (0.000)	306.445*** (0.000)	I（1）
LnPT	-0.256*** (0.000)	2.032 (0.979)	1.352 (1.000)	-1.053*** (0.000)	-5.560*** (0.000)	198.171*** (0.000)	I（1）

第六章　房地产税、土地财政与公共品供给

续表

变量	水平值方程			一阶差分方程			结果
	LLC	IPS	Fisher-PP	LLC	IPS	Fisher-PP	
LnT	-0.767*** (0.000)	-5.135*** (0.000)	40.444 (0.985)	-1.339*** (0.000)	-9.547*** (0.000)	561.172*** (0.000)	I(1)
LnFD	-0.215*** (0.005)	0.262 (0.603)	0.379 (1.000)	-1.077*** (0.000)	-5.968*** (0.000)	519.644*** (0.000)	I(1)
LnPGDP	-0.102*** (0.048)	2.643 (0.996)	3.500 (1.000)	-0.645*** (0.000)	-3.066*** (0.001)	268.029*** (0.000)	I(1)
LnPD	-0.415*** (0.000)	-4.853*** (0.000)	50.800 (0.844)	-1.223*** (0.000)	-8.036*** (0.000)	388.724*** (0.000)	I(1)

说明：（1）括号内为 p 值。

（2）***，**，*分别表示在1%、5%和10%的水平上拒绝有"单位根"的原假设。

表6-4　　　　　　　　　　　　　多变量协整检验

Statistic	经济性公共品模型			非经济性公共品模型		
	Value	Z-value	P-value	Value	Z-value	P-value
Gt	-1.712	3.081	0.999	-1.368	5.113	1.000
Ga	-2.154	6.975	1.000	-2.459	6.734	1.000
Pt	-8.082	2.471	0.993	-5.793	4.637	1.000
Pa	-2.021	4.618	1.000	-2.328	4.358	1.000

说明：原假设为"无协整关系"。

尽管所有变量的一阶差分是平稳的，但在回归分析之前需要对被解释变量和解释变量之间的关系进行协整检验。我们采用威斯特兰提出的基于误差修正模型的面板协整检验方法，根据表6-4显示的 Gt，Ga，Pt 和 Pa 测试统计结果，被解释变量和解释变量之间不存在长期协整关系。因此，采用一阶差分方程符合建模要求。

第三节 实证研究结果与讨论

一 经济性公共品供给的实证分析

我们采用 Stata12.0 软件对房地产税和土地出让收入与经济性公共品进行计量分析,结果见表 6-5 所示。考虑到我们把被解释变量的一阶滞后项作为解释变量纳入模型中,为了避免伪回归和内生性问题,我们采用 Blundell 和 Bond (1998) 提出的系统 GMM 估计法进行回归分析。为了更有效地处理异方差、自相关等问题,采用两步系统 GMM 估

表 6-5　房地产税、土地出让收入与经济性公共品供给

	经济性公共品供给			
	(1) 全国	(2) 东部	(3) 中部	(4) 西部
LEPG	0.463*** (0.021)	0.564*** (0.096)	-0.095 (0.280)	0.428*** (0.051)
PT	-0.181*** (0.010)	-0.084 (0.055)	-0.599*** (0.148)	-0.145*** (0.048)
T	0.037*** (0.004)	0.037*** (0.009)	0.061*** (0.021)	0.015 (0.015)
FD	0.139*** (0.030)	0.184 (0.175)	0.643** (0.305)	0.019 (0.056)
PGDP	0.164*** (0.019)	-0.046 (0.082)	0.735*** (0.255)	0.248** (0.113)
PD	0.032*** (0.006)	0.033 (0.060)	0.038** (0.019)	0.018** (0.009)
_cons	-1.910*** (0.098)	-1.396* (0.768)	-5.740*** (1.427)	-1.551*** (0.355)
AR (1)	0.0000	0.0037	0.9759	0.0031
AR (2)	0.0595	0.4009	0.3012	0.1660
Sargan test	1.0000	1.0000	1.0000	1.0000
N	372	132	96	144

说明:(1)括号内为标准误。
(2)***、**和*分别表示在1%、5%和10%的水平上显著。(3) AR (1) 和 AR (2) 的零假设分别是差分后残差存在一阶自相关和二阶自相关。Sargan test 的零假设是工具变量过度识别约束有效。这里均给出了其统计量所对应的 P 值。

计法进行估计。研究显示，AR（1）和 AR（2）结果表明，模型一阶差分方程的残差项不存在序列自相关。因此，采用两步系统 GMM 估计法得到的实证结果是合理的。

对于全国样本而言，回归结果显示，房地产税对经济性公共品供给的影响在 1% 的水平上显著为负。这表明作为预算内收入的房地产税收入由于受到预算约束的影响在一定程度上抑制了地方政府的短视行为。土地出让收入对经济性公共品供给的影响在 1% 的水平上显著为正，财政分权也显著地提高了经济性公共品的供给。这说明在 1994 年分税制改革后，对地方政绩考核机制逐步转向以 GDP 为标杆的背景下，所形成的财政激励和政治激励，加剧了地方政府间的"标尺竞争"，使得地方政府将更多的预算外收入特别是土地出让收入，主要投资于交通、能源和通信等基础设施建设，进一步扭曲了地方财政支出结构。"经营土地"成为地方政府"城市经营"的重要手段，从而加剧了财政配置和土地配置的游离状态。

从东部、中部、西部区域来看，结果发现，东部地区土地出让收入对经济性公共品供给的影响在 1% 的水平上显著为正，成为经济性公共品供给的重要财源。这可能是因为东部是中国经济发展速度最快的区域，人口规模不断膨胀，城市化进程显著加快，对经济性公共品的需求也日益提升，土地资产化发展迅速，使得地方政府能够获取更多的土地出让收入，地方政府在 GDP 绩效考核的背景下，导致其将土地出让收入更多地投入城市基础设施建设中。中部地区土地出让收入对经济性公共品的影响也在 1% 的水平上显著为正，而且其影响作用在三个区域中最大，为 0.061%。这可能是因为中部地区税收能力有限，在"晋升机制"的激励下，地方政府为了获得中央政策支持，产生了扩大地方经济规模的冲动，因此能够带来更多短期政绩的经济公共品成为地方财政支出的主要选择。西部地区土地出让收入对经济性公共品供给的影响不显著，这是因为西部地区地方财政收入有限，地方政府需要将相当部分的土地出让收入用于弥补政府的日常支出不足。

二 非经济性公共品供给的实证分析

表 6-6 给出的残差自相关检验 $AR(1)$ 和 $AR(2)$ 以及 Sargan test 检验结果表明,两步系统 GMM 估计法整体拟合效果较好。

就全国层面来看,研究结果显示,房地产税对非经济性公共品的影响在 1% 的水平上显著为正,这说明本质上为财产税的房地产税能有效

表 6-6 房地产税、土地出让收入与非经济性公共品供给

	非经济性公共品供给			
	(1) 全国	(2) 东部	(3) 中部	(4) 西部
LEPG	0.707*** (0.024)	0.682*** (0.107)	0.722*** (0.236)	0.665*** (0.109)
PT	0.165*** (0.016)	0.232** (0.095)	0.196* (0.118)	0.143*** (0.053)
T	-0.020*** (0.003)	-0.019** (0.010)	-0.059*** (0.009)	-0.001 (0.011)
FD	-0.188*** (0.035)	-0.166 (0.132)	-1.147*** (0.411)	-0.079 (0.057)
PGDP	0.025** (0.012)	-0.116 (0.163)	0.890 (0.357)	-0.060 (0.093)
PD	-0.017*** (0.004)	-0.014 (0.028)	-0.054* (0.032)	-0.004 (0.009)
_cons	0.850*** (0.154)	1.062 (0.757)	3.153** (1.423)	0.496** (0.251)
AR(1)	0.0001	0.0056	0.4647	0.0102
AR(2)	0.2064	0.4843	0.8116	0.1432
Sargan test	1.0000	1.0000	1.0000	1.0000
N	372	132	96	144

说明:(1) 括号内为标准误。

(2) ***,**,* 分别表示在 1%、5% 和 10% 的水平上显著。

(3) $AR(1)$ 和 $AR(2)$ 的零假设分别是差分后残差存在一阶自相关和二阶自相关。Sargan test 的零假设是工具变量过度识别约束有效。这里均给出了其统计量所对应的 P 值。

改善医疗卫生、教育等非经济性公共品的供给。土地出让收入的影响在1%的水平上显著为负,这表明地方政府在晋升机制及财力有限的双重作用下,不可能将大部分土地出让收入投入改善教育等非经济性公共品的供给中,使得土地出让收入对非经济性公共品的"替代效应"大于"收入效应",反而导致非经济性公共品的供给随土地出让收入的增加而呈下降趋势。这是由于随着城市规模的扩张,原有郊区因土地开发变为市区后,地方政府没有相应增加教育、医疗等非经济性公共品的投入,导致人均拥有量下降。财政分权在1%的水平上显著降低了非经济性公共品的供给,在其他条件不变的情况下,分权程度每提高1个百分点,将导致非经济性公共品的供给减少0.188个百分点,这是因为财政越分权,地方政府的自由度就越大,在现有体制下就越有可能按激励方向改变地方政府行为模式,从而减少对非经济性公共品的供给。

就非经济性公共品供给的区域差异而言,东部地区成为房地产税改善非经济性公共品供给正向效应最大的区域,即房地产税收收入增加一个百分点,非经济性公共品供给增加0.232个百分点。这可能是因为东部地区的财政支付能力较强,可以将更多的房地产税用于教育、医疗和社会福利等公共品的供给。中部地区房地产税在一定程度上改善了非经济性公共品的供给,主要是因为近年来中部崛起战略在加快经济发展的同时,中央政府也给予地方更多的专项转移支付,而这些转移支付中所要求的专款配套压力迫使地方政府加大对非经济性公共品供给的支出额度,从而在一定程度上改善了非经济性公共品的供给。西部地区房地产税对非经济性公共品供给的改善效果有限,且在三个地区中最低,为0.143%。这是因为西部地区经济发展相对落后,房地产市场尚不繁荣,且与全国平均发展水平相比具有较大差距,导致房地产税收收入较少。但是土地出让收入对中部的抑制效应在三个区域中最为显著,可见中部地区的晋升机制所产生的扭曲效应最为明显。

三 结论与政策建议

实证分析的结果表明,在全国层面,房地产税明显抑制了地方政府对经济性公共品的供给偏好,却显著改善了非经济性公共品的供给。土地出让收入对两种公共品的影响则与房地产税正好相反。在区域层面,房地产税对非经济性公共品的正向促进作用存在着明显的空间差异：房地产税对西部地区的教育、医疗等公共品供给改善的影响有限，对东部地区的影响程度却显著提高。土地出让收入对经济性公共品的影响也存在着明显的空间差异：土地财政显著促进了中部地区交通等公共品的供给，对西部的影响却不显著。

提高政府的公共服务能力，切实改善中国的公共品供给结构，为国民提供基本公共产品和公共服务，实现基本公共服务供给均等化，是中国政府职能改革和社会经济发展的重点。（1）强化政府的公共服务职能，推进政府由"全能型"向"服务型"转变，构建服务型政府，将以 GDP 为主的地方政府考核机制转向以"基本公共服务均等化"的考核上来。（2）明晰和界定政府间基本公共服务供给责任，改革财政税收分配体制，建立财权与事权、财权与支出责任相匹配的财政分配体制，提高地方政府公共服务供给能力；取消现有税收返还和原体制补助制度，扭转地方政府片面追求经济总量的激励作用，科学确定中央与省级政府以及省以下地方政府的基本公共服务分担责任，加大中央政府一般性财政转移支付力度，重点向西部地区倾斜，促进区域间公共服务的均衡发展。（3）完善公共品供给机制，构建多元化的公私合作供给模式。采取措施吸引社会机构、社会资本增加经济性公共品的供给；政府主要提供非经济性公共品，如教育、卫生、文化、社会保障等，以解决市场机制在公共品的配置与分配方面所存在的缺陷，提高公共品供给的质量和财政资金的使用效率。

第七章 城镇化与公共服务发展实证研究
——以湖北省 12 个地级市为例

"建立健全基本公共服务体系,促进基本公共服务均等化"是中国深化改革、改善民生、促进社会和谐发展的重大战略举措。但是,伴随着中国经济的快速发展和城镇化水平的不断提高,教育、医疗、社保等基本公共服务供给与城镇化水平不匹配的问题日益突出,二者的矛盾不断加深,2015 年,中国名义城镇化率(常住人口城镇化率)为56.1%,但真实的城镇化水平(户籍人口城镇化率)仅为 39.9%[①],二者有较大的差距。要解决城镇化过程中的"玻璃门"现象,重点在于完善促进农业转移人口市民化的机制,构建以"人"为核心的新型城镇化机制,着力推进城镇化发展由以往的"土地城镇化"向"以人为本"转变,加大城镇公共服务的投入,满足城镇居民日益增长的公共服务需求,实现城镇化和公共服务的协调发展。

第一节 问题提出与文献综述

一 问题的提出

中国城镇化实质上是"土地城镇化",土地城镇化明显快于人口城镇化。据统计,中国城市城区面积由 2008 年的 178110.28 平方公里增加到 2014 年的 184098.59 平方公里,建成区面积由 2005 年的 32520.72

---

① 《中华人民共和国国民经济和社会发展第十三个五年规划纲要》,http://www.sh.xinhuanet.com/2016-03/18/c_135200400.htm。

平方公里增加到 2014 年的 49772.63 平方公里①，建成区面积增长了 53.05%；城市建设用地面积由 2005 年 29636.83 平方公里增加到 2014 年 41860.61 平方公里，增长了 41.25%，年均增长速率为 3.91%，远高于年均城市化率。同时，地方政府通过征收集体土地，依赖土地出让收入和国有土地抵押融资获得巨额资金，扩大城市规模和推进城市建设。据统计，2005—2015 年累计征收集体土地 15677.5 平方公里，出让国有建设用地面积 280.07 万公顷，累计获取国有土地出让收入达 27 万亿多元②；2007—2015 年 84 个重点城市土地抵押面积累计达 49.08 万公顷，累计土地抵押贷款为 113300 亿元，相当于地方财政收入的 1.37 倍③。但是在城镇化过程中，政府重经济发展，轻公共服务，重城市建设，轻民生服务，城市公共服务供给虽有改善，但仍严重不足，"城市病"问题日益突出。在城镇化的推进过程中，切实增加公共服务供给，提升城市公共服务能力，让居民分享城镇化和土地资产化的利益，是迫切需要解决的问题。

二　相关文献综述

目前，中国对公共服务均等化的研究主要集中于非均等化的原因、均等化的评价标准和指标体系以及实现均等化的途径方面。在公共服务非均等化的原因方面，有研究把其归结于政府间财权与事权的配置不当④，也有研究认为是区域经济发展失衡⑤，还有部分学者从政府官员的行为视角出发，得出在中国式分权的背景下地方政府受到以 GDP 为主要考核指标的晋升激励影响，致使财力配置固化进而引起公共服务供

---

① 《中国统计年鉴》（2015 年），中国统计出版社 2015 年版。
② 根据《中国统计年鉴》《中国国土资源公报》中的数据整理。
③ 《中国国土资源公报》（2007—2015 年）。
④ 张永生：《政府间事权与财权如何划分？》，《经济社会体制比较》2008 年第 2 期，第 71—76 页。
⑤ 郭小聪、刘述良：《中国基本公共服务均等化：困境与出路》，《中山大学学报》（社会科学版）2010 年第 5 期。王玮：《我国公共服务均等化的困境及其化解——基于现实约束条件的分析》，《经济学家》2010 年第 5 期。

第七章　城镇化与公共服务发展实证研究

给的扭曲。① 在公共服务均等化指标体系构建方面，从历史演进角度来看，经历了从早期的重视效率到效益再发展直至目前重视质量、公平和公众满意度的转变。② 从区域视角来看，涵盖了省际、城乡、县域等多个层次③，涉及内容包括科学技术、基础教育、公共文化、卫生医疗、社会保障、公共设施等多个方面。④ 在实现公共服务均等化的途径方面，一些学者从政府供给角度出发，提出完善公共财政体制，建立新的转移支付制度，实现中央政府和地方政府财权事权匹配的建议。⑤ 还有少数学者从公众需求角度出发，提出完善服务型政府框架，建立适应中国国情的公共服务职能体系和扩大公众知情权和参与权的建议。⑥

而具体到城镇化与公共服务的关系研究方面，则主要涉及城乡及区域公共服务均等化的研究。就城乡公共服务均等化的研究而言，多数学者集中于原因的探讨。⑦ 在区域公共服务均等化方面，现有文献通过选取 31 个省的面板数据⑧或者某一个省份不同地区的数据进行了相关实

---

① 张永军、梁东黎：《晋升激励、官员注意力配置与公共品供给》，《理论导刊》2010年第 12 期。
② 唐任伍、唐天伟：《2002 年中国省级地方政府效率测度》，《中国行政管理》2004 年第 6 期。王伟同：《我国基本公共服务提供均等化问题研究——基于公共需求与政府能力视角的分析》，《财政研究》2008 年第 5 期。
③ 安体富、任强：《中国公共服务均等化水平指标体系的构建——基于地区差别视角的量化分析》，《财贸经济》2008 年第 6 期。张定安、锁利铭、刘俊：《城乡公共服务均衡发展及其评价体系研究》，《天津行政学院学报》2011 年第 1 期。江易华：《县级政府基本公共服务绩效分析——一种理论模型对老河口市的实证检测》，《华中师范大学学报》（人文社会科学版）2009 年第 5 期。
④ 郭小聪、代凯：《国内近五年基本公共服务均等化研究：综述与评估》，《中国人民大学学报》2013 年第 1 期。
⑤ 曾红颖：《我国基本公共服务均等化标准体系及转移支付效果评价》，《经济研究》2012 年第 6 期。胡均民、艾洪山：《匹配"事权"与"财权"：基本公共服务均等化的核心路径》，《中国行政管理》2009 年第 11 期。
⑥ 纪江明、胡伟：《中国城市公共服务满意度的熵权 TOPSIS 指数评价——基于 2012 连氏"中国城市公共服务质量调查"的实证分析》，《上海交通大学学报》（哲学社会科学版）2013 年第 3 期。
⑦ 王谦：《城乡公共服务均等化的理论思考》，《中央财经大学学报》2008 年第 8 期。王伟同：《城市化进程与城乡基本公共服务均等化》，《财贸经济》2009 年第 2 期。
⑧ 王新民、南锐：《基本公共服务均等化水平评价体系构建及应用——基于我国 31 个省域的实证研究》，《软科学》2011 年第 7 期。范柏乃、傅衍、卞晓龙：《基本公共服务均等化测度及空间格局分析——以浙江省为例》，《华东经济管理》2015 年第 1 期。

证研究，大都得出东部地区的公共服务均等化水平优于中西部和同一省份地区之间公共服务差距较大的结论。

总体而言，上述文献对中国推进公共服务均等化提供了重要的理论参考，但是大多数学者对"公共服务均等化"的认识更多地停留在城乡公共服务的均等化和区域公共服务的均等化上，而对城镇化和公共服务的协调发展，也就是同一城市在不同城镇化阶段里所要求的公共服务水平这一问题的研究还较为滞后。基于此，笔者运用湖北省12个地级市的数据，从城镇化和公共服务协调发展角度，运用熵值法和容量系数耦合法揭示城镇化和公共服务协调发展的时空动态过程，并运用DEA数据包络分析法测度公共服务效率，进一步探讨公共服务滞后于城镇化发展的原因，以期为推进公共服务均等化，提升真实城镇化水平提供政策建议。

第二节　指标体系与研究方法

一　指标体系构建

基于科学性、层次性和数据可得性的原则，结合湖北省12个地级市的具体情况对相关指标进行筛选，设计出城镇化和公共服务的耦合关系评价指标体系。其中将城镇化细分为两个一级指标和7个二级指标，将公共服务细分为5个一级指标和10个二级指标，具体指标体系见表7-1，其研究数据主要来源于2001—2014年的《中国城市统计年鉴》。

表7-1　城镇化和公共服务的耦合关系评价指标体系

指标类别	一级指标	二级指标
城镇化	城镇规模	人口密度，城市建成区面积
	城镇经济	人均GDP，经济密度（地均GDP），第三产业增加值占GDP的比重，第三产业从业人员比重，人均固定资产投资完成额

续表

指标类别	一级指标	二级指标
公共服务	交通条件	人均拥有道路面积，每万人拥有公共交通车辆数
	教育条件	教育事业经费支出占财政支出比重，普通小学师生比，普通中学师生比
	文化水平	文化体育与传媒事业支出占财政支出比重，每百人公共图书馆藏书量
	医疗卫生	每万人拥有医师数，每万人拥有病床数
	生态绿化	城市建成区绿化覆盖率

说明：（1）人口密度指城镇化人口密度。

（2）城市建成区面积仅计算了市区及市辖区的面积，未计算建制镇建成面积。

二 研究方法

黄金川等人运用耦合理论研究了城市化和生态环境之间的互相影响，探究了城市化和生态环境的耦合交互机理。[1] 此后，这一方法被广泛用于经济生态和城市土地利用等相关问题的研究。[2] 笔者借鉴这些学者的做法，引入耦合理论，构建城镇化和公共服务的耦合度模型与耦合协调度模型，探讨分析湖北省城镇化和公共服务水平的耦合协调过程。

（一）评价方法

熵值法[3]。熵值法能够避免主观因素产生的偏误，客观地确定指标权重，使得评价更符合实际情况。本书采用此方法来计算城镇化（x）和公共服务（y）系统下各指标的权重，详细计算步骤见表7-2。

---

[1] 黄金川、方创琳：《城市化与生态环境交互耦合机制与规律性分析》，《地理研究》2003年第2期。

[2] 余瑞林、刘承良、熊剑平、曾菊新：《武汉城市圈社会经济—资源—环境耦合的演化分析》，《经济地理》2012年第5期。杜湘红：《水资源环境与社会经济系统耦合建模和仿真测度——基于洞庭湖流域的研究》，《经济地理》2014年第8期。刘浩、张毅、郑文升：《城市土地集约利用与区域城市化的时空耦合协调发展评价——以环渤海地区城市为例》，《地理研究》2011年第10期。

[3] 参见 Andre Maisseu, Alfred Voss, "Energy, entropy and sustainable development," *International Journal of Global Energy Issues*, 1995 (08): 201-220.

表7-2　　　　　　　　　　　熵值法计算步骤①

步骤	处理方法	计算公式
第一步	对指标做无量纲处理，其中 x_{ij} 表示第 i 个城市，第 j 项指标	$p_{ij} = x_{ij} / \sum_{i=1}^{m} x_{ij}$
第二步	计算第 j 项指标的熵值	$e_j = -k \sum_{i=1}^{m} p_{ij} \ln p_{ij}, k = \dfrac{1}{\ln m}$
第三步	将熵值逆向化，计算差异系数	$g_j = 1 - e_j$
第四步	计算第 j 项指标的权重	$w_j = g_j / \sum_{j=1}^{n} g_j$
第五步	加权线性求和计算第 i 个城市城镇化和公共服务的综合评价指数	$v_i = \sum_{j=1}^{n} p_{ij} w_j$

（二）耦合度模型

借鉴物理学中的耦合理论，构建城镇化和公共服务的耦合模型，旨在探讨城镇化程度和公共服务水平的耦合水平。其模型如下：

$$C = \{(X \cdot Y) / (X + Y)^2\}^{\frac{1}{2}}$$

其中，C 表示耦合度，反映了城镇化和公共服务的关联程度，X 和 Y 分别表示城镇化和公共服务系统下各指标对该系统的综合贡献度。耦合度 $C \in [0,1]$，当 C 趋向于 0 时，耦合度较小，表明系统之间趋于无关状态，系统发展方向无序；当 C 趋向于 1 时，耦合度较大，表明系统之间趋于良性共振，系统发展结构有序。按照耦合度的取值，可将其划分为四个层次：当 $0 < C \leq 0.3$ 时，表明城镇化和公共服务处于低耦合阶段；当 $0.3 < C \leq 0.5$ 时，处于拮抗阶段；$0.5 < C \leq 0.8$ 时，进入磨合阶段；$0.8 < C \leq 1$ 时，达到高耦合阶段。②

（三）耦合协调度模型

虽然耦合度能够反映出城镇化和公共服务之间相互关系的强弱，但却无法说明其协调发展水平的高低。为了得到城镇化和公共服务之间发

---

① 郭显光：《熵值法及其在综合评价中的应用》，《财贸研究》1994年第6期。
② 关于耦合度的划分参考了刘耀彬等（2005）、毕其格等（2007）以及王琦（2008）等人的研究成果。

展的整体性和一致性情况，有必要引入耦合协调度模型做进一步分析，表达式为：

$$D = \sqrt{C \cdot T}, T = \alpha x + \beta y$$

其中，D 为城镇化和公共服务的耦合协调度，T 为综合协调评价指数，用以反映总体协调效应，α、β 为权重系数，笔者认为，城镇化和公共服务同等重要，因此设定 $\alpha = 0.5, \beta = 0.5$，耦合协调度 $D \in [0,1]$。同样地，按照 D 的取值将其划分为 6 个阶段：当 $0 < D \leq 0.3$ 时，处于低协调耦合阶段；当 $0.3 < D \leq 0.5$ 时，处于过渡协调耦合阶段；$0.5 < D \leq 0.6$ 时，进入弱协调耦合阶段；$0.6 < D \leq 0.7$，位于初级协调耦合阶段；$0.7 < D \leq 0.8$，进入中级协调耦合阶段；$0.8 < D \leq 1$ 时，达到高协调耦合阶段。[①]

（四）数据包络分析法（DEA）

美国著名运筹学家 Charnes、Cooper 和 Rhodes[②] 等人在 1978 年运用线性规划的方法估计前沿面的工作中第一次提出了数据包络分析 DEA，并以此为基础围绕效率概念发展了一种新兴的生产前沿面测算方法。这种方法结合运筹学、管理科学和数理经济学的相关知识来测算具有多个输入和输出的决策单元（DMU）偏离生产前沿面的距离，并据此对决策单元（DMU）间的相对有效性做出评价。为了进一步探求城镇化和公共服务失衡的原因，我们运用数据包络分析方法对公共服务效率进行测度，构建面向产出的 DEA 模型，具体如下：

$$\min \varphi, \lambda \varphi$$

$$s.t. \begin{cases} -\varphi \vec{q_i} + Q\vec{\lambda} \geq \vec{O} \\ \vec{x_i} - X\vec{\lambda} \geq \vec{O} \\ \vec{I}_{I \times 1} \vec{\lambda} = 1 \\ \vec{\lambda} \geq \vec{O} \end{cases}$$

[①] 关于耦合协调度的划分参考了刘耀斌等（2005）、毕其格等（2007）以及王琦（2008）等人的研究成果。

[②] Charnes, W. Cooper, E. Rhodes, "Measuring the Efficiency of Decision Making Units," *European Journal of Operational Research*, 1978（02）：429 – 444.

式中，I（$I=12$）为城市个数，对每个城市有 N（$N=3$）个投入、M（$M=3$）个产出，对第 i 个城市，用列向量 $\vec{x_i}$ 和 $\vec{q_i}$ 分别表示该城市的投入和产出。$\vec{\lambda}$ 是一个 $N\times 1$ 的常数向量，为各决策单元的组合系数，φ 是一个标量，$1\leq\varphi<\infty$，$1/\varphi$ 是为效率评价系数，表示第 i 个城市的公共服务效率，$s^+ = -\varphi\vec{q_i}+Q\vec{\lambda}$ 为产出松弛，$s^- = \vec{x_i}-X\vec{\lambda}$ 为投入松弛。若 $1/\varphi=1$ 且 $s^+=s^-=0$，则该决策单元 DEA 有效；若 $1/\varphi=1$ 但 $s^+\neq 0$ 或 $s^-\neq 0$，则该决策单元为弱 DEA 有效。若 $1/\varphi<1$，则该决策单元 DEA 非有效，即在现有的投入水平下出现产出不足。[1] 关于公共服务效率的测度，投入指标和产出指标的选取具体如下：（1）投入指标包括教育事业经费投入、科技事业经费投入、文化卫生事业经费投入；（2）产出指标包括中小学师生比、每百人公共图书馆藏书量、每万人拥有医师数。

第三节 实证分析与政策建议

一 实证结果

（一）城镇化和公共服务耦合关系的时间分异

将 2000—2013 年湖北省 12 个地级市的城镇化和公共服务数据[2]，运用熵值法、耦合法计算得到如下结果。

1. 耦合度和耦合协调度基本变化不大

14 年来，湖北省耦合度无明显变化，基本维持在 0.9 的水平上，处于高度耦合阶段，表明城镇化和公共服务之间存在着强劲的耦合互动关系。从协调度来看，整体水平为 0.28，且无明显波动，基本上处于低协调耦合阶段，表明湖北省 2000—2013 年城镇化和公共服务的脱节问题并没有得到实质性突破，城乡二元结构仍处于"强稳定"状态，导致农民在市民化过程中面临诸多障碍，从而显化为城镇化和公共服务

---

[1] Imothy J. Coelli, Dodla Sai Prasada Rao, Christopher J. O'Donnell, George Edward Battese, An Introduction to Efficiency and Productivity Analysis, Springer, 2005.

[2] 采用的是全市的数据，这更能真实地反映城镇公共服务水平。

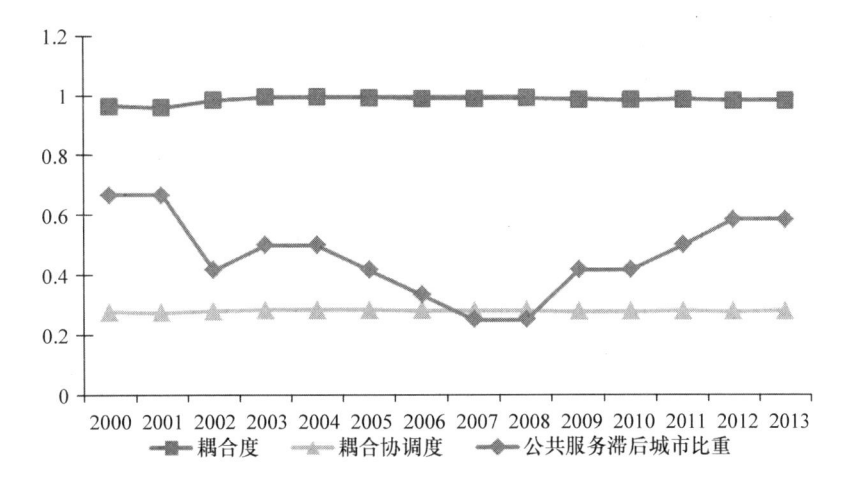

第七章 城镇化与公共服务发展实证研究

图 7-1 湖北省城镇化和公共服务的耦合度与耦合协调度（2000—2013）

的失衡。

2. 公共服务滞后于城镇化发展

整体而言，湖北省的城镇化和公共服务关系表现为公共服务滞后类型。具体来看，二者之间相互关系的波动又可分为两个阶段：第一阶段为2000—2007年，公共服务滞后类型城市数量不断减少，其所占比重由67%下降为25%，年均减少5.25%，这主要是由于2000年以来湖北省城镇化发展的相对速度放缓所致。虽然改革开放后，湖北省城镇化水平得到显著提高，但是在2000年之后湖北省城镇化的发展后劲不足，相对发展速度明显下降，城镇化水平由2000年的40.48%（高于全国平均水平4.26个百分点）缓慢增长至2007年的44.30%（低于全国平均水平0.64个百分点），年均仅增长0.48%，低于全国平均增速0.61个百分点；第二阶段为2008—2013年，公共服务滞后类型城市快速增加，其所占比重由25%增加到58%，年均增加5.5%，这可能是因为2008年全球经济下滑以及2009年后城市化加速等多重因素叠加导致的。

（二）城镇化和公共服务耦合协调度以及滞后类型的时空分异

1. 耦合协调度武汉"一城独大"，断层现象明显

2000—2013年湖北省城镇化和公共服务的协调发展存在着显著的区域不平衡现象，其中武汉"一城独大"，耦合协调度平均为0.45，处

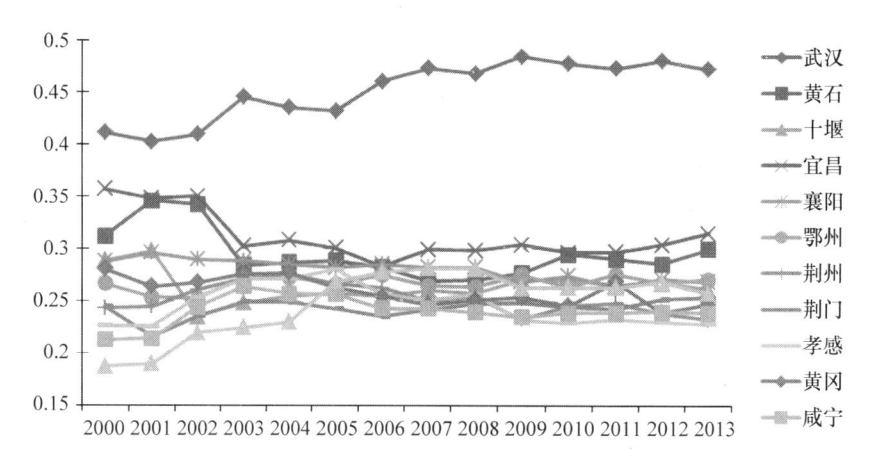

图 7-2 湖北省城镇化和公共服务耦合协调度的时空分异（2000—2013）

于过渡协调耦合阶段，而其他 11 个地级市协调度的平均值仅为 0.24，处于低协调耦合阶段，远远低于武汉，断层现象明显。这不难理解，作为湖北省 12 个地级市中首位特大城市，武汉市非农人口数比湖北省其他 11 个地级市市辖区非农业人口之和还多，GDP 也远远超过其他 11 市市辖区之和。

2. 耦合协调度动态变化特征差异显著

2000—2013 年武汉市城镇化和公共服务基本处于过渡协调耦合阶段，并且其协调度水平不断提高，由 2000 年的 0.41 增长至 2013 年的 0.47，年均增长 0.004，向着良性共振方向发展。除武汉外的其他 11 个地级市，协调度动态发展方向趋同，向着低协调耦合方向发展，具体来说，11 市之间的协调度动态变化特征差异明显。以 2008 年为节点来看，2008 年以前各城市间差异显著，2008 年之后除宜昌和黄石协调度有小幅上升外，其他城市协调度变化基本趋于稳定，差异逐步缩小。具体来说，2008 年之前以宜昌、襄阳和黄石为代表的三个城市协调度水平不断下降，这是因为在 2002 年宜昌和襄阳被定位为省域副中心城市后城市化水平快速提高，公共服务却没跟上城市发展的需要；而黄石则主要是因为资源枯竭问题日益突出，城市发展的资源环境基础危机加重进而导致城镇化和公共服务失衡问题不断加深。而以随州、咸宁、孝感等为代表的一批小城市伴随着经济发展，其协调度水平不断提高。而鄂州、荆州、荆门等城市则变化不明显。2008年之后，宜昌城镇化和公共服务的协调度出现小幅上升，这是因为其建设绿色宜居城市效果开始凸显，先后获得国家卫生城市、全国文明城市称号，公共服务条件得到改善。同宜昌一样，黄石在2008年之后也出现小幅回升，主要是近年来黄石在资源枯竭型城市转型发展方面取得一定的成效。

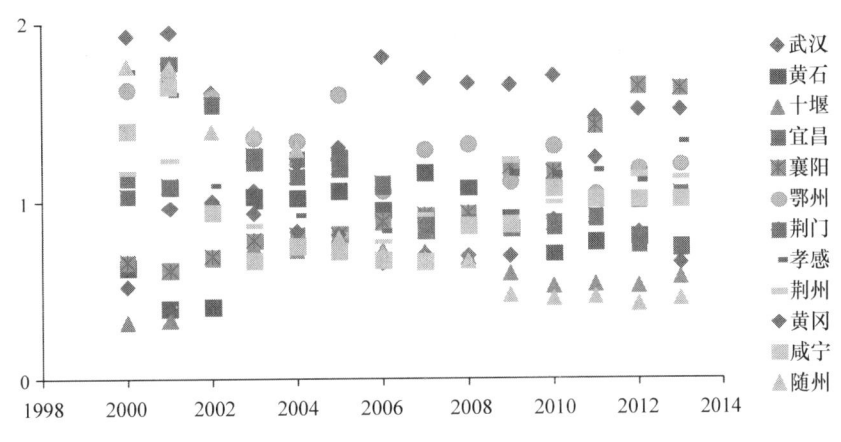

图7-3 湖北省城镇化和公共服务滞后类型的时空分异（2000—2013）

3. 城镇化和公共服务的供给水平整体表现为公共服务滞后型，但各城市有差异

用熵值法计算得到的城镇化指标和公共服务指标相除，可得到城市滞后类型判断因子，滞后因子大于1，表示该城市总体表现为公共服务滞后型城市；滞后因子小于1，则表示为城镇化滞后型城市。图7-3给出了2000—2013年湖北省12个地级市城市发展滞后类型的时空分异情况。综合14年的数据来看，湖北省公共服务滞后型城市多于城镇化滞后型城市，这说明，湖北省在城市发展过程中，过于重视城镇化的速度，而忽视了城镇化的质量，使得公共服务的发展滞后于城市经济发展。

具体来看，以武汉、宜昌、襄阳和鄂州为代表的一批经济较为发达的城市在14年的发展过程中基本表现为公共服务滞后型城市，但是各城市在不同阶段相互之间又存在差异。武汉和鄂州始终表现为公共服务滞后型城市，这是因为该地区人口众多，城镇化发展速度快，对公共服务的需求大，供需矛盾较为严重。宜昌则波动较大，先由 2000 年的公共服务滞后型城市变为 2007 年的城市化滞后型，最后又变为公共服务滞后型城市，这些变化与宜昌的城市化发展历程密不可分，由 2002 年定位为省域副中心城市后，城市发展速度加快，到 2006 年突出城市生态文明建设，公共服务水平得到提高，再到现在的城市化加速，公共服务又显得相对滞后，阶段性变化特征显著。与宜昌不同，襄阳的滞后因子则始终处于上升阶段，由城市化滞后型城市逐步变为公共服务滞后型城市，这表明襄阳被定位为省域副中心后，始终把城市经济发展放在首位，而忽视了公共服务的发展。以随州为代表的一批经济相对落后的城市则总体表现为城市化滞后型城市，这是因为一方面这些城市财力有限，面临亟待发展的迫切问题，而解决公共服务供需矛盾基本处于次要地位，另一方面也可能是因为这些城市公共服务供给效率相对较高。

二 基于 DEA 法的进一步讨论

上文的耦合分析结果表明，湖北省城镇化和公共服务基本处于低协调耦合阶段，且长期表现为公共服务滞后型，为了进一步探求公共服务滞后于城镇化发展的原因，笔者利用 2013 年湖北省 12 个地级市公共服务的投入和产出数据，基于数据包络分析法 DEA 构建出面向产出的 VRS 模型对公共服务效率进行测度，以期揭示公共服务发展滞后的内在机理。

采用 DEAP2.1 软件计算出湖北省 2013 年 12 个地级市公共服务的综合技术效率（TE）、纯技术效率（PTE）和规模效率（SE），相关结果见表 7-3 所示。

（一）公共服务综合技术效率

由表 7-3 可以看出 2013 年湖北省公共服务的综合技术效率为 0.545，为 DEA 非有效，出现产出不足的情况，具体表现在纯技术效率上为 0.951，规模效率上为 0.568，在保持现有投入水平不变的条件下，为了达到生产前沿，资源配置技术有效，则应当增加 4.9% 的产出，为了实现规模有效，达到最优生产规模，则应增加 43.2% 的产出，这意味着湖北省亟须改善现有的公共服务投入结构，优化资源配置，将更多

表7-3　　　　2013年湖北省12个地级市公共服务效率值

地区	综合技术效率 TE	纯技术效率 PTE	规模效率 SE	规模报酬收益
武汉	0.277	1.000	0.277	drs
黄石	0.711	0.950	0.748	drs
十堰	0.527	0.965	0.546	drs
宜昌	0.322	1.000	0.322	drs
襄阳	0.230	0.863	0.266	drs
鄂州	1.000	1.000	1.000	-
荆门	0.622	1.000	0.622	drs
孝感	0.436	1.000	0.436	drs
荆州	0.300	0.766	0.391	drs
黄冈	0.517	1.000	0.517	drs
咸宁	0.600	0.870	0.689	drs
随州	1.000	1.000	1.000	-
均值	0.545	0.951	0.568	

说明：以上效率值均根据2014年《中国城市统计年鉴》和《湖北统计年鉴》的相关数据运用面向产出的 VRS 数据包络分析模型计算得到。

的要素资源转移到非经济性公共品投入上来。此外，为了实现城镇化与公共服务的协调发展，在提高公共服务产出效率的同时，还应大力增加对公共服务的投入。具体来看，2013年湖北省12个地级市中，有两个城市的公共服务属于 DEA 有效（为了便于研究，本书将 DEA 有效定义为纯技术效率 PTE 和规模效率 SE 同时达到生产前沿，将弱 DEA 有效定义为纯技术效率 PTE 和规模效率 SE 不同时达到生产前沿），位于生产前沿面的，分别是鄂州和随州，占比为16.7%；有5个城市的公共服务表现为弱 DEA 有效，分别是武汉、宜昌、荆门、孝感、黄冈，占比为41.7%，都具有产出不足的特点。剩下的5个城市为 DEA 非有效，总体表现出公共服务投入要素资源结构配置或利用低下以及生产规模无效的特征。

（二）公共服务纯技术效率

从公共服务纯技术效率来看，位于前沿面上的城市有5个（除去鄂州和随州），武汉和宜昌由于其本身经济发展水平较高，纯技术效率达到生产前沿不难理解，但是荆门、孝感和黄冈的技术效率似乎与这些城市的经济发展水平并不相称，这可能是因为这些城市的公共服务初始投入水平远远落后于武汉等相对发达城市，以致即使纯技术效率达到生产前沿，投入的边际产出相对较高，也无法带来公共服务水平和经济水平的显著提升。[①] 其中，纯技术效率水平最低的是襄阳，这可能是因为，一方面2013年襄阳市政府大力投资开发建设东津新城，众多农民变市民，公共服务需求陡增，而市政府又将大量财政收入投入了基础设施建设当中，公共服务资源配置和利用效率不足，导致供需矛盾加剧；另一方面也反映出襄阳市公共服务供给制度体系存在问题，导致公共服务投入资金效率低下。

（三）公共服务规模效率

从规模效率来看，除鄂州和随州外，2013年湖北省其他城市基本上都位于规模无效阶段。其中，以武汉、宜昌为代表的弱DEA有效城市，其形成原因主要是由于规模无效造成的，且基本上都处于规模报酬递减阶段，这表明这些城市都不同程度地出现了产出不足的现象，公共服务规模和投入、产出不匹配，从而造成规模效率低下。以襄阳、十堰为代表的非DEA有效城市，也处于规模报酬递减阶段，表明这些城市一方面需要提高政府公共服务意识，完善公共服务制度和管理体系，提高资源配置和利用效率，减少资源浪费；另一方面需要增加产出，达到投入和产出的优化配置，实现帕累托最优。

三 结论与政策建议

实证分析结果表明：（1）湖北省城镇化和公共服务之间存在着强劲的耦合互动关系，但协调度水平较低，处于低协调耦合阶段。（2）耦合协调度存在着显著的静态和动态地区差异，从静态角度看，武汉市"一城独大"，断层现象明显；从动态而言，武汉向着良性共振方向发展，而其他城市变化特征复杂。（3）湖北省城镇化和公共服务

[①] 朱玉春、唐娟莉、刘春梅：《基于DEA方法的中国农村公共服务效率评价》，《软科学》2010年第3期。

耦合协调度较低，主要原因是公共服务水平滞后于城镇化发展。(4) 不同城市公共服务滞后于城镇化发展的原因不同，黄石、十堰、襄阳、荆州和咸宁等城市主要表现为非 DEA 有效（纯技术效率和规模效率均无效），而武汉、宜昌、荆门、孝感、黄冈等城市则主要表现为规模无效。

  基于上述研究结论，笔者提出如下政策建议：（1）进一步强化政府的公共服务职能，尽快实现以 GDP 为主的地方政府考核机制转向以"基本公共服务均等化"的考核上来，促使城市政府为市民提供更好的公共服务，建设"人民满意的服务型政府"①。（2）分地区分类型对城镇化和公共服务的协调发展加以规划指引，促进区域协调发展。以襄阳为代表的一批 DEA 非有效城市一方面应增强政府服务理念，提高公共服务资源配置和利用效率，另一方面应促进公共服务生产规模化，优化要素资源投入结构，提高规模效率。而以武汉为代表的规模效率无效城市，重点是实现最佳的投入和产出组合，避免资源浪费，实现高效率的投入产出。（3）着力推进农村城镇化的"就地转移"，充分发挥大城市的辐射效应，促进优质资源向中小城市的延伸拓展，大力发展中小城市，通过构建完善的中小城市公共服务体系，优化湖北城市发展的梯次结构，解决湖北城市断层现象，逐步形成合理的"城市群"，因地制宜地制定人口"就地就近"转移政策，避免人口大量向大城市集中，以减轻大城市提供公共产品和公共服务的压力，破解"城市病"。（4）构建城镇化进程中公共服务供给的成本分担机制。建立中央政府、省级政府和地方政府公共服务成本分担机制，通过设计合理科学的财政转移支付机制，加大对人口流入城市的财政转移支付力度，提升"流入地"公共服务能力。同时，降低城市非户籍人口享受公共服务的门槛，实现与城市户籍人口公共服务的同等待遇，以提高真实的城市化水平。

---

① 《中共中央关于全面深化改革若干重大问题的决定（2013 年 11 月 12 日中国共产党第十八届中央委员会第三次全体会议通过）》，《求是》2013 年第 22 期。

第八章 深圳市国有土地收益、土地整备及收益分配

深圳市自建立特区起,在土地制度改革方面推出了一系列的创新举措,对全国土地制度改革具有重要影响。20世纪80年代初,全面征收土地使用费推动了全国征收土地使用费改革;1987年,国有土地使用权"批租制"改革,直接导致国家修改《宪法》及土地管理法,推动了全国全面实行国有土地使用权有偿有期限使用制度的实施;2009年实施"土地整备"改革及2012年实施土地管理制度改革等为中国土地制度改革提供了有益的经验。可以说,深圳市国有土地制度改革具有开创意义,具有示范作用和示范效应。

第一节 深圳市国有土地使用制度改革及收益分配

一 深圳市国有土地有偿使用的演进及发展

(一) 征收国有土地使用费

"土地使用费"是城镇国有土地价值独立的最初表现形式,是最早的国有土地有偿使用形式。1982年,深圳特区开始采取利用外资合作开发、租赁土地给外商独资开发、成片委托开发等多种灵活的用地政策,率先在中国实行了按年收取土地使用费的有偿使用土地制度。深圳经济特区对城市不同等级的土地向土地使用者收取不同标准的使用费,收费标准为每平方米1—21元/年。1990年8月3日颁布的《深圳经济特区土地使用费征收办法》,进一步完善了土地使用费征收体系和政策。1997年,深圳市调整了土地使用费征收标准,根据土地出让情况、土地用途(土地类别)、土地区位(土地等级)综

第八章　深圳市国有土地收益、土地整备及收益分配

合确定土地使用费标准。出让的国有土地使用权按商品房用地、非商品房用地分别按不同标准征收，对商品住房用地采取低标准征收，实行住房用地的优惠政策；行政划拨用地收费标准比出让用地高，以一类一级土地为例，出让的非商品房用地为35元/平方米/年，行政划拨用地120元/平方米/年[①]，行政划拨用地土地使用费比出让用地高出2.4倍。

深圳市从1982—2007年一直收取土地使用费（自1988年11月1日起中国正式开征城镇土地使用税），而深圳市一直未开征城镇土地使用税。深圳市于2007年11月1日正式取消土地使用费，开征城镇土地使用税。

（二）国有土地使用权有偿使用制度改革

1987年9—12月，深圳分别以协议、招标、公开拍卖的方式先后"批租"了三幅土地，实行国有土地有偿、有限期使用，敲响了新中国历史上拍卖土地的"第一槌"，被誉为中国国有土地使用制度改革的"第一次革命"，具有划时代意义，冲破了"国有土地行政划拨、无偿无期限"使用制度的禁区，深圳市的成功实践，推动了1988年中国《宪法》《土地管理法》等法律的修订，拉开了中国全面实行国有土地有偿有限期使用制度改革的序幕。2001年，深圳市建立了中国第一个"土地有形交易市场"，被称为中国土地使用制度改革的"第二次革命"。这对中国建立公开、公平、公正的土地交易市场，规范国有土地市场运行秩序产生了积极影响，对全国土地有形市场的建立具有示范、借鉴作用。2005年1月，深圳市土地储备中心成立，正式实行土地储备制度。这对增强政府土地宏观调控能力，科学实施土地利用总体规划和城市规划等具有重要意义。2005年12月，深圳市率先在全国实行产业用地招标拍卖挂牌出让，以市场化方式配置土地资源，集约利用土地，被誉为土地使用制度改革的"第三次革命"。

（三）土地储备

为合理配置土地资源，提高城市用地的集约利用效率，解决深圳市

---

① 《深圳市人民政府关于调整深圳经济特区土地使用费征收标准的通知》。

土地供给严重不足的矛盾,深圳市 2005 年成立深圳市土地储备中心,开始实施土地储备。先后出台了《深圳市土地储备管理办法》《深圳市土地储备管理办法实施细则》《深圳市土地收购实施细则》《关于推进土地整备工作的若干意见》《深圳市储备土地登记规程》《关于做好土地整备地块验收和移交入库工作的通知》等法规政策。2013 年,深圳市成立了国内第一个土地整备局,主要履行统筹协调土地整备、房屋征(收)地以及土地投融资等职责,为城市未来产业升级和城市建设发展服务。截至 2014 年 12 月,已纳入储备机构管理的土地共计 219.96 平方公里,其中包括原特区内土地 48.40 平方公里;用于土地整备的资金达 120 亿元;累计完成 85 平方公里整备用地。①

(四)基准地价

1997 年 7 月,深圳市制定实施了基准地价,为国有建设用地出让、转让、抵押提供价格指导。2004 年 1 月 1 日公布施行的统一的深圳市基准地价(公告市场地价),覆盖深圳市所有土地,统一后的基准地价以网格均质地价为基础。深圳市基准地价是指以网格地块为单元,按土地用途和各类土地的法定最高出让年期,符合土地利用规划及土地开发条件下的国有土地使用权平均市场价格。宗地土地使用权出让价格以宗地地价为准。具体计算公式为:

$$\text{地价} = \text{MAX} \times (\text{宗地网格地价}) \text{用地类型修正系数} \times (1 + \text{商业用地临街修正系数}) \times \text{土地面积修正系数} \times \text{年期修正系数} \times \text{商业楼层修正系数} \times \text{建筑面积}$$

2003 年、2006 年、2013 年深圳市根据土地利用状况及区域发展水平先后调整了基准地价标准(见表 8-1、表 8-2、表 8-3)。调整后的各类用地的基准地价均有一定程度的上涨,全市商业用地、办公用地、住宅用地、工业用地平均上涨了 16.38%、17.46%、25.85% 和 25.85%,其中工业用地、住宅用地涨幅较大,分别为 25.85%、25.85%(见表 8-4、表 8-5)。

---

① 根据《深圳市房地产年鉴》(2015 年)中的数据整理。

第八章 深圳市国有土地收益、土地整备及收益分配

表8-1　　　　　深圳市2003年国有土地基准地价标准　　　　（元/m²）

用途＼级别	一级	二级	三级	四级	五级
商业用地基准地价（元/m²）	6690	4550	3275	2550	2025
住宅用地基准地价（元/m²）	2665	2100	1590	1180	820
工业用地基准地价（元/m²）	640	510	430	300	/

资料来源：深圳市规划和国土资源委员会。

表8-2　　　　　深圳市2006年国有土地平均基准地价　　　　（元/m²）

价格水平	商业	办公	住宅	工业
平均价格水平	1288	1014	925	338

资料来源：深圳市规划和国土资源委员会。

表8-3　　　　　　　深圳市2013年的基准地价　　　　　　（元/m²）

区域	商业用地	办公用地	住宅用地	工业用地
南山区	2220	1990	1765	674
福田区	3096	2651	2758	770
罗湖区	2657	2189	1947	647
盐田区	1745	1628	1283	618
宝安区	1443	1075	1028	406
光明新区	1174	911	849	389
龙岗区	1114	852	826	359
坪山新区	947	765	696	358
全市综合	1499	1191	1124	443

资料来源：深圳市规划和国土资源委员会。

二　深圳市土地出让总体情况

从深圳市国有土地出让情况来看，协议方式供地占比较高，1987—2007年，协议方式供地占90%以上，其中，1995年、1997年全部为协议方式供地；2008—2015年，协议方式供地的比重开始下降，但占比也在50%—70%。深圳市土地市场化程度相对较高，但国有土地的招

表8-4　　　　　深圳市调整后的基准地价上涨幅度　　　　　　（%）

区域	商业用地	办公用地	住宅用地	工业用地
南山区	3.02	8.27	20.73	18.87
福田区	9.17	16.94	25.53	13.07
罗湖区	9.57	15.76	16.31	15.12
盐田区	9.89	11.05	27.92	15.95
宝安区	28.50	31.90	28.82	41.96
光明新区	27.89	36.38	34.76	45.69
龙岗区	28.79	29.88	29.26	32.47
坪山新区	26.94	30.17	31.35	35.22
全市综合	16.38	17.46	21.51	25.85

表8-5　　　　　深圳市基准地价调整后平均地价水平　　　　　（元/m²）

	价格水平	商业	办公	住宅	工业
2006年标准	全市平均价格水平	1288	1014	925	338
2013年标准	全市平均价格水平	1499	1191	1124	443
	价格涨幅（%）	16.38	17.46	21.51	25.85

标、拍卖、挂牌出让的比例并不高。

2003年"8·31"大限后，协议方式供地的比例依然较高，2005年、2006年、2007年分别达到了93.18%、92.96%、94.14%；在招、拍、挂中，以土地挂牌为主，2007—2015年挂牌出让占招、拍、挂出让面积的比重均在90%以上，2011年、2012年达到100%。土地出让具体情况见表8-6、表8-7、表8-8所示。

三　深圳市国有土地出让收入规模及分配政策

深圳市国有土地出让收入是深圳市城市建设的主要资金来源，是构成政府性基金收入的重要组成部分，国有土地出让收入也是地方财政的重要收入来源。以2013—2015年为例，国有土地出让收入占政府性基金收入的比重分别为83.12%、56.41%、88.70%；相当于地方财政一般预算收入的比重分别为26.78%、33.33%、26.62%（具体见表8-9）。

第八章 深圳市国有土地收益、土地整备及收益分配

表8-6　　　　深圳市1994—2015年土地出让方式情况　　　　（公顷）

年份	出让总面积	协议面积	招、拍、挂面积	协议方式占比（%）
1994	1351	1342.93	8.07	99.40
1995	1878.55	1878.55	0	100
1996	1249.83	1247.14	2.69	99.78
1997	1272.73	1272.73	0	100
1998	1978.86	1968.47	10.39	99.48
1999	969.67	934.4	35.27	96.36
2000	1076.58	1034.29	42.29	96.07
2001	1250.99	1146.03	104.96	91.61
2002	1332.32	1273.09	59.23	95.55
2003	1409.62	1301.6	108.02	92.34
2004	1072.97	938.56	134.41	87.47
2005	918.92	856.28	62.64	93.18
2006	1688.97	1570.04	118.93	92.96
2007	1899.27	1787.9	111.36	94.14
2008	543.48	264.91	278.57	48.74
2009	629.31	394.67	234.64	62.71
2010	1035.97	559.5	476.47	54.01
2011	622.95	352.9	270.05	56.65
2012	768.09	512.29	255.8	66.70
2013	568.01	389.41	178.6023	68.56
2014	579.03	401.32	159.71	69.31
2015	449.92	334.91	115.01	74.44

资料来源：《深圳市房地产统计年鉴》（1994—2015年各年）。

目前深圳市土地成交价款分为三个部分，分别为：（1）土地出让金，占成交价款的比例为15%。（2）土地开发金，为每平方米100元。（3）市政配套设施金，为成交价款扣除土地出让金和开发金后的剩余部分。

目前，深圳市以招、拍、挂出让的土地成交价款在扣除上缴国库，以及扣除征地拆迁补偿等政策性、刚性支出后的部分，实行市区财政分

表8-7　　　　深圳市2007—2015年土地招、拍、挂情况　　　　（公顷）

年份	招、拍、挂面积	招标		拍卖		挂牌	
		面积	占比（%）	面积	占比（%）	面积	占比（%）
2007	111.36	5.31	4.77	0	0	106.05	95.23
2008	278.57	2.95	1.06	0	0	275.62	98.94
2009	234.64	0	0	18.07	7.70	216.57	92.30
2010	476.47	2.4	0.50	14.45	3.03	459.62	96.46
2011	270.05	0	0	0	0	270.05	100
2012	255.8	0	0	0	0	255.8	100
2013	178.6023	0	0	0.4223	0.24	178.18	99.76
2014	159.71	0	0	13.33	8.35	146.38	91.65
2015	115.01	0	0	6.4	5.56	108.61	94.44

资料来源：《深圳市房地产统计年鉴》（2007—2015年各年）。

表8-8　　　　深圳市1987—2015年土地出让情况　　　　（宗；公顷；万元）

年份	合计			其中							
	宗数	面积	合同地价款	协议		招标		拍卖		挂牌	
				宗数	面积	宗数	面积	宗数	面积	宗数	面积
1987—1993	1636	3782.93	—	1574	3739.65	59	42.33	3	0.95	0	0
1994	500	1351	—	495	1342.93	3	4.27	2	3.8	0	0
1995	739	1878.55	—	739	1878.55	0	0	0	0	0	0
1996	668	1249.83	—	666	1247.14	2	2.69	0	0	0	0
1997	573	1272.73	705005	573	1272.73	0	0	0	0	0	0
1998	560	1978.86	573178	556	1968.47	2	5.81	2	4.58	0	0
1999	590	969.67	465915	584	934.4	6	35.27	0	0	0	0
2000	502	1076.58	519649.71	491	1034.29	7	15.56	4	26.73	0	0
2001	524	1250.99	799422.01	514	1146.03	6	79.9	4	25.06	0	0
2002	427	1332.32	428330	415	1273.09	2	7.61	10	51.62	0	0
2003	332	1409.62	592594	322	1301.6	0	0	10	108.02	0	0
2004	326	1072.97	756300	303	938.56	0	0	12	104.67	11	29.74

第八章 深圳市国有土地收益、土地整备及收益分配

续表

年份	合计			其中							
				协议		招标		拍卖		挂牌	
	宗数	面积	合同地价款	宗数	面积	宗数	面积	宗数	面积	宗数	面积
2005	288	918.92	534862.23	278	856.28	0	0	5	50.7	5	11.94
2006	368	1688.97	1348305.8	342	1570.04	9	65.38	8	34.79	9	18.76
2007	517	1899.27	1615342.1	487	1787.9	2	5.31	0	0	28	106.05
2008	260	543.48	1273288.1	201	264.91	1	2.95	0	0	58	275.62
2009	232	629.31	1266256.5	176	394.67	0	0	3	18.07	53	216.57
2010	305	1035.97	1317358.2	223	559.5	1	2.4	5	14.45	76	459.62
2011	221	622.95	1413097.7	153	352.90	0	0	0	0	68	270.05
2012	241	768.09	2948044.5	177	512.29	0	0	0	0	64	255.8
2013	219	568.01	5763103.4	170	389.41	0	0	1	0.4223	48	178.18
2014	232	561.03	6945824.19	191	401.32	0	0	5	13.33	36	146.38
2015	214	449.92	6431228.22	166	334.91	0	0	5	6.4	43	108.61

资料来源:《深圳市房地产统计年鉴》(1994—2015年各年)。

表8-9　2011—2015年深圳市国有土地出让收入占政府性基金收入、相当于财政一般预算收入比重　（%）

年份	国有土地出让总收入（亿元）*	政府性基金收入（亿元）	财政一般预算收入（亿元）	土地出让收入占政府基金收入比重	土地出让收入相当于财政一般预算收入的比重
2011	228.47	—	1339.57	—	17.06
2012	326.60	—	1482.08	—	22.04
2013	414.60	498.80	1547.96	83.12	26.78
2014	584.60	1036.30	1754.00	56.41	33.33
2015	726.00	818.50	2727.10	88.70	26.62

* 每年实际的国有土地出让收入与合同地价款有区别，实际的国有土地出让收入包括当年实际收取的土地出让收入和清理的历年未缴纳的土地出让收入。

资料来源：2011—2015年深圳市预算执行情况、预算草案报告。

成，各区所分成的部分，先全部归入市财政，再返还区财政。市区分成

比例为：

（1）福田、罗湖、南山以招、拍、挂出让的土地，剩余土地成交价款全部归市财政所有。

（2）盐田、宝安、龙岗区以招、拍、挂出让的土地，剩余土地成交价款按照6:4的比例分成，即区财政占60%，市财政占40%。

（3）新成立的坪山新区、光明新区、龙华新区和大鹏新区，为支持新区发展，在一定年限内，剩余土地成交价款全部归区财政所有。

四　深圳市国土基金

为筹集城市建设资金，实现城市建设资金良性循环，加快城市基础设施建设，规范土地出让收入管理，1988年深圳市设立了土地开发基金（即国土基金）。深圳市国土基金收入来源主要包括：（1）土地出让收入；（2）城市更新出让用地收入；（3）城中村改造收入；（4）临时用地租金收入；（5）因变更土地用途、容积率等情形，补缴地价款收入；（6）其他涉及土地的政府性收入等。

为了规范国土基金的用途，提高国土基金使用效率，深圳市国土基金实行财政专户、专款专用管理模式。深圳市明确规定了国土基金支出范围，主要包括：（1）按比例上缴中央财政；（2）征地拆迁补偿；（3）土地开发；（4）教育、城市建设等。

第二节　深圳市土地整备及收益分配

深圳的人口密度已达约5400人/平方公里，是一线城市中人口密度最高的城市。深圳市土地总面积为1997平方公里（包含内伶仃岛），其中农用地900平方公里、建设用地957平方公里、未利用地139平方公里，每万人占地1.87平方公里；土地资源稀缺在深圳市表现得更为明显。建设用地中住宅用地为197平方公里，占建设用地总面积的20.63%，目前住宅土地利用率已达47.2%，远超国际警戒线25%。土地资源作为经济社会发展的基本要素，深圳市土地资源供需及用地结构矛盾相当突出。同时，深圳市也存在土地利用率不高的问题，如原村民自建房占地面积为26006万平方米（38.44

万栋,约 650 万套间),占住房总面积的 50.3%;村民自建房的土地利用率较低。为保证深圳市经济社会的可持续发展,深圳市以城市规划为依托,通过实施整村或片区土地整备,旧村与旧工业区改造,城市更新改造等工程,在提高土地利用效率,引导产业转型与升级,解决土地资源短缺对经济社会发展的制约等方面起着积极作用。

一 深圳市土地整备模式

深圳市 2004 年实施原特区外城市化转地,深圳所有土地都实现了名义上的土地国家所有。原有农村集体土地国有化后,由于土地增值收益逐步显化并不断上涨,由原集体经济组织转化的街道、社区工作站等基层管理单位、原村民等对土地的利益诉求越来越高,为了平衡市、区、街道、社区及原村民的利益,深圳市改变原来单一的货币补偿的做法,通过安排留用土地、共享土地出让收益等土地整备政策,有力地推动了土地整备和城市更新改造。深圳市土地整备模式分为两种:整村统筹整备和片区统筹整备。

(一) 整村统筹整备

整村统筹整备是指从原农村社区整体出发,以原农村集体经济组织继受单位(街道、社区)及其成员实际使用、集中成片区域为对象实施的更新改造。整村统筹整备通过留用土地方式实施,留用土地规模的核算方式为:(1)需腾挪的原农村集体经济组织继受单位(街道、社区)合法用地,按照同等土地面积在土地整备范围内留用,跨社区留用的按照同等价值原则置换确定;(2)需在土地整备范围内落实的非农建设用地和征地返还用地指标按照规定比例确定留用土地;(3)未完善征(转)地补偿手续的规划建设用地按照不超过 20% 的比例确定留用土地。留用土地优先在土地整理范围内的建成区安排,留用地不得超过土地整理范围内规划建设用地面积的 40%。在整村统筹整备项目范围内,除留用土地及未腾挪的合法用地外,其余土地纳入市政府储备。原农村社区将未完善征(转)地补偿手续用地全部纳入试点项目,其留用土地不受土地整理范围内规划建设用地面积 40%

的规模限制。①

（二）片区统筹整备

片区统筹整备项目是指以原农村集体经济组织继受单位（街道、社区）及其成员实际使用、未完善征（转）地补偿手续的地块为对象的更新改造。

片区统筹整备项目通过留用土地方式实施土地整备的，留用土地规模的核算方式如下：（1）留用土地规划为居住用地、商业服务业用地的，按照不超过土地整理范围内规划建设用地面积的15%确定留用土地；（2）留用土地规划为工业用地的，按照土地整理范围内规划建设用地面积的30%确定留用土地；（3）留用土地规划包含居住、商业服务业和工业等多种用途的，按照各自比例综合计算后确定留用土地。除留用土地外，其余土地纳入政府储备。

（三）留用土地的处置

在深圳市土地整备中，最关键的是按规定让原农村集体经济组织继受单位（街道、社区）享有更新改造后一定面积的城市建设用地，以保障原农村集体经济组织继受单位（街道、社区）及成员的土地利益。

对留用土地，原农村集体经济组织继受单位（街道、社区）须办理土地使用权出让手续，按照法律规定的最高使用年限合法拥有土地产权。留用土地采取以下处置方式：（1）留用土地自用。用地为非商品性质的，免缴地价；用地为商品性质的，按一定标准缴纳地价。（2）留用土地可以直接入市。原农村集体经济组织继受单位（街道、社区）可以转让留用土地，也可以与其他单位合作开发或作价入股等。

二 土地整备收益分配政策

（一）整村统筹整备收益分配政策

在整村统筹整备模式中，原农村集体经济组织继受单位（街道、

---

① 参见深圳市规划国土委《土地整备利益统筹试点项目管理办法（试行）》，2015年11月。

第八章 深圳市国有土地收益、土地整备及收益分配

社区）可以获得留用土地（即土地整理后的建设用地），留用土地可以免地价自用或缴纳比基准地价低的地价后，自行进行商业开发；也可以直接进入市场交易，获得土地交易收入。整村统筹整备项目留用土地地价计收办法为：（1）留用土地规划为工业用地的，需腾挪的合法用地以及需在试点项目范围内落实的非农建设用地和征地返还用地指标，按照基准地价的10%计收。（2）按未完善征（转）地补偿手续规划建设用地核算的部分，按照基准地价的50%计收。（3）留用土地规划为居住用地、商业服务业用地的，根据建设用地贡献率，确定整村地价容积率$R_{(整村地价)}$，按照分段方式征收地价，小于$R_{(整村地价)}$的部分，按基准地价10%的标准缴纳地价，大于$R_{(整村地价)}$的部分，居住用地按2.5倍基准地价缴纳，商业服务业用地按2倍基准地价缴纳。其计算公式如下：

$$R_{(整村地价)} = 建设用地贡献率 \div 35\% \times R_{(整村基准)}$$

其中，建设用地贡献率为移交政府储备的规划建设用地面积与试点项目范围内规划建设用地面积的比值。

整村统筹整备通过给原农村集体经济组织继受单位（街道、社区）一定的留用土地，主要包括：需腾挪的原全部合法用地、未完善征（转）地补偿手续的规划建设用地的20%，前者可获得90%的土地收益，后者只需向政府缴纳相当于基准地价的地价。原农村集体经济组织继受单位（街道、社区）可自行对留用土地进行独立开发，也可以采取合作开发方式，还可以在土地市场上采取转让、作价入股等方式进行交易，以获取土地收益和土地增值收益，保障原农村集体经济组织继受单位（街道、社区）和成员的土地财产权。以需腾挪的合法用地为例，宝安区某社区及成员拥有合法用地2万平方米，土地整备后在土地整备项目区获得2万平方米建设用地，假定为商业服务用地，基准地价为1443元/平方米，整村容积率为2，土地整备项目区容积率为3，其建设用地贡献率为2，该社区若将土地全部上市转让，每平方米转让地价为8000元。

表 8-10 整村统筹整备项目留用土地地价计收标准

留用土地容积率分段	留用土地	留用土地规划用途	
		居住用地	商业服务用地
小于 R$_{(整村地价)}$（含）的部分	需腾挪的合法用地	10% × 基准地价	
	需在试点项目范围内落实的非农建设用地和征地返还用地指标		
	按未完善征（转）地补偿手续规划建设用地核算的部分	基准地价	
大于 R$_{(整村地价)}$ 的部分	需腾挪的合法用地	250% × 基准地价	200% × 基准地价
	需在试点项目范围内落实的非农建设用地和征地返还用地指标		
	按未完善征（转）地补偿手续规划建设用地核算的部分		

资料来源：参见深圳市规划国土委《土地整备利益统筹试点项目管理办法（试行）》，2015 年 11 月。

$R_{(整村地价)} = 2 \div 35\% \times 1443$ 元/平方米 $\times 2 = 16491$ 元/平方米

每平方米转让地价 8000 元小于 R$_{(整村地价)}$，该社区需向政府缴纳相当于基准地价 10% 的地价，每平方米可获得 7985.57 元的土地增值收益，充分享有了城市化和土地整备所带来的土地增值收益和红利。

（二）片区统筹整备收益分配政策

片区统筹整备项目留用土地地价计收办法为：片区统筹整备留用土地结合建设用地贡献率，确定片区地价容积率（R$_{片区地价}$），按照分段方式计收地价。片区地价容积率计算公式如下：

$R_{(片区地价)} =$ 建设用地贡献率 $\times R_{(片区基准)}$

其中，留用土地规划为工业用地的，R$_{(片区基准)}$ 取 2.0；留用土地规划为居住用地、商业服务业用地的，R$_{(片区基准)}$ 取 3.2。

对片区统筹整备项目留用土地实行优惠地价外，对纳入政府储备的土地，若是规划经营性建设用地，由市政府在土地交易中心公开出让，原农村集体经济组织继受单位可获取土地出让收益或获取一定数量的物业返还。土地出让收益分配政策为：（1）规划功能为工业用地的，容

表 8-11　　　　片区统筹整备项目留用土地地价计收标准

留用土地容积率分段	留用土地规划用途		
	工业用地	居住用地	商业服务用地
小于 R$_{(片区地价)}$（含）的部分	50%×基准地价	基准地价	
介于 R$_{(片区地价)}$ 及 R$_{(片区基准)}$（含）的部分	基准地价	250%×公告基准地价	200%×基准地价
大于 R$_{(片区地价)}$的部分		市场评估地价	

资料来源：参见深圳市规划国土委《土地整备利益统筹试点项目管理办法（试行）》，2015 年 11 月。

积率在 2.0 以内的部分，土地出让收益的 80% 归原农村集体经济组织继受单位（街道、社区），20% 归市政府；超出容积率 2.0 的部分，土地出让收益的 30% 归原农村集体经济组织继受单位（街道、社区），70% 归市政府。或按照容积率 2.0 计算的建筑面积 30% 确定返还物业面积。(2) 规划功能为居住用地、商业服务业用地的，容积率在 3.2 以内的部分，土地出让收益的 30% 归原农村集体经济组织继受单位（街道、社区），70% 归市政府；超出容积率 3.2 的部分，土地出让收益的 10% 归原农村集体经济组织继受单位（街道、社区），90% 归市政府；或按容积率 3.2 计算的建筑面积的 15% 确定返还物业面积。[①]

截至 2014 年底，深圳市通过土地整备累计释放土地供给 139 平方公里。深圳市通过实施土地整备，对原有村社区土地进行更新改造，提高了土地利用效率，有力地改善了原农村社区基础设施条件和环境，促进了社会经济的发展，取得了较好的社会效益和经济效益。

三　深圳市土地整备：坪山新区的实践

坪山新区成立不久，即开始实施土地整备，2009 年 12 月 14 日，新区启动土地整备项目一期工程，该工程涉及田脚、荣田、吓田、沙田、望牛岗共五个旧城（村）（即"四田一岗"），整备面积约 4.5 平方

---

① 参见深圳市规划国土委《土地整备利益统筹试点项目管理办法（试行）》，2015 年 11 月。

公里,涉及拆除建筑物 1175 栋,建筑面积约 85 万平方米。2011 年创新土地整备机制,以金沙社区土地整理为契机,全面推进社区的一体化转型发展,2011 年出台了《坪山新区一体化社区转型发展试点工作方案》,确定了试点工作的总体思路:以社区土地整合为平台,实行"政府引导、社区运作、居民参与"整村整备机制,以解决社区农村城市化土地遗留问题和社区转型发展为目标,形成了土地整备带动社区转型发展、社区转型发展促进土地整备的创新机制。其土地整理模式被誉为"坪山模式"。

(一) 坪山新区"城中村"现状

新区下辖坪山、坑梓两个办事处共 23 个社区,总人口约 60 万,其中户籍人口约 3.6 万,流动人口约 52 万人。坪山原属宝安县,1993 年撤销宝安县,成立龙岗区,坪山新区原集体土地开始逐步转化为事实上的城市建设用地;2004 年,原特区外实施城市化转地,新区实现了名义上的土地一元所有制,但每项政策在执行过程中都产生了与征、转地相关的土地历史遗留问题,这些问题盘根错节,严重削弱了政府对土地的控制,直接影响了土地供应。在 20 世纪 90 年代中期,政府依托大工业区征地获得成片土地,此后以零星的土地开发为主。目前,坪山新区总面积为 16707.90 公顷,其中,已建面积 5732.44 公顷,占总面积的 34.31%,未建面积 10975.46 公顷,占总面积的 65.69%。从征、转地情况来看,新区范围内已征为国有的土地 5645 公顷,转为国有的土地 2187.4 公顷,收地 105.8 公顷,无征、转地记录的 8861.8 公顷。原农村建设用地 16.73 平方公里,其中农村工业用地 6.48 平方公里;农村住宅用地 8.53 平方公里。[①]

坪山新区"城中村"问题较为突出,以坑梓街道为例,坑梓街道目前有 1964 户、7237 人,私宅占地面积 3.93 平方公里,到 2010 年,私人住宅有 9000 多栋,"一人一栋,一人多栋"的情况较为普遍。以坑梓办事处金沙社区为例,其行政区域土地面积共 791 公顷,其中,国有土地 620 公顷,未征转地(原农村集体土地)170 公顷。在未征转的 170 公顷土地中,已建成 2400 多栋建筑物,建筑面积共 137.5 万平方

---

① 深圳市坪山新区规划和国土资源管理分局。

米。其中居住类建筑1938栋，共95万平方米，工业类建筑458栋，共41万平方米，办公及其他建筑27栋，共1.4万平方米。① 坪山新区"城中村"改造任务重，实施土地整备是坪山新区经济社会发展的客观需要。

(二) 坪山新区土地整备实践

1. 坪山新区土地整备的主要做法

坪山新区土地整备的主要做法可概括为：单元规划，成片整备；一级主体，三级责任；分组推进，确权到户；房地分离，多元补偿。

(1) 单元规划，成片整备。与新区打造现代产业园的布局相结合，优先考虑产业园区的土地需求，组织划定若干与行政村界限衔接一致的单元，优化土地整备，重点推动成片集中土地整备。

(2) 一级主体，三级责任。与新区政府机构改革相适应，建立新区政府作为土地整备的实施主体，新区、街道办与社区作为三级责任主体的土地整备机制。

(3) 分组推进，确权到户。针对土地整备的每一空间单元设置一个土地整备工作组，依单元规划组织推进土地整备。在具体推进土地整备工作的过程中，涉及合法合规并属于原居民的土地、房产，进行分开确权到户，明确确权的对象主体为户籍制度上的"户"或者法律上的法人。

(4) 房地分离，多元补偿。探索建立房地分离的赔偿新机制，综合运用房屋补偿（安置先行）、货币补偿、留地补偿等多元化补偿方式。

2. 坪山新区土地整备的主要经验

坪山新区土地整备的主要经验有：（1）建立了空间单元整备制度。一是建立土地整备单元的空间整备制度。产业园区优先，严格按照推进成片成规模成建制土地整备的目标与要求，整合剩余可建设用地、现状建筑等布局，结合道路与行政村、居民点布局等因素，重点考虑深惠产业发展合作、基础设施对接等的需求，划定若干与行政村界限衔接一致、产权主体明晰的土地整备空间单元。土地整备与城市更新是破解土

---

① 深圳市坪山新区规划和国土资源管理分局。

地资源难题的两个手段,由于推动主体、利益格局不同,土地整备单元与城市更新单元空间不能重叠。重叠地方,土地整备优先。二是结合土地整备单元,整合新村居住用地与工商发展用地,结合非农用地,组织划定原居民发展空间"大红线",保障原居民的可持续发展。(2)建立了土地整备与建设项目挂钩机制。强化成片集中土地整备与项目引进的同步,整备出的土地优先安排引进项目。一是建立市政府统筹、区政府主导、部门联动,在土地整备与项目引进、土地供应的衔接机制上,建立与土地整备、项目引进、土地供应等挂钩的责任分担机制;二是加强土地整备年度计划编制的科学性,建立年度土地整备计划与重大项目计划、土地供应计划的相衔接的机制;三是加强部门协调、整体推进的工作机制。国土规划部门负责土地整备计划和土地供应,新区负责土地整备方案、项目引进,财政部门安排资金,形成整备计划—整备实施—项目引进—资金安排—项目落地整体协同推进的新机制。(3)建立了原居民利益的综合保障制度。引入现代化基层服务组织、买断社区服务(治安、环卫等)的方式,加大政府公共投资对社区公共服务的投入力度,彻底减轻社区组织负担。同时,推行阳光整备,加强土地整备管理工作的信息公开,保障公众的知情权,以知情权扩大参与权,以参与权真正实现利益主体的多元化。建立健全利害关系人全过程参与土地整备工作的机制,充分保障和尊重当事人表达意见的权利,确保当事人申诉和权利救济渠道畅通,让每一个涉及土地整备的主体参与土地整备利益的协调与平衡。

第三节 深圳市整村统筹整备案例分析

——以坪山新区金沙社区为例

一 金沙社区的基本情况

金沙社区位于坪山新区坑梓办事处,其行政区域土地面积共791公顷,其中,国有土地620公顷,未征、转地(原农村集体土地)170公顷。在未征、转的170公顷土地中,已建成2400多栋建筑物,建筑面积共137.5万平方米。其中居住类建筑1938栋,共95万平方米,工业类建筑 458 栋，共 41 万平方米，办公及其他建筑 27 栋，共 1.4 万平方米。①

（一）金沙社区存在的问题

通过现状调查与分析，目前，金沙社区社会经济发展存在以下问题：（1）未征、转土地与国有土地无序交错，对土地节约集约利用极其不利。金沙社区未征、转的 170 公顷用地，散落在金沙社区建成区核心地带，与国有土地交错分布并呈无序状态，若不进行土地整备与旧村更新改造，不利于土地的节约、集约利用。（2）社区用地低效开发，扩张无序。已建成的建筑大部分是多层的农民住宅及原农村股份公司兴建的工业厂房等，在空间上呈现调整扩张、发展无序、低效开发等特征。（3）经济发展模式单一，经济效益低下，亟须转型。原农村经济组织（股份合作公司）经济结构单一，经营模式单一，只能以房屋出租作为主要收益来源，缺乏发展后劲，并且股份合作公司管理人员的素质较低。据调查，目前金沙社区范围内厂房的月租金为每平方米 7—8 元，私宅租金为每平方米 10—13 元；近三年来，社区股民年均每人分红维持在 2600 元左右，在坪山新区处于中下水平；股份公司经济实力弱小，发展后劲不足，社区居民意见较大。（4）市政配套设施严重不足，社区管理问题丛生。社区与股份合作公司政企不分。社区党支部书记同时也是股份公司的董事长，股份合作公司承担着众多社会职能，如公共配套设施建设、社会治安维护、综合治理维稳等社会服务和社会保障工作。股份公司为此要支付社区道路、水电、教育、卫生等公共设施费用，以及社区居民的社会保障和福利等费用。目前，股份合作公司原有的发展模式已不能适应当前社会发展的需要，经济社会的转型势在必行。（5）土地历史遗留问题众多。在过去 30 年里，金沙社区在经济发展的同时，也出现了众多土地方面的历史遗留问题，如非农建设用地无法落实问题、征、转地遗留问题及其他历史遗留问题，这些问题的存在也直接影响着金沙社区未来的发展，影响着两大基地以及坪山第三人民医院等公共配套项目的建设。

---

① 深圳市坪山新区规划和国土资源管理分局。

(二) 现有规划情况

金沙社区涉及四个地区的法定图则，包括沙田地区、金沙地区、聚龙山地区、坑梓中心及老坑地区，由于上述法定图则的编制较早，且当时坪山新区尚未设立，该法定图则已与当前新区新形势下的发展不相适应。根据坪山新区正在编制的《坪山新区综合发展规划》，该规划将金沙社区所在片区的发展目标定位为区域产业合作发展、自主创新的低碳生产生活示范区。

二 金沙试点工作的土地整备方案

(一) 金沙社区土地整备基本情况

金沙社区未征、转土地170公顷，通过土地整备，将该土地全部转为国有。按照目前编制的221公顷用地的社区规划方案，该用地中包括集体用地128公顷，该128公顷用地被规划为商业、居住用地约62公顷，工业用地约8公顷，政府公益事业用地约18公顷，市政道路等公共基础设施用地约40公顷。①

按照一户一栋用地、非农发展用地以及其他历史遗留问题用地一揽子解决办法，经初步测算，除将其中的50—55公顷土地作为金沙社区的安置和发展留用地，产权归金沙社区所有外，其余115—120公顷土地产权归政府所有。通过土地整备，将原来零散、不规则的128公顷集体土地与国有土地有效地整合在一起，形成面积较大、规整的土地，优化土地的空间布局，有效地提高土地的利用率，提高土地的节约、集约利用水平，有利于城市规划的全面实施。221公顷以外的其他集体土地，也与其周边的国有土地连接成片，有利于土地的规划实施和土地利用。通过对金沙社区现状调研和对基础数据的分析，并征求金沙社区及其居民的意见，结合对坪山新区土地整备计划、产业规划、生态环境保护等的研究，针对金沙社区发展单元的发展潜力、实施前后收益进行预评估，初步确定了金沙片区发展单元规划的研究思路。土地整备工作与发展单元规划相辅相成，土地整备工作的成本测算和经济分析为发展单元规划提供依据，土地整备工作可以释放城市发展空间，为城市规划的

---

① 深圳市坪山新区规划和国土资源管理分局。

第八章 深圳市国有土地收益、土地整备及收益分配

实施提供有力的支持,而发展单元规划是法定图则的补充和优化,其刚性和弹性的有机结合,可以为土地整备工作的开展提供可实施的合法路径。

金沙社区范围达791公顷,目前初步确定金沙片区发展单元规划范围为221公顷(其中未征、转用土地128公顷)。通过该单元规划和土地整备,释放出经营性用地96.72公顷(其中居住用地71.21公顷、商业用地17.48公顷、工业用地8.03公顷)、道路广场用地71.22公顷、学校及医院等政府社团用地26.2公顷、市政公用设施用地3.19公顷以及绿地、水域等用地21.53公顷。其中12—14公顷土地被划定为安置用地,并保留一定用地作为社区发展的留用地,其余用地均纳入政府储备地管理,由政府按城市规划加以利用和实施。

(二)金沙社区项目成本测算及盈亏平衡分析

在土地整备工作实施前,为了顺利推进此项工作,提高科学决策的可行性,应在市场预测、现有平均开发水平及技术标准指标的基础上,对金沙社区发展留用地的项目开发从技术上、经济上、财务上进行综合论证,在开发企业成本利润不低于平均水平的同时,测算补偿安置及社区发展用地规模与政府资金投入盈亏平衡点,进而确定补偿安置及社区发展用地规模和政府资金投入金额。在其他敏感性因素基本保持不变的前提下,留给社区的发展留用地可以是个变数,若政府现金补偿增加,则其发展留用地将减少;若政府现金补偿减少,则发展留用地需增加。

金沙社区可以对发展留用地加以自行开发建设,并由此获得利益,但这需要有一定的房地产开发经验和较高的经营水平及管理能力,考虑到社区的实际情况,建议引进高水平的开发商与其合作,以确保项目开发成功,获得预期的经济效益。在此,设定开发商在项目开发中获得一定的开发利润,对项目用地规模与政府补偿资金的关系作盈亏平衡测算。经测算,金沙社区在土地整备保留用地指标为50公顷和政府出资30亿元情况下达到盈亏平衡,其中安置房用地为12万平方米,发展用地为38万平方米。

(三)金沙社区土地整备及补偿实施方案

金沙社区土地整备方案,包括安置用地和保留发展用地方案,与政府的投资金额密切相关。

1. 方案思路

金沙社区土地整备补偿方案由以下部分组成：

A（政府投入或补偿金额）+B（农村安置用地和非农指标之和）+C（政府政策扶持社区发展的留用地面积）

B 原则上为固定值，只有从严和从宽之别；

C 随着 A 的变化而有所变化（A 增加则 C 减少）。

2. 金沙社区土地整备基本方案（底线方案）

按照一户一栋用地、非农建设用地以及其他历史遗留问题用地一揽子解决的处理思路。金沙社区土地整备保留用地指标共约 50 公顷。通过对金沙社区项目进行成本测算及盈亏平衡分析制定了金沙社区土地整备方案：收回 100 万—120 万平方米土地面积的补偿费用加上社区安置用地和非农建设指标用地之和，该用地全部安排在建成区。

为了便于社区编制补偿方案，深圳市规划国土委员会坪山管理局制定了金沙社区的补偿安置指引。制定了一户一栋、一户多栋，违法建筑、历史遗留安置地等类型用地的适用政策，形成了《坪山新区原村民非商品房住宅建设遗留问题处理办法》。根据金沙社区发展规划方案，并经金沙社区同意，划定 12 公顷土地为金沙社区安置用地，该用地位于金沙社区新隆二巷以南、梓横东路以北、青云路以西、梓雄路以东围合的地块范围内。金沙社区转型发展按照搬迁补偿与安置分开的原则处理，并实行安置先行的做法。安置方案的制定，直接关系到金沙社区改造能否顺利进行。根据现行的规定，主要是对符合一户一栋政策的原村民进行安置，按照金沙社区非农建设用地台账，该社区的户数为 388 户，加上对原村民外迁户和华侨及港澳台同胞及外来人员房屋要进行适当安置，安置房面积约为 41 万平方米。

三 金沙社区土地整备效果评估

金沙社区土地整备试点工作不仅优化了土地结构，促进了土地节约、集约利用，而且实现了政府、集体、原村民三方利益的共赢。（1）政府通过土地整备取得了良好的经济效益和社会效益。通过土地整备，金沙社区 170 公顷未征、转土地全部转为国有，其中约 120 公顷建设用地产权归政府所有，这将为完善新区城市建设以及产业升级提供土地保障。同时，由土地整备带动的后续大规模、成建制的建设开发，可以增加政府的财政收入，又为新区经济快速、平稳、持续发展注入了新动力。同时，通过土地整备解决了金沙社区的土地历史遗留问题，化解了社会矛盾，完善了社区基础设施和社区环境。(2) 社区通过土地整备获得了可持续发展的经济支持。通过土地整备，社区股份公司获得了土地整备补偿收入，获得了一定数量的留用地用于社区集体经济发展，为社区集体经济可持续发展奠定了较好的基础。(3) 原社区居民分享到了居住条件改善及可观的经济利益。按照补偿和安置标准，原村民拥有相应面积的商品住宅以及一定数量补偿款，增加原村的收入和改善了居住条件；同时，村民还可持续获得社区股份公司的红利，使原村民的收益能够得到保障。

第四节 完善深圳市土地整备的收益分配政策建议

深圳市坪山新区土地整备改革取得了一定的成效，为全面推进坪山新区土地整备积累了经验。但土地整备是一项系统复杂、涉及面广、利益重大的工程，为统筹解决相关问题，推动土地整备有序规范运作，需进一步进行体制、机制创新，完善土地整备的政策体系。

一 明晰房地产产权，实行房地分离的补偿政策

2004年，原特区外城市化转地，实现了名义上的土地国家所有，原集体土地开始逐步转化为事实上的建设用地。但原农村集体社会经济状况基本维持原有状况，由于原村民非法违规利用土地、征转地历史遗留问题较为突出，原特区外逐步形成了以"城中村"、旧工业区或"城中村"与旧工业区交错为主体的土地利用空间形态，土地历史遗留问题相当突出。据统计，截至2012年末，深圳市违法建筑总量达37.5万栋，总占地面积为133.5平方公里[①]，主要分布在原特区外。深圳市原农村土地国有化后土地产权归属问题相当复杂，需要从土地产权、理顺土地收益分配关系等方面加以统筹解决。

---

① 深圳市国土资源和规划管理委员会。

(一) 强化土地国有制,明晰土地产权界区和利益

在强化土地国有制的基础上,界定和明晰土地使用权权属,硬化土地产权关系。重点界定和确认原集体经济组织(现社区)和原村民(户籍居民)的土地产权边界,在确权的基础上,实行统一的土地使用权登记,通过完善的土地登记制度硬化土地产权界区。对原村民实际占用的土地使用权,在土地整备、旧村更新改造基础上给予确认和补偿,确权补偿的是土地经济利益,而不是按实际占用土地返地给原村民。征地返还给社区组织的建设用地,实行土地股份合作社或成立社区股份有限公司,原村民作为股东参与土地股份合作社或股份公司的利益分红。

(二) 对原农村村民自建房、"小产权房"确权予以分类处理

据统计,深圳市原农村村民自建房为26006万平方米(38.44万栋,约650万套间),占住房总面积的50.3%,占住房总套数的62.8%。[①] 目前,深圳市原农村村民自建房、"小产权房"主要有三类:一是原村民在宅基地上违规改扩建的房屋;二是原农村集体经济组织(社区)或集体股份公司自行投资在原集体土地上建设的房屋;三是原农村集体经济组织(社区)或集体股份公司与其他外来投资者合作合资建设的房屋。其主要特征是:出租给他人、外来务工人员使用,形成了"出租经济";大多属违规违法建筑,以期在土地整备、旧村更新改造中获得高额补偿,形成了"赔偿经济"。这严重阻碍了深圳市城市化进程和社会经济的发展。因此,对原农村村民自建房、"小产权房"确权认定刻不容缓。在确权的基础上,分类处理,为土地整备补偿提供合法依据。一是建在农用地上的"小产权房",违反了土地用途管制制度及土地管理相关法律,并且在土地利用总体规划中不能予以调整,对该类房屋的产权不予确认,应当予以限期拆除。对建在非农用地上的"小产权房",符合土地利用总体规划,但不符合《城乡规划法》,未经建设审批许可的,属违章建筑;应当限期补办建设手续,补办手续后确认其产权。

(三) 完善征地补偿机制,构建房地分离的多元化补偿制度

实行房地分离的补偿制度,对村民占用的建设用地(即宅基地)

---

① 《深圳市住房建设规划(2016—2020)》。

第八章 深圳市国有土地收益、土地整备及收益分配

米。其中居住类建筑1938栋,共95万平方米,工业类建筑458栋,共41万平方米,办公及其他建筑27栋,共1.4万平方米。① 坪山新区"城中村"改造任务重,实施土地整备是坪山新区经济社会发展的客观需要。

(二)坪山新区土地整备实践

1. 坪山新区土地整备的主要做法

坪山新区土地整备的主要做法可概括为:单元规划,成片整备;一级主体,三级责任;分组推进,确权到户;房地分离,多元补偿。

(1)单元规划,成片整备。与新区打造现代产业园的布局相结合,优先考虑产业园区的土地需求,组织划定若干与行政村界限衔接一致的单元,优化土地整备,重点推动成片集中土地整备。

(2)一级主体,三级责任。与新区政府机构改革相适应,建立新区政府作为土地整备的实施主体,新区、街道办与社区作为三级责任主体的土地整备机制。

(3)分组推进,确权到户。针对土地整备的每一空间单元设置一个土地整备工作组,依单元规划组织推进土地整备。在具体推进土地整备工作的过程中,涉及合法合规并属于原居民的土地、房产,进行分开确权到户,明确确权的对象主体为户籍制度上的"户"或者法律上的法人。

(4)房地分离,多元补偿。探索建立房地分离的赔偿新机制,综合运用房屋补偿(安置先行)、货币补偿、留地补偿等多元化补偿方式。

2. 坪山新区土地整备的主要经验

坪山新区土地整备的主要经验有:(1)建立了空间单元整备制度。一是建立土地整备单元的空间整备制度。产业园区优先,严格按照推进成片成规模成建制土地整备的目标与要求,整合剩余可建设用地、现状建筑等布局,结合道路与行政村、居民点布局等因素,重点考虑深惠产业发展合作、基础设施对接等的需求,划定若干与行政村界限衔接一致、产权主体明晰的土地整备空间单元。土地整备与城市更新是破解土

---

① 深圳市坪山新区规划和国土资源管理分局。

地资源难题的两个手段，由于推动主体、利益格局不同，土地整备单元与城市更新单元空间不能重叠。重叠地方，土地整备优先。二是结合土地整备单元，整合新村居住用地与工商发展用地，结合非农用地，组织划定原居民发展空间"大红线"，保障原居民的可持续发展。（2）建立了土地整备与建设项目挂钩机制。强化成片集中土地整备与项目引进的同步，整备出的土地优先安排引进项目。一是建立市政府统筹、区政府主导、部门联动，在土地整备与项目引进、土地供应的衔接机制上，建立与土地整备、项目引进、土地供应等挂钩的责任分担机制；二是加强土地整备年度计划编制的科学性，建立年度土地整备计划与重大项目计划、土地供应计划的相衔接的机制；三是加强部门协调、整体推进的工作机制。国土规划部门负责土地整备计划和土地供应，新区负责土地整备方案、项目引进，财政部门安排资金，形成整备计划—整备实施—项目引进—资金安排—项目落地整体协同推进的新机制。（3）建立了原居民利益的综合保障制度。引入现代化基层服务组织、买断社区服务（治安、环卫等）的方式，加大政府公共投资对社区公共服务的投入力度，彻底减轻社区组织负担。同时，推行阳光整备，加强土地整备管理工作的信息公开，保障公众的知情权，以知情权扩大参与权，以参与权真正实现利益主体的多元化。建立健全利害关系人全过程参与土地整备工作的机制，充分保障和尊重当事人表达意见的权利，确保当事人申诉和权利救济渠道畅通，让每一个涉及土地整备的主体参与土地整备利益的协调与平衡。

第三节 深圳市整村统筹整备案例分析
——以坪山新区金沙社区为例

一 金沙社区的基本情况

金沙社区位于坪山新区坑梓办事处，其行政区域土地面积共791公顷，其中，国有土地620公顷，未征、转地（原农村集体土地）170公顷。在未征、转的170公顷土地中，已建成2400多栋建筑物，建筑面积共137.5万平方米。其中居住类建筑1938栋，共95万平方米，工业

第八章 深圳市国有土地收益、土地整备及收益分配

类建筑458栋,共41万平方米,办公及其他建筑27栋,共1.4万平方米。①

(一)金沙社区存在的问题

通过现状调查与分析,目前,金沙社区社会经济发展存在以下问题:(1)未征、转土地与国有土地无序交错,对土地节约集约利用极其不利。金沙社区未征、转的170公顷用地,散落在金沙社区建成区核心地带,与国有土地交错分布并呈无序状态,若不进行土地整备与旧村更新改造,不利于土地的节约、集约利用。(2)社区用地低效开发,扩张无序。已建成的建筑大部分是多层的农民住宅及原农村股份公司兴建的工业厂房等,在空间上呈现调整扩张、发展无序、低效开发等特征。(3)经济发展模式单一,经济效益低下,亟须转型。原农村经济组织(股份合作公司)经济结构单一,经营模式单一,只能以房屋出租作为主要收益来源,缺乏发展后劲,并且股份合作公司管理人员的素质较低。据调查,目前金沙社区范围内厂房的月租金为每平方米7—8元,私宅租金为每平方米10—13元;近三年来,社区股民年均每人分红维持在2600元左右,在坪山新区处于中下水平;股份公司经济实力弱小,发展后劲不足,社区居民意见较大。(4)市政配套设施严重不足,社区管理问题丛生。社区与股份合作公司政企不分。社区党支部书记同时也是股份公司的董事长,股份合作公司承担着众多社会职能,如公共配套设施建设、社会治安维护、综合治理维稳等社会服务和社会保障工作。股份公司为此要支付社区道路、水电、教育、卫生等公共设施费用,以及社区居民的社会保障和福利等费用。目前,股份合作公司原有的发展模式已不能适应当前社会发展的需要,经济社会的转型势在必行。(5)土地历史遗留问题众多。在过去30年里,金沙社区在经济发展的同时,也出现了众多土地方面的历史遗留问题,如非农建设用地无法落实问题、征、转地遗留问题及其他历史遗留问题,这些问题的存在也直接影响着金沙社区未来的发展,影响着两大基地以及坪山第三人民医院等公共配套项目的建设。

---

① 深圳市坪山新区规划和国土资源管理分局。

(二) 现有规划情况

金沙社区涉及四个地区的法定图则，包括沙田地区、金沙地区、聚龙山地区、坑梓中心及老坑地区，由于上述法定图则的编制较早，且当时坪山新区尚未设立，该法定图则已与当前新区新形势下的发展不相适应。根据坪山新区正在编制的《坪山新区综合发展规划》，该规划将金沙社区所在片区的发展目标定位为区域产业合作发展、自主创新的低碳生产生活示范区。

二 金沙试点工作的土地整备方案

(一) 金沙社区土地整备基本情况

金沙社区未征、转土地170公顷，通过土地整备，将该土地全部转为国有。按照目前编制的221公顷用地的社区规划方案，该用地中包括集体用地128公顷，该128公顷用地被规划为商业、居住用地约62公顷，工业用地约8公顷，政府公益事业用地约18公顷，市政道路等公共基础设施用地约40公顷。①

按照一户一栋用地、非农发展用地以及其他历史遗留问题用地一揽子解决办法，经初步测算，除将其中的50—55公顷土地作为金沙社区的安置和发展留用地，产权归金沙社区所有外，其余115—120公顷土地产权归政府所有。通过土地整备，将原来零散、不规则的128公顷集体土地与国有土地有效地整合在一起，形成面积较大、规整的土地，优化土地的空间布局，有效地提高土地的利用率，提高土地的节约、集约利用水平，有利于城市规划的全面实施。221公顷以外的其他集体土地，也与其周边的国有土地连接成片，有利于土地的规划实施和土地利用。通过对金沙社区现状调研和对基础数据的分析，并征求金沙社区及其居民的意见，结合对坪山新区土地整备计划、产业规划、生态环境保护等的研究，针对金沙社区发展单元的发展潜力、实施前后收益进行预评估，初步确定了金沙片区发展单元规划的研究思路。土地整备工作与发展单元规划相辅相成，土地整备工作的成本测算和经济分析为发展单元规划提供依据，土地整备工作可以释放城市发展空间，为城市规划的

---

① 深圳市坪山新区规划和国土资源管理分局。

第八章 深圳市国有土地收益、土地整备及收益分配

实施提供有力的支持,而发展单元规划是法定图则的补充和优化,其刚性和弹性的有机结合,可以为土地整备工作的开展提供可实施的合法路径。

金沙社区范围达791公顷,目前初步确定金沙片区发展单元规划范围为221公顷(其中未征、转用土地128公顷)。通过该单元规划和土地整备,释放出经营性用地96.72公顷(其中居住用地71.21公顷、商业用地17.48公顷、工业用地8.03公顷)、道路广场用地71.22公顷、学校及医院等政府社团用地26.2公顷、市政公用设施用地3.19公顷以及绿地、水域等用地21.53公顷。其中12—14公顷土地被划定为安置用地,并保留一定用地作为社区发展的留用地,其余用地均纳入政府储备地管理,由政府按城市规划加以利用和实施。

(二)金沙社区项目成本测算及盈亏平衡分析

在土地整备工作实施前,为了顺利推进此项工作,提高科学决策的可行性,应在市场预测、现有平均开发水平及技术标准指标的基础上,对金沙社区发展留用地的项目开发从技术上、经济上、财务上进行综合论证,在开发企业成本利润不低于平均水平的同时,测算补偿安置及社区发展用地规模与政府资金投入盈亏平衡点,进而确定补偿安置及社区发展用地规模和政府资金投入金额。在其他敏感性因素基本保持不变的前提下,留给社区的发展留用地可以是个变数,若政府现金补偿增加,则其发展留用地将减少;若政府现金补偿减少,则发展留用地需增加。

金沙社区可以对发展留用地加以自行开发建设,并由此获得利益,但这需要有一定的房地产开发经验和较高的经营水平及管理能力,考虑到社区的实际情况,建议引进高水平的开发商与其合作,以确保项目开发成功,获得预期的经济效益。在此,设定开发商在项目开发中获得一定的开发利润,对项目用地规模与政府补偿资金的关系作盈亏平衡测算。经测算,金沙社区在土地整备保留用地指标为50公顷和政府出资30亿元情况下达到盈亏平衡,其中安置房用地为12万平方米,发展用地为38万平方米。

(三)金沙社区土地整备及补偿实施方案

金沙社区土地整备方案,包括安置用地和保留发展用地方案,与政府的投资金额密切相关。

1. 方案思路

金沙社区土地整备补偿方案由以下部分组成：

A（政府投入或补偿金额）+ B（农村安置用地和非农指标之和）+ C（政府政策扶持社区发展的留用地面积）

B 原则上为固定值，只有从严和从宽之别；

C 随着 A 的变化而有所变化（A 增加则 C 减少）。

2. 金沙社区土地整备基本方案（底线方案）

按照一户一栋用地、非农建设用地以及其他历史遗留问题用地一揽子解决的处理思路。金沙社区土地整备保留用地指标共约 50 公顷。通过对金沙社区项目进行成本测算及盈亏平衡分析制定了金沙社区土地整备方案：收回 100 万—120 万平方米土地面积的补偿费用加上社区安置用地和非农建设指标用地之和，该用地全部安排在建成区。

为了便于社区编制补偿方案，深圳市规划国土委员会坪山管理局制定了金沙社区的补偿安置指引。制定了一户一栋、一户多栋，违法建筑、历史遗留安置地等类型用地的适用政策，形成了《坪山新区原村民非商品房住宅建设遗留问题处理办法》。根据金沙社区发展规划方案，并经金沙社区同意，划定 12 公顷土地为金沙社区安置用地，该用地位于金沙社区新隆二巷以南、梓横东路以北、青云路以西、梓雄路以东围合的地块范围内。金沙社区转型发展按照搬迁补偿与安置分开的原则处理，并实行安置先行的做法。安置方案的制定，直接关系到金沙社区改造能否顺利进行。根据现行的规定，主要是对符合一户一栋政策的原村民进行安置，按照金沙社区非农建设用地台账，该社区的户数为 388 户，加上对原村民外迁户和华侨及港澳台同胞及外来人员房屋要进行适当安置，安置房面积约为 41 万平方米。

三 金沙社区土地整备效果评估

金沙社区土地整备试点工作不仅优化了土地结构，促进了土地节约、集约利用，而且实现了政府、集体、原村民三方利益的共赢。（1）政府通过土地整备取得了良好的经济效益和社会效益。通过土地整备，金沙社区 170 公顷未征、转土地全部转为国有，其中约 120 公顷建设用地产权归政府所有，这将为完善新区城市建设以及产业升级提供土地保障。同时，由土地整备带动的后续大规模、成建制的建设开发，可以增加政府的财政收入，又为新区经济快速、平稳、持续发展注入了新动力。同时，通过土地整备解决了金沙社区的土地历史遗留问题，化解了社会矛盾，完善了社区基础设施和社区环境。（2）社区通过土地整备获得了可持续发展的经济支持。通过土地整备，社区股份公司获得了土地整备补偿收入，获得了一定数量的留用地用于社区集体经济发展，为社区集体经济可持续发展奠定了较好的基础。（3）原社区居民分享到了居住条件改善及可观的经济利益。按照补偿和安置标准，原村民拥有相应面积的商品住宅以及一定数量补偿款，增加原村的收入和改善了居住条件；同时，村民还可持续获得社区股份公司的红利，使原村民的收益能够得到保障。

第四节 完善深圳市土地整备的收益分配政策建议

深圳市坪山新区土地整备改革取得了一定的成效，为全面推进坪山新区土地整备积累了经验。但土地整备是一项系统复杂、涉及面广、利益重大的工程，为统筹解决相关问题，推动土地整备有序规范运作，需进一步进行体制、机制创新，完善土地整备的政策体系。

一 明晰房地产产权，实行房地分离的补偿政策

2004年，原特区外城市化转地，实现了名义上的土地国家所有，原集体土地开始逐步转化为事实上的建设用地。但原农村集体社会经济状况基本维持原有状况，由于原村民非法违规利用土地、征转地历史遗留问题较为突出，原特区外逐步形成了以"城中村"、旧工业区或"城中村"与旧工业区交错为主体的土地利用空间形态，土地历史遗留问题相当突出。据统计，截至2012年末，深圳市违法建筑总量达37.5万栋，总占地面积为133.5平方公里[①]，主要分布在原特区外。深圳市原农村土地国有化后土地产权归属问题相当复杂，需要从土地产权、理顺土地收益分配关系等方面加以统筹解决。

---

① 深圳市国土资源和规划管理委员会。

(一) 强化土地国有制,明晰土地产权界区和利益

在强化土地国有制的基础上,界定和明晰土地使用权权属,硬化土地产权关系。重点界定和确认原集体经济组织(现社区)和原村民(户籍居民)的土地产权边界,在确权的基础上,实行统一的土地使用权登记,通过完善的土地登记制度硬化土地产权界区。对原村民实际占用的土地使用权,在土地整备、旧村更新改造基础上给予确认和补偿,确权补偿的是土地经济利益,而不是按实际占用土地返地给原村民。征地返还给社区组织的建设用地,实行土地股份合作社或成立社区股份有限公司,原村民作为股东参与土地股份合作社或股份公司的利益分红。

(二) 对原农村村民自建房、"小产权房"确权予以分类处理

据统计,深圳市原农村村民自建房为 26006 万平方米(38.44 万栋,约 650 万套间),占住房总面积的 50.3%,占住房总套数的 62.8%。[①] 目前,深圳市原农村村民自建房、"小产权房"主要有三类:一是原村民在宅基地上违规改扩建的房屋;二是原农村集体经济组织(社区)或集体股份公司自行投资在原集体土地上建设的房屋;三是原农村集体经济组织(社区)或集体股份公司与其他外来投资者合作合资建设的房屋。其主要特征是:出租给他人、外来务工人员使用,形成了"出租经济";大多属违规违法建筑,以期在土地整备、旧村更新改造中获得高额补偿,形成了"赔偿经济"。这严重阻碍了深圳市城市化进程和社会经济的发展。因此,对原农村村民自建房、"小产权房"确权认定刻不容缓。在确权的基础上,分类处理,为土地整备补偿提供合法依据。一是建在农用地上的"小产权房",违反了土地用途管制制度及土地管理相关法律,并且在土地利用总体规划中不能予以调整,对该类房屋的产权不予确认,应当予以限期拆除。对建在非农用地上的"小产权房",符合土地利用总体规划,但不符合《城乡规划法》,未经建设审批许可的,属违章建筑;应当限期补办建设手续,补办手续后确认其产权。

(三) 完善征地补偿机制,构建房地分离的多元化补偿制度

实行房地分离的补偿制度,对村民占用的建设用地(即宅基地)

[①] 《深圳市住房建设规划(2016—2020)》。

第八章　深圳市国有土地收益、土地整备及收益分配

分区按土地等级采取相对统一的标准进行补偿，即按照土地区位、土地等级相对应的基准地价将房屋区分为违法建筑与合法建筑，并按照不同标准进行补偿，并建立房屋质量评估标准与价格评估制度，与"三规"处理相结合，对不同年限、不同质量的房屋进行合理合法补偿。按照一户一宅，面积法定的基本原则，确定每人的平均住宅面积，在"面积法定"范围内，实行拆一补一的房屋补偿政策；其余面积实行货币化补偿。

二　完善土地整备利益分配机制，合理分配土地增值收益

土地整备的核心是土地利益分配，涉及的利益主体主要有市政府、区政府、街道办、社区和原村民个人五类，在土地整备和城市更新中，应建立政府、街道、社区和原村民共享的土地收益分配机制。（1）政府作为土地整备的实施主体和国有土地所有者的代表，通过"土地整备"时，应遵循市场等价交换的基本原则，对原农村集体经济组织（现为街道、社区）和原村民享有的合法的土地财产给予合理的补偿。一是给予原农村集体经济组织（现为街道、社区）留用土地。原有合法用地采取等量置换、未办理征、转地补偿手续的规划建设用地按20%—30%比例返还留用地。二是原农村集体经济组织（现为街道、社区）获得的留用地，实行免缴地价政策。三是按原农村集体经济组织（现为街道、社区）在土地整备中对政府建设用地贡献率的大小，给予一定比例建设用地出让收入或返还一定数量物业的奖励。（2）原集体经济组织（现为街道、社区），在土地整备与旧村更新改造中获得的留用土地，赋予原农村集体经济组织（现为街道、社区）及原村民的土地发展权，可以自行开发、合作开发或在土地市场上转让，保障其获得土地的增值收益。（3）支持原集体经济组织（现为街道、社区）成立土地股份合作社或社区股份有限公司，发展社区集体经济。保障原村民作为股东能够持续分享土地股份合作社或社区股份有限公司的利益，让原村集体和村民享受土地整备改革的发展成果。同时，可以考虑将原村民多余的安置用房，由政府"包租"用于保障性住房，或由土地股份合作社或社区股份有限公司统一出租运营管理。

第九章 土地收益分配改革与政策建议

土地收益分配问题，涉及国家与集体土地所有权、用益物权、经营权等多层次土地产权与土地收益配置问题，涉及国家、集体、土地用益物权人与土地经营权人多元化土地产权主体之间的经济利益分配问题。基于土地产权及其权利结构的土地利益分配、再分配问题相当复杂，也是土地制度改革的重点。构建科学合理的土地收益分配体制，对提高土地利用配置效率，切实保护多元化土地产权主体的利益，理顺土地收益分配经济关系以及推进集体建设用地入市流转改革等具有重要的现实意义。

第一节 土地收益分配改革的基本思路[*]

一 按土地流转环节和土地收益生成机制，构建土地收益分配体制

土地收益分配应以土地财产权为核心，遵循土地产权主体所享有的土地权利与收益相匹配原则，按土地开发、土地交易、土地保有环节来设计土地收益分配机制。即按"农地征收（集体建设用地不经征收可直接入市，目前仅限国家确定的试点地区；或因公共利益需要经国家征收变为国家土地所有权）→土地出让→土地开发→土地转让→土地保有环节"来构建土地收益分配体制。在每一环节中，土地收益产生的原因各不相同，应根据土地收益形成机理，界定和明晰特定土地产权主

---

[*] 本章曾以"土地增值收益分配机制：创新与改革""公共财政视角下的土地收益分配改革"为题分别刊登在《华中师范大学学报》（人文社会科学版）2008年第5期和《江海学刊》2007年第3期。

体对特定土地产权客体所享有的土地财产收益权,理顺土地收益分配关系。(1)在农地征收阶段,征收集体土地是中国城市国有建设用地的主要来源形式。因此,必须将国家"公权"征收集体土地严格限定在"公共利益"范围内,经营性建设用地应由用地者与集体土地所有者直接谈判,实行真正意义上的"协商谈判型"交易;为保障农村集体土地所有权人的利益,应改革征地"年产值倍数法"补偿制度,按土地市场价值进行补偿。由于中国不存在土地所有权交易市场,也就不存在土地所有权的交易价格,同时政府土地征收使农村集体经济组织和农民丧失了土地所有权,失去了物质生产资料,为保障农村集体经济组织和农民的长久发展,除按建设用地出让价格补偿外,还应当赋予农村集体经济组织和农民土地发展权,给予土地发展权补偿。(2)在建设用地使用权出让阶段,土地所有权人(包括国家和集体土地所有者)在保有土地所有权的前提下,将一定年期的土地使用权通过拍卖、招标、挂牌或协议方式让渡给建设用地使用者,建设用地使用者向土地所有者支付地价。双方通过签订建设用地使用权出让合同,形成土地契约关系和经济关系,明确双方的责、权、利。在这一阶段,土地所有者通过获取地价(一定年期的地租资本化形态)实现土地所有权的经济利益。而建设用地使用者对该土地享有用益物权,依法可以享有占有、使用的收益和一定的处分权利(如可以转让、抵押或设定其他土地权利)。(3)在土地开发和转让阶段,建设用地使用者可按土地出让合同及规划许可条件,对土地进行投资和开发利用,可将地上建筑物连同建设用地使用权一并转让,收回投资并获取土地增值收益。(4)在土地保有阶段,房地产产权人可保有建设用地使用权或房地产,通过自营或出租逐步收回投资并获得土地增值收益。

二 依据土地产权和政府规制权理论,规范土地收益分配形式

根据产权经济学和法学的基本理论,中国土地产权可分为土地自物权(国有土地所有权和集体土地所有权)、土地用益物权(建设用地使用权、宅基地使用权、地役权、土地承包经营权)、土地担保物权以及以土地物权为基础的土地债权(土地租赁权、土地财产作价入股、土地投资信托、土地资产证券、土地抵押贷款证券等)。土地产权人依其

持有的土地产权按法律规定或土地契约享有不同的收益权，土地财产性收入归土地产权人享有。（1）土地所有权人的利益。土地所有权人——国家、集体土地所有者基于土地自物权的权利是平等的，农村集体土地与国有土地应当享有同等的权利，通过出让或出租获取土地财产性收入。但事实上，中国集体土地与国有土地的权利并不平等，现行法律没有赋予集体建设用地入市流转及抵押等权利。因此，应当改革现行集体土地产权制度，赋予集体土地完整的土地物权权利。如赋予集体建设用地出让、出租、转让、抵押、作价入股等权利。（2）土地用益物权人的利益。在市场经济条件下，土地所有、使用、经营等权能分解和多级流转，土地产权主体多元化和土地产权结构多层次是现代土地产权制度的基本特征，也是实现土地资源最佳配置和提高土地利用社会化程度的方式。土地用益物权人在土地开发、房地产开发、房地产转让中应获取与其投资相应的土地收益。以土地开发和房地产开发为例，用益物权人持有用益物权——建设用地使用权，并进行开发投资，除了获得房地产投资的平均利润外，还应当获取与土地用益物权相对应的财产性收入。当土地用益物权从土地所有权中分离出来以后，土地产权分解为"土地所有权"和"土地用益物权"，土地收益这种超额利润相应地也应分割为两部分：一部分是土地所有权的财产收入——即地租（包括绝对地租和级差地租Ⅰ）归土地所有者；另一部分是和土地用益物权相联系的，表现为用益物权财产性收入（相当于级差地租Ⅱ），这部分收入应归土地用益物权人享有。因此，土地用益物权人的收益为房地产开发投资利润和一部分土地增值收益（相当于级差地租Ⅱ）。（3）土地担保物权人的利益。土地担保物权是债务人以土地财产作为担保物担保债务偿还的一种手段，其实质体现的是一种物的交换价值。土地担保物权人享有的是基于担保物（土地财产）享有的优先受偿权。（4）以土地物权为基础的土地债权人的利益。因土地债权的形式不同，体现的财产权有所区别。土地租赁权是土地产权人享有获取地租收入的权益；建设用地使用者转让建设使用权，享有土地转让收入和投资产生的土地增值收益；作价入股是土地物权人享有获得土地入股红利的收益权。

从政府规制权角度分析，土地是人类生产和生活不可或缺的物质生产资料，土地的特殊性决定它具有公共品的特性，这个属性要求土地的

第九章　土地收益分配改革与政策建议

开发利用必须符合社会整体利益并增进社会公共利益，即土地具有公益性和社会性的特征。土地的公益特性决定了土地市场规制的边界，也决定着有效率且公平的土地市场政府规则权，对市场失灵进行"干预或矫正"。为保障土地开发利用的社会性和公益性的实现，政府需要利用规制权对土地收益特别是土地增值收益进行调节，以实现"土地涨价归公"。为保证土地市场规制的有效性，减少对土地产权主体和土地市场过度的干预，政府对土地收益的调节应当主要运用税收杠杆进行。构建完善的土地（房地产）税制，尽可能保持土地税收的中性，既促进土地资源的有效配置，增加政府对土地的宏观调控能力；又充分发挥增税调节土地收益分配的有效作用，实现土地的公益性和土地收益的公平合理分配。具体来说，对土地（房地产）流转征收土地增值税、所得税；对土地（房地产）保有征收房地产保有财产税、保有土地增值税（对保有经营性用地者征收）；若土地占有者未按规定开发利用土地或者利用强度未达到城镇规划最低标准的，征收土地闲置税。

三　依据国民收入分配与再分配理论，规范土地收益分配秩序

国民收入分配可分为初次分配和再分配两个层次，初次分配直接影响着国家、集体和个人的经济利益；再分配是国家通过财政、税收等杠杆对初次分配收入进行调节，调整社会经济关系中的利益分配格局，以促进国民收入分配的公平。中共十六大报告明确提出"初次分配注重效率，再分配注重公平"[①]；中共十八大报告指出："初次分配和再分配都要兼顾效率与公平，再分配更加注重公平。"[②] 土地资源作为社会活动重要的生产要素，通过完善土地收益的初次分配机制和市场决定土地流转的价格机制，激励土地产权主体将稀缺的土地资源在社会生产和交换中予以有效利用，创造机会平等的市场竞争环境，激励国有土地所有者和集体土地所有者在收益最大化动机支配下依法流转土地，使土地产权人能公平参与土地市场竞争，以实现土地生产要素合理流动和有效率

---

① 江泽民：《全面建设小康社会，开创中国特色社会主义事业新局面》，《人民日报》2002年11月18日。
② 胡锦涛：《坚定不移沿着中国特色社会主义道路前进，为全面建成小康社会而奋斗》，《人民日报》2012年11月9日。

的配置。土地收益初次分配中应注重完善国有土地和集体土地出让流转机制,保障土地产权主体在土地收益分配中的主体地位,依法保障土地产权人的土地财产权利。在依法自愿的前提下,允许农村集体土地所有权人以出让、租赁、作价入股等形式流转建设用地使用权,保障农村集体经济组织和农民土地财产权的实现。特别是保护在农地征收、集体建设用地流转中农村集体经济组织和农民的土地财产权与土地增值收益权,提高农村集体经济组织和农民在土地增值收益中的分配比例。通过完善土地收益再分配政策,发挥税收调节土地收益分配的作用。政府通过税收、财政等手段对土地收益初次分配在注重效率过程中所产生的"不公"进行矫正,对土地产权人(包括集体土地所有权人、集体土地产权人)在土地(房地产)流转利用中所获得的土地财产性收入和非自身劳动所得的土地增值收益通过征收土地财产税、所得税和土地增值税加以调节,以促进土地收益分配的公平,实现土地增值收益为全体国民共享。同时,要严格界定和区分土地地租(地价)和土地税收的性质及功能,不能混淆二者的性质。地租是社会总剩余价值的转化形式,属于国民收入的初次分配,它反映的是一种经济关系和社会生产关系。而税收是国家依法强制无偿取得国民收入的一种手段,而不是凭借财产权获得的收入,土地(房地产)税收属于国民收入的再分配。因此,在处理土地收益分配问题时,应规范土地收益分配形式,建立以"租、税"为主的土地收益分配体系,构建一个兼顾效率与公平、统筹经济效益和社会效益,讲求土地市场有效率运行与增进社会公平相统一的土地收益分配体制。

四 依据公共财政理论,规范政府间土地收益分配关系

土地收益是地方政府财政收入的重要组成部分,理顺中央政府与地方政府、地方政府间的土地收益分配关系是合理划分政府间财权,政府事权与财权相匹配,健全地方财政税收体系的客观要求。根据公共品空间受益范围的不同,公共品可划分为全国性的公共品和地方性的公共品[①],政府间财权的划分是由各自承担公共品责任所决定的,公共品的

---

① 蒋洪等:《财政学教程》,上海三联书店1996年版,第508—512页。

空间受益范围是划分政府间支出责任的一个基本准则,也是政府间财权划分的基本依据。土地所具有的不可移动、位置固定等特性,决定了土地(房地产)市场是一个区域性市场,土地具有非流动性、地方受益的性质,因而与土地开发区域相关的基础设施、公共设施、环境保护与治理等应当由当地政府来提供。土地增值收益和土地税收应当向土地资源所在地的地方政府和居民倾斜,政府归集的绝大部分土地收益应划归地方政府,并使之成为地方政府重要的财政收入来源。对国有土地出让收入而言,应实行地方政府基金预算管理模式,并严格规定使用范围和用途,主要用于地方政府提供地方公共品,包括城市基础设施和公共设施、农地征地补偿、土地开发与整理、农业土地开发资金、农田水利建设资金、被征地农民社会保障资金等领域。对集体土地入市收益而言,一部分作为集体土地产权收益,由集体经济组织享有,主要用于农村基础设施建设、农村环境保护与环境治理、土地前期开发、农村社会保障等领域,以促进农村地区提供较完善的公共品和解决农村民生问题;另一部分直接分配现金给享有成员权资格的农村村民,让农民分享到集体土地改革的成果;或量化为股权分配给农民,使农民可永久持续获得土地财产收入。

第二节 土地非税收入改革的政策建议

土地非税收入是各级政府参与土地收益初次分配和再分配的一种重要形式,是地方财政收入的重要组成部分。土地非税收入主要有国有建设用地有偿使用收入、新增建设用地有偿使用收入、划拨国有土地的土地收益金,集体建设用地流转收入以及房地产开发、交易过程中的行政事业收费等。规范政府土地非税收入和支出行为,加强对土地非税收入的监督管理,是政府履行公共管理职能的需要。

一 国有土地非税收入改革的政策建议

(一)创新国有土地有偿使用制度,实现国有土地资产保值增值

充分发挥市场机制配置土地资源的决定性作用,需要利用地租地价杠杆,促进空间竞争机制的形成;通过用地者"公正、公开、公平"

的市场竞争，实行国有土地有偿有期限使用，建立规范有效率的用地经济约束机制；同时，为地方政府向居民提供较完备的基础设施和公共设施等公共品提供财力支持，实现"地利共享"。

1. 创新有偿使用方式，实行有差别的土地有偿使用政策

国有建设用地有偿使用中应按不同的国有建设用地性质和不同的产业类型，实行有差别的有偿使用政策和地价政策。（1）国有经营性建设用地一律采取招标、拍卖、挂牌方式出让，发挥市场竞价机制的作用，充分实现国有土地的价值。（2）对普通住宅用地，实行协议方式出让。土地公益性的属性决定了它的利用必须满足国民利益的基本需要和增进社会的公共利益，住宅是人类生存和发展所必备的物质条件，普通住宅是基本的民生问题，为国民提供基本住房是政府的基本职责。普通住宅用地价格按基准地价或出让最低价标准，由供地者与用地者协商确定，以保障普通住宅的民生利益。因此，应改目前普通住房用地"招标、拍卖、挂牌"出让为"协议"方式出让，以降低普通住宅的用地价格。（3）产业用地实行以土地租赁为主或先租后让或租让结合的工业用地供给政策。采取差别化用地供给和有偿使用政策支持战略性产业和工业的发展，以解决企业用地一次性成本过高（一次性缴纳国有土地使用权地价）的问题，增强战略性产业、基础性产业和工业企业的竞争能力。即使工业用地采用出让方式供给，也应当取消现行出让最高年限的规定，实行弹性年期出让制度。

2. 全面实行国有土地有偿使用政策

扩大国有土地有偿使用范围，全面实行国有土地有偿使用政策，一方面有利于抑制多占少用、占而不用的现象，在全社会形成节约、集约用地的约束机制；另一方面，有利于建立公平的国有土地有偿使用机制，增加地方政府财政收入。对经营性的交通、能源、水利、邮电、电信等基础设施用地和其他经营性社会事业用地全面实行有偿有期限使用制度，或有偿出让或租赁供地。对所有原划拨国有土地（军事用地除外）全面征收土地使用费，对全额财政拨款的行政事业单位，按单位性质和核定的编制人数确定用地规模，在核定的用地定额范围内，免征土地使用费；超过部分征收土地使用费；对非财政拨款的其他社会事业单位，按标准征收土地使用费，或补缴地价，将划拨用地改为出让

用地。

3. 探索土地租赁、作价入股等有偿使用方式,强化土地资本资产管理

土地租赁、土地使用权作价入股是国有土地有偿使用的重要方式,也是国有土地所有权经济利益的实现形式。采取土地租赁、作价入股等方式有偿供地,一方面可以给用地者更多的土地有偿使用选择方式,满足用地者多层次的用地需求,也符合中国目前的用地实际(如原划拨的存量国有土地);另一方面能够最大限度地实现国有土地的经济利益,如对原划拨的国有土地的使用者可征收土地使用费;同时,能实现国有土地资产的保值增值,分享国有土地增值收益,如土地租赁,当租期届满,续签土地租赁合约时,政府可根据土地市场发展状况和土地市场供需情况,调整土地租赁费(年地租或土地使用费);如土地使用权作价入股,使政府能分享入股企业未来的收益,实现国有土地资产的保值增值。为规范国有土地租赁、国有土地使用权作价入股行为,盘活国有土地资产,土地租赁需要明确界定土地租赁适用范围、土地租赁价格、租赁期限、续租、转租等问题;国有土地使用权作价入股需要明确其适用范围、土地价格评估、土地使用权人的土地权利、作价入股的土地管理等问题。目前对经营性交通、能源、水利、邮电、电信等基础性产业,国有企业改组为股份制企业、国有控股企业、战略性产业等的用地,可实行国有土地使用权作价入股,形成国有股。对原划拨国有土地、工业用地以及到期房地产用地等可采取土地租赁有偿使用方式。

(二)赋予地方政府以土地资产为担保发行土地债券的权力

土地债券是以国有土地使用权为担保,依托金融市场发行的政府债券,通过将政府债务债券化,为城市建设发展筹集的资金。一方面,地方政府发行土地债券,有利于解决地方政府城市建设资金短缺问题;另一方面,建立地方财政债务资金流转机制,有利于解决地方政府过度"卖地"和土地财政问题,以化解地方债务风险;有利于建立地方公共品建设资金代际分担较为公平的融资机制。2011—2014年5月,地方债券由中央政府代发,地方政府没有发行地方债的权力。2014年国务院发布了《关于加强地方政府性债务管理的意见》,该意见赋予了地方政府依法适度举债融资权限。并于2014年5月在上海、浙江、广东等

省（区）进行省级地方政府自行发债试点。此期间发行的地方债券是以地方政府信用为还债保证的，其还债资金来源为地方一般公共预算收入。而土地担保债券除了政府信用担保外，还以土地资产作担保，且有政府偿还债券的固定资金来源（以国有土地出让收入、国有土地收益基金作为还债资金来源），债券的信用等级高。通过发行土地债券筹集的资金主要用于土地收购、土地开发整理、地方基础设施建设和公共配套设施建设等。土地债券以长期债券为主，其期限可定为5—10年，实行固定票面利率，每年付息，到期还本；或以持有的债券优先兑换一定年期的国有建设用地使用权。地方政府根据土地市场价格和物价指数情况，确定土地债券的发行价格。土地债券可上市流通、转让。为防范土地债券融资风险，应建立健全规范的土地债券举债融资机制和风险预警防范机制。一是实行地方政府土地债券融资规模控制，地方政府发行土地债券必须在中央政府核定的发行限额内，不得突破限额发行土地债券。二是建立完善的土地债券发行审批机制，地方政府发行土地债券须报本级人大或其常委会批准。三是地方政府根据未来5—10年国有建设用地使用权出让净收入和国有土地收益基金收入规模，确定土地债券发行规模。四是土地债券筹集的资金和支出必须纳入地方政府性基金预算管理，防止"体外循环"。五是建立土地债券信息公开制度，有关土地债券发行规模、债券利率、偿还资金来源、偿债率、逾期债务率、项目建设及资金使用等情况须向全社会公布。应修改《预算法》中不允许省级以下地方政府发行政府债券的规定，赋予县级及以上政府发行政府债券的权力。目前，可选择土地市场发展较为成熟的地区——上海市、广州市、深圳市等进行试点，取得经验后再推广。

（三）规范国有土地出让收支行为，强化基金预算管理

国有土地出让收入是地方政府财政收入的重要组成部分，规范国有土地出让收入支出行为是市场经济条件下规范政府行为，健全公共财政约束机制，完善公共财政体制的客观要求。

1. 国有土地出让收支实行基金预算管理

将国有土地出让收支纳入地方财政预算，实行政府性基金预算管理，这对提高地方政府预算的统一性和规范性，增强国有土地出让收支预算的约束力和透明度，防止国有土地出让收入成为地方政府领导的

第九章　土地收益分配改革与政策建议

"钱袋子",防止截留土地出让收入、坐收坐支等行为具有重要的现实意义。(1) 硬化国有土地出让收入征收管理。严禁"先征后返、减免地价"等行为,确保将国有土地出让收入及时足额缴入地方国库,使之成为地方公共财政储备的重要组成部分;国有土地出让收入预算实行"以收定支、专款专用",不得透支使用。国有土地出让收入由中央与地方政府分享。根据中国法律,国有土地所有权人为中央政府,中央政府授权地方政府行使土地所有权,是一种委托代理权,中央政府分享国有土地出让收入是国有土地所有权在经济上实现的一种体现。当然,因土地不可移动且受益具有地方性特点,国有土地出让收入的绝大部分应归地方政府享有。具体分享比例根据地区经济发展水平及国家宏观管理需要来确定,中西部地区分享比例应高于东部发达地区,以支持中西部门地区的经济发展,从而逐步实现区域经济的均衡发展。(2) 改革目前按纯收益计提农业土地开发资金、农田水利建设资金、教育资金、保障性住房建设资金、被征地农民保障资金的做法,改为统一按国有土地出让总收入计提,硬化各类专项资金预算,防止地方政府随意降低计提专项资金比例,保障民生公共品的供给,满足民生的基本需求。(3) 硬化国有土地出让收入的支出范围。国有土地出让收入实行"收支两条线"管理,其支出从国有土地出让收入计提的专项基金中予以安排,并纳入财政预算。其支出范围主要包括征地拆迁补偿支出;支农支出(主要包括农业土地开发资金、农田水利建设资金、被征地农民社会保障支出等);土地开发支出;住房保障支出;城市基础设施建设支出;缴纳新增建设用地使用费等。

2. 设立中央、省和县(市)三级国有土地收益基金

国有土地出让收入受土地供给面积、出让价格以及土地市场发展程度影响较大,具有不稳定性和不确定性等特征,国有土地出让收入会出现较大的波动,为保证城市基础设施、公共设施及其他公共品建设的需要以及各类支农专项支出资金的需要,每年需要有稳定的财政资金的支出安排;同时,为遏制地方政府的短期行为,抑制"寅吃卯粮"的卖地现象,保证经济发展和公共品供给的可持续性,将现有国有土地收益基金改为中央、省和县(市)三级国有土地收益基金,提高归集比例,按不低于每年国有土地出让收入30%的比例归集,重点支持跨地区的

重大基础设施建设、公共配套设施建设的征地补偿支出。中央国有土地收益基金主要用于跨区域的大型基础设施和公共配套设施建设项目（如铁路建设、公路建设、水利设施建设等）的农地征收补偿支出以及向中西部地区的财政转移支付，以增强中西部地区民生公共品的供给能力，加强中央政府宏观调控能力；省级国有土地收益基金主要用于省级行政区域内、省内跨地区的基础设施、公共配套设施项目的农地征收补偿支出，农地开发及土地整备等支出；县（市）级国有土地收益基金主要保障按规定计提的各类专项资金的支出。

二 集体土地非税收入改革的政策建议

集体土地非税收入主要包括集体建设用地使用权出让、出租、作价入股的收入，国家征收集体土地所获得的征地补偿收入。如何在国家、集体与农民之间合理分配集体土地收益，尊重和保护农村集体经济组织和农民的土地财产权，使农民的土地财产性收入得以实现是集体建设用地入市改革的关键。

（一）推进集体建设用地流转的基础性制度建设

1. 修改禁止集体建设用地流转的相关法律制度

现行法律禁止集体建设用地入市流转，造成事实上的集体土地所有权与国有土地所有权的不平等，农村集体经济组织和农民的土地财产权未受到同等保护和尊重。始于2015年的集体经营性建设用地入市改革的国家试点地区，仅允许存量集体经营性建设用地流转，增量建设用地仍按农用地转用审批、土地征收等程序办理。同时，禁止流转的集体经营性建设用地用于商品住宅的开发，实际上，集体建设用地与国有建设用地"同权"问题依然没有得到真正解决。因此，应尽快取消不合理、歧视集体土地财产权的法律规定。因此，在总结试点地区集体建设用地入市改革经验的基础上，修订和完善《宪法》《土地管理法》《物权法》《担保法》《城市房地产管理法》等法律制度，废止阻碍集体建设用地流转的相关法律规定，破除农村土地要素流动的制度壁垒，赋予农村集体建设用地使用权依法出让、出租、作价入股、抵押的权利，为构建城乡统一的建设用地市场提供法律保障。在此基础上，应尽快制订农村集体建设用地流转及收益分配的相关法律制度，为集体建设用地入市

第九章　土地收益分配改革与政策建议

流转提供坚实的法制保障，真正保障农村集体土地所有权和农民的土地用益物权在经济上得以实现。

2. 改革土地征收制度，为集体土地产权人经济利益的实现提供制度基础

征收集体土地是中国国有土地和国有建设用地最主要的来源方式。土地征收是政府动用"公权"获得农村集体土地所有权，农村集体土地所有者没有拒绝的权利。因此，为保障农村集体土地所有者和农民的土地财产权，必须进行两方面的改革。（1）将政府征收集体土地的权力严格限定在"公共利益"范围内，防止政府滥用土地征收权；同时，应当以法律的形式将"公共利益"范围予以界定，为集体建设用地入市提供保障，应借鉴国外的经验，公共利益范围采取"列举法"方式予以固化，将"土地征收权"关进制度的笼子。（2）改革中国目前土地征收补偿制度。目前，国家征收集体土地的补偿标准低，按被征地前三年平均年产值的20倍进行补偿，最高不超过土地被征收前三年平均年产值的30倍。因此，为保障农村集体土地所有权的财产利益，应将征地"年产值倍数法"补偿改为按土地市场价值补偿，即以同地段的国有建设用地使用权的市场价值给予补偿。同时，土地征收使农村集体经济组织丧失了土地所有权，农民失去了经营的基础，因此，应给予土地发展权补偿，以保障农村集体经济的可持续发展。非公益性事业用地应由用地者与集体土地所有者直接谈判，农村集体经济组织采取招标、拍卖、挂牌、协议方式直接出让或出租集体建设用地使用权。

3. 完善集体建设用地定价机制，使其价值得以真实地显现

土地价格真实地反映了土地的市场价值，是土地所有权、土地用益物权财产权经济利益实现的关键。因此，建立集体建设用地价格形成、发现机制，独立真实地显现其价值，是集体建设用地入市改革的重要内容。（1）建立城乡统一的建设用地地价体系。主要包括建设用地基准地价和基准租金标准。基准地价主要有网格点基准地价、区片基准地价、土地级别基准地价；制定建设用地出让的最低保护价、出让底价和土地租赁底价。通过构建城乡统一的建设用地地价体系，切实保障农村集体经济组织和农民的利益，为实现集体建设用地与国有建设用地"同地、同价"夯实基础。（2）构建统一的土地交易市场。实行集体建

设用地与国有建设用地交易并轨，构建城乡统一的土地交易中心；同时，充分发挥市场机制在土地交易中的重要作用，集体建设用地实行以"招标、拍卖、挂牌"为主的竞价竞租机制，形成集体建设用地市场价格的发现机制，保证集体建设用地交易的公开公平，规避"暗箱操作"，通过市场竞争机制显化集体建设用地的土地价值及土地增值收益，实现集体建设用地流转收益最大化。

（二）构建兼顾公平与效率的土地收益分配机制

集体建设用地收益分配关系相当复杂，包括集体建设用地收益分配主体资格问题（村集体经济组织成员权认定），集体建设用地流转收益分配问题，既涉及历史原因，又有现实的困境；既有制度体制因素，又有改革后农村复杂的现状。处理好集体土地收益分配关系，既要尊重历史，又要照顾现实；既要重视享有农村集体经济组织成员资格的村民的利益，又要兼顾不享有成员资格的村民的利益；既要尊重农村集体组织成员的民意，又要有法律和制度依据。农村集体经济组织的产权改革、成员资格认定及收益分配等重大事项应当充分尊重农村集体经济组织成员的意愿，需经集体经济组织成员大会决定。（1）界定和明晰农村集体经济组织成员权资格，保障农民集体经济组织成员的权利。农民只有享有了农村集体成员资格，才能享有农村集体土地财产的分配权。中国农村集体土地所有权制度是较为特殊的制度安排，农民集体成员权是自然获得的，在农村出生或在该村长期劳动生活，就自然获得集体成员资格；若因某种原因户口迁出或死亡，也就自然丧失了成员资格。如何确定农村集体成员资格是目前改革的一个难点问题。从各地试点情况看，确定起始依据不同，有的地区以1956年社会主义改造完成时间点为依据，有的地区以第一轮土地承包权确定时间点为依据，有的地区以第二轮土地承包权确定时间点为依据，有的地区则是以农村集体产权制度改革时间点为依据。到底以什么时间作为确定农村集体成员权资格的起始点，直接关系着农村村民的切身利益，我们认为，农村集体经济组织成员资格应以农村集体产权改革（或集体建设用地入市改革）起始点为依据来确定，即该时点的农村人口享有成员权资格。（2）合理分配农村集体经营性建设用地流转收益。集体经营性建设用地流转收益分配，目前有不同的处理方式：一是直接量化股权给集体经济组织成员，不分配现金，这以浙江为代表。2016年5月实施的《浙江省农村集体资产管理条例》第27条规定，集体经营性建设用地的入市收益作为集体资产可以折股量化到本集体经济组织成员，但不得直接分配给集体经济组织成员；并规定"每个成员通过折股量化和转让持有的农村集体资产股权不得超过本组织股权总数的3%"。二是集体经济组织提取一定比例作为集体资产，剩余部分采取股权和现金方式分配给集体经济组织成员，这以成都市郫县为代表。集体经济组织提取的部分，有的地方由于未设置集体股，全部折股量化给集体经济组织成员；有的地方作为集体股，村民每年分红。我们认为，应当从集体建设用地出让收入中提取一定比例的资金作为集体资产，并设立集体土地收益基金。集体土地收益基金主要用作农业土地开发资金、农田水利建设资金、教育资金、保障性安居工程资金、社会保障资金等，实行专款专用。其主要原因是：一是乡（镇）、村、村民小组需要承担相关基础设施、公共配套设施等建设及环境治理等，在目前缺少财政资金投入的情况下，集体经济组织需要自筹资金加以解决；二是可以解决没有成员资格的农村村民利益问题，有利于促进社会稳定和社会和谐，增进社会的公平。若集体经济组织"撤乡（镇）改为街道办事处"或"村改居"，集体资产应分配给原集体经济组织成员。集体建设用地流转收益在提取集体土地收益基金后，剩余部分采取股权与现金分配相结合的方式予以分配，这有利于农村经济的可持续发展和农民获得长期稳定的收益；同时，又增强了农民土地财产利益的现实获得感，使得农村集体土地制度的改革获得农民广泛的拥护和支持。

第三节　土地(房地产)税收改革政策建议

土地（房地产）税制改革是一项复杂的社会系统工程，涉及国家、集体、企业、个人之间的利益分配，中央政府与地方政府税权的调整。应当说，中国地方政府缺乏稳定的税源和地方主体税种是"土地财政"产生的重要原因。2003年10月，党的十六届三中全会《中共中央关于完善社会主义市场经济体制若干问题的决定》明确指出："实施城镇建设税费改革，条件具备时对不动产开征统一规范的物业税，相应取消有关收费。"① 2013年党的十八届三中全会《关于全面深化改革若干重大问题的决定》② 以及《国民经济和社会发展第十三个五年规划纲要》提出了完善地方税体系，加快推进房地产税改革。建立科学合理的土地（房地产）税制对优化房地产税制结构，确立房地产财产税在地方税收中的主体地位；矫正社会分配不均，缩小贫富差距；优化房地产资源配置，建立房地产业健康稳定发展的长效机制等方面有着极其重要的意义。

一 土地（房地产）税收改革的基本思路

土地（房地产）税收改革的基本思路是：扩大税基，实行城乡统一的土地（房地产）税制；简化土地（房地产）税种，优化土地（房地产）税制结构；逐步使土地（房地产）财产税成为地方财政的主体税种。

（一）实行城乡统一的土地（房地产）税制

中国现行土地（房地产）税收主要针对城镇国有土地使用权、城镇房地产征收，对农村集体土地、农村房产不征土地（房地产）；仅对经营性土地（房地产）征税，对非经营性土地（房地产）不征税；征税范围小，税基偏窄，税率偏低且减税免税范围过宽。这种税制导致土地（房地产）税负极不公平，主要表现在：出让土地与划拨土地之间税负不平等；不同的房地产产权人税负差异大，国有单位、集体单位、民营企业、外商投资企业等房地产产权主体及投资主体之间税负不平等；城镇与农村地区税负不公等。为房地产市场主体创造良好的公平竞争的税制环境，需要重点解决土地（房地产）税负公平问题。因此，应实行城乡统一的土地（房地产）税制，采取普遍征收的原则，除农民法定面积宅基地和住宅，城市普通住宅和保障住宅，公益事业单位、行政机构、军事单位等用地和房产免税外，将所有其他建设用地和房地产纳入征税范围，逐步建立一个税负公平且增进效率的土地（房地产）

---

① 《中共中央关于完善社会主义市场经济体制若干问题的决定》，《人民日报》2003年10月22日。
② 《中共中央关于全面深化改革若干重大问题的决定》，《人民日报》2013年11月16日。

税制。

（二）简化税种，优化土地（房地产）税制结构

目前，中国土地（房地产）税种较多，税制结构不合理，土地（房地产）流转环节税负重，土地（房地产）保有环节税负轻，房地产保有税（房地产财产税）所占比重低，这种税制结构导致土地（房地产）交易社会成本高，土地（房地产）资源难以合理流动；也导致大量土地（房地产）资源占而不用，造成资源大量闲置。同时，土地（房地产）税收征管难，征税成本高，难以起到土地（房地产）税收调控作用。因此，土地（房地产）税制改革应以"简化税种，优化税制结构"为重点，把课征重点从土地（房地产）流转环节调整到土地（房地产）保有环节，真正发挥税收调节房地产资源有效配置，促进房地产市场规范有序运行的作用，逐步建立一个结构合理、税赋公平、增进效率、征管方便的土地（房地产）税收体制。

（三）将土地（房地产）财产税培育成为地方政府主体税种

土地（房地产）税收具有的特征，主要表现在：（1）税源稳定且可持续。对土地（房地产）资产课税，其税基稳定，能保证地方政府获得稳定的税源。同时，随着社会经济的发展，由于土地资源稀缺且供给有限，土地和房地产价值会不断增值，即使保持房地产财产税率不变，房地产税收也会因其价值增加而呈现稳定增长趋势。（2）土地（房地产）税税基具有非流动性特征。由于土地、房地产具有位置固定的特性，对土地（房地产）等财产课税，不会导致地方政府在房地产税收上的无序竞争，扭曲土地（房地产）的配置。财政学家 Oates 认为，通过征收财产税，可保证地方政府有一个相对稳定的税源，并使地方政府根据各地方的条件设置不同的财产税税率，从而减少地方政府在税源上的竞争。[1]（3）土地（房地产）税具有地方受益特性。地方公共品供给由地方政府承担，地方基础设施、公共设施等公共品的外溢范围小，其受益者主要是辖区内的居民，辖区内的居民通过持有土地、房产产权因政府投资改善地区环境而从房地产增值中获得额外收益。因此，对土地、房产课税是受益者理应对政府提供公共产品或服务付出的

---

[1] Wallace E. Oates, *Fiscal Federalism* (Ip Swich Book Co., 1993).

代价。综上所述,土地(房地产)税收具有地方税的特征。从国际经验看,大多数市场经济国家的地方政府的主要财政收入来源是房地产财产税。因此,把房地产财产税培育成中国地方政府主体税种是土地(房地产)税制改革的一个重要目的,逐步将房地产保有环节的税负提高到占房地产税收的50%左右,为去"土地财政"提供制度基础。①

二 土地(房地产)税收改革的政策建议*

(一)合并城镇土地使用税、耕地占用税、土地契税、房产税,改征房地产财产税

城镇土地使用税、耕地占用税、土地契税、房产税四税具有相同的税收属性,本质上都属财产税。将四税合并改征房地产财产税,符合税种简化,优化房地产税制结构,使房地产保有税(财产税)成为地方政府的主体税种的改革要求,也符合现代税制的基本要求。房地产财产税对土地(房地产)产权人征收,课征范围包括城镇、农村地区的建设用地和房产,按土地(房地产)市场价值或市场评估价值为征税税基,按年征税。对自住自用的普通住房免征房产税,以体现税赋保障基本民生的原则。同时,因为农村的集体建设用地和农村房产目前不能上市交易,在改革之初,可采取低税率政策,保护农村集体和农民个人的房地产财产权益。

(二)设置土地闲置税

土地闲置税是对占用土地长期未利用,或按城乡规划的法定要求满1年未利用、在规定的期限内实际投资未达到全部投资25%的土地使用权人课税,课征范围包括城镇和农村建设用地,计税依据为该土地的市场价值或市场评估价值,税率为10%。开征土地闲置税,有利于抑制滥占滥用、占而不用、浪费土地资源的现象,建立土地利用经济约束机制,合理集约利用土地。

---

* 本节内容以"土地增值收益分配机制:创新与改革""公共财政视角下的土地收益分配改革"为题分别发表在《华中师范大学学报》(人文社会科学版)2008年第5期和《江海学刊》2007年第3期。

① 邓宏乾、耿勇:《房地产税、土地财政是否有效增加了公共品供给——基于1999—2011年省际面板数据的实证分析》,《江汉论坛》2015年第3期。

第九章　土地收益分配改革与政策建议

(三) 实行城乡统一的土地增值税，完善土地增值税制

土地增值税开征的目的是实现土地增值收益"涨价归公"，实现土地增值收益的分配公平。

1. 征收城乡统一的土地增值税

目前，在农村集体经营性建设用地入市改革试点地区，基本上按土地流转总价的一定比例征收土地增值收益调节金，2016年财政部、国土资源部出台的《农村集体经营性建设用地土地增值收益调节金征收使用管理暂行办法》规定，集体经营性建设用地土地增值收益调节金"分别按入市或再转让农村集体经营性建设用地土地增值收益的20%—50%征收"。这种征收办法没有科学的根据，缺乏合理性。按照集体经营性建设用地与国有建设用地"同权、同价、同责"原则，从构建城乡统一的建设用地市场改革目标看，一是统一计税基础。将现有集体经营性建设用地按土地流转总收入的比例征收，改为按土地流转总收入扣除土地成本费用后的土地增值额征收。扣除的土地成本费用主要包括相当于国家征收集体土地的征地补偿费（或征地片区市场平均价格），土地开发成本（即农村集体建设用地的"七通一平"费用），提取与国有土地出让相同比例的农业土地开发资金、农田水利建设资金、教育资金、保障性安居工程资金、社会保障资金等。二是征收城乡统一的土地增值税。将现行的集体经营性建设用地土地增值收益调节金改为按统一税率征收土地增值税。

2. 完善土地增值税制

目前土地增值税征税范围仅包括国有土地使用权转让和房地产买卖引起的土地增值收益。实际上，引起土地增值的行为除了国有土地使用权转让、房地产买卖外，还包括建设用地使用权出租、房地产出租、房地产作价入股、合资合作开发经营房地产、商业性房地产自营等。因此，从税负公平角度出发，课征范围应当扩大至所有引起土地增值的行为，将所有土地增值收益纳入征税范围。同时，将现有的土地（房地产）转移增值税调整为"土地（房地产）转移增值税""土地（房地产）租赁增值税""土地（房地产）保有增值税"三个税目。同时，鼓励人们长期持有房地产，抑制房地产投机行为，实行按持有年期长短进行调节，持有年期越长，税收越优惠，持有房地产5年以下的，年限

系数100%；5—10年的，年限系数为80%；10年以上的，年限系数为70%。土地（房地产）租赁增值税按租金纯收益计征，税率统一为30%。土地（房地产）保有增值税按房地产市场评估价值扣除年摊销的购买成本、保有期的维修成本、管理成本及房屋折旧，按年征收，土地（房地产）保有增值税仅对自营的经营性土地（房地产）产权人或所有者征收，对其他土地（房地产）免征。

参考文献

《马克思恩格斯全集》(第23卷),人民出版社2001年版。

孙中山:《孙中山选集》(下卷),人民出版社1981年版。

马克思:《资本论》(第3卷),人民出版社1975年版。

《中华人民共和国国民经济和社会发展第十三个五年规划纲要》,《人民日报》2016年3月18日。

《全国人大常委会关于授权国务院在北京市大兴区等三十三个试点县(市、区)行政区域暂时调整实施有关法律规定的决定》,《人民日报》2015年3月3日。

《中共中央关于全面深化改革若干重大问题的决定》,《人民日报》2013年11月16日。

《中华人民共和国国民经济和社会发展第十二个五年规划纲要》,《人民日报》2011年3月17日。

《中共中央关于推进农村改革发展若干重大问题决定》,《人民日报》2008年10月20日。

《中共中央关于完善社会主义市场经济体制若干问题的决定》,《人民日报》2003年10月22日。

胡锦涛:《坚定不移沿着中国特色社会主义道路前进,为全面建成小康社会而奋斗》,《人民日报》2012年11月9日。

江泽民:《全面建设小康社会,开创中国特色社会主义事业新局面》,《人民日报》2002年11月18日。

王佑辉:《集体建设用地流转制度体系研究》,华中师范大学出版社2015年版。

王文:《中国农村集体建设用地流转收益关系及分配政策研究》,经济科学出版社 2013 年版。

王俊沣：《集体建设用地使用权流转问题研究》，经济科学出版社 2013 年版。

罗必良等：《产权强度、土地流转与农民权益保护》，经济科学出版社 2013 年版。

亨利·乔治：《进步与贫困》，吴良健、王翼龙译，商务印书馆 2010 年版。

Wallace E. Oates 编著：《财产税与地方政府财政》，丁成日译，中国税务出版社 2005 年版。

丹尼斯·J. 麦肯齐：《房地产经济学》，张友仁译，经济科学出版社 2003 年版。

李玉峰：《中国城市土地财产制度的法经济学研究》，中国计划出版社 2002 年版。

纪坡民：《产权与法》，生活·读书·新知三联书店 2001 年版。

E. G. 菲吕博腾、S. 配杰威齐：《产权与经济理论：近期文献的一个综述》，R. 科斯、A. 阿尔钦等：《财产权利与制度变迁——产权学派与新制度学派译文集》，上海三联书店、上海人民出版社 2000 年版。

陈华彬：《物权法原理》，国家行政学院出版社 2000 年版。

王利民：《物权法论》，中国政法大学出版社 2000 年版。

H. 德姆塞茨：《关于产权的理论》，R. 科斯、A. 阿尔钦等：《财产权利与制度变迁——产权学派与新制度学派译文集》，上海三联书店、上海人民出版社 2000 年版。

Y. 巴泽尔：《产权的经济分析》，费方域、段毅才译，上海三联书店、上海人民出版社 1997 年版。

邓宏乾：《中国房地产税制研究》，华中师范大学出版社 2000 年版。

邓宏乾：《中国城市房地产收益分配问题》，华中师范大学出版社 1998 年版。

郭庆旺等：《当代西方税收学》，东北财经大学出版社 1997 年版。

M. 贝勒斯：《法律的原则——个规范的分析》，张文显等译，中国大百科全书出版社 1996 年版。

蒋洪等：《财政学教程》，上海三联书店 1996 年版。

参考文献

王传纶、高培勇：《当代西方财政经济理论》，商务印书馆 1995 年版。

罗伯特·考特、托马斯·尤伦：《法和经济学》，张军等译，上海三联书店、上海人民出版社 1994 年版。

R. 科斯：《论生产的制度结构》，盛洪、陈郁译，上海三联书店 1994 年版。

保罗·A. 萨缪尔森：《经济学》（下册），中国发展出版社 1992 年版。

约翰·穆勒：《政治经济学原理及其在社会哲学上的若干应用》，赵荣潜、桑炳彦、朱泱、胡企林译，商务印书馆 1991 年版。

雷利·巴洛维：《土地资源经济学——不动产经济学》，谷树忠等译，北京农业大学出版社 1989 年版。

布阿吉尔贝尔：《谷物论：论财富、货币和赋税的性质》，商务印书馆 1979 年版。

亚当·斯密：《国民财富的原因和性质的研究》（下卷），商务印书馆 1974 年版。

谢鹏程：《权利义务四论》，《法学研究》1992 年第 3 期。

郑贤君：《权利义务相一致原理的宪法释义——以社会基本权为例》，《首都师范大学学报》（社会科学版）2007 年第 5 期。

周诚：《论土地增值及其政策取向》，《经济研究》1994 年第 11 期。

周诚：《我国农地转非自然增值分配的"私公兼顾"论》，《中国发展观察》2006 年第 9 期。

毕小曼、田春华等：《从无形到有形——顺德集体建设用地流转调查》，《中国国土资源报》2009 年 3 月 2 日。

江宜航：《德清探索集体经营性建设用地异地调整入市》，《中国经济时报》2016 年 5 月 20 日。

李龙江：《湄潭敲响贵州农村集体经营性建设用地入市"第一槌"》，《贵州日报》2015 年 9 月 28 日。

李晓东、雷健：《农村集体土地改革"第一槌"》，《光明日报》2015 年 10 月 12 日。

马健：《创新与困局南海模式——对南海土地股份合作制发展状况的调查》，《农村工作通讯》2008 年第 17 期。

国务院发展研究中心课题组：《广东省佛山市南海区集体建设用地入市

调查》,《中国经济时报》2014年2月13日。

高圣平、刘守英:《集体建设用地进入市场:现实与法律困境》,《管理世界》2007年第3期。

江宜航:《德清农村集体经营性建设用地入市改革取得阶段性成效》,《中国经济时报》2016年2月1日。

邓宏乾、彭银:《土地流转、收益分配与农地制度结构性变革》,《江汉论坛》2016年第10期。

戴建华、薛恒新:《基于Shapley值法的动态联盟伙伴企业利益分配策略》,《中国管理科学》2004年第4期。

邓宏乾、耿勇:《房地产税、土地财政是否有效增加了公共品供给——基于1999—2011年省际面板数据的实证分析》,《江汉论坛》2015年第3期。

邓宏乾:《试论城市土地有偿使用与财政体制的配套改革》,《财政研究》1989年第4期。

姜爱华:《关于我国地方税主体税种选择的思考》,《中央财经大学学报》2002年第10期。

冯菱君、王海勇:《重构我国房地产税制的基本思路》,《当代经济研究》2004年第11期。

温来成:《物业税开征的先决条件之一:房地产产权制度的改革与完善》,《涉外税务》2008年第7期。

邓宏乾:《城市财政主体财源:房地产租税研究》,《华中师范大学学报》(人文社会科学版) 1999年第5期。

王国华、马衍伟:《财产税应当成为我国地方税的主体税种》,《福建论坛》(人文社会科学版) 2005年第3期。

贾康:《抓紧出台物业税(房地产税)》,《城市住宅》2010年第4期。

董再平:《地方政府"土地财政"的现状、成因和治理》,《理论导刊》2008年第12期。

杜雪君、黄忠华、吴次方:《中国土地财政与经济增长》,《财贸经济》2009年第1期。

张军:《分权与增长:中国的故事》,《经济性》(季刊) 2008年第1期。

张永、梁东黎：《晋升激励、官员注意力配置与公共品供给》，《理论学刊》2010年第12期。

傅勇、张晏：《中国式分权与财政支出结构偏向：为增长而竞争的代价》，《管理世界》2007年第3期。

陈钊、徐彤：《走向"为和谐而竞争"：晋升锦标赛下的中央和地方治理模式变迁》，《世界经济》2011年第9期。

贾康、刘薇：《"土地财政"：分析及出路——在深化财税改革中构建合理、规范、可持续的地方"土地生财"机制》，《财政研究》2012年第1期。

左翔、殷醒民：《土地一级市场垄断与地方公共品供给》，《经济学》（季刊）2013年第2期。

陶然、袁飞、曹广忠：《区域竞争、土地出让与地方财政效应——基于1999—2003年中国地级城市面板数据的分析》，《世界经济》2007年第10期。

吴群、李永乐：《财政分权、地方政府竞争与土地财政》，《财贸经济》2010年第7期。

李勇刚、高波、任保全：《分税制改革、土地财政与公共品供给》，《山西财经大学学报》2013年第11期。

张永生：《政府间事权与财权如何划分？》，《经济社会体制比较》2008年第2期。

郭小聪、刘述良：《中国基本公共服务均等化：困境与出路》，《中山大学学报》（社会科学版）2010年第5期。

王玮：《我国公共服务均等化的困境及其化解——基于现实约束条件的分析》，《经济学家》2010年第5期。

张永军、梁东黎：《晋升激励、官员注意力配置与公共品供给》，《理论导刊》2010年第12期。

唐任伍、唐天伟：《2002年中国省级地方政府效率测度》，《中国行政管理》2004年第6期。

王伟同：《我国基本公共服务提供均等化问题研究——基于公共需求与政府能力视角的分析》，《财政研究》2008年第5期。

安体富、任强：《中国公共服务均等化水平指标体系的构建——基于地区差别视角的量化分析》,《财贸经济》2008年第6期。

张定安、锁利铭、刘俊:《城乡公共服务均衡发展及其评价体系研究》,《天津行政学院学报》2011年第1期。

江易华:《县级政府基本公共服务绩效分析——一种理论模型对老河口市的实证检测》,《华中师范大学学报》(人文社会科学版)2009年第5期。

郭小聪、代凯:《国内近五年基本公共服务均等化研究:综述与评估》,《中国人民大学学报》2013年第1期。

曾红颖:《我国基本公共服务均等化标准体系及转移支付效果评价》,《经济研究》2012年第6期。

胡均民、艾洪山:《匹配"事权"与"财权":基本公共服务均等化的核心路径》,《中国行政管理》2009年第11期。

纪江明、胡伟:《中国城市公共服务满意度的熵权TOPSIS指数评价——基于2012连氏"中国城市公共服务质量调查"的实证分析》,《上海交通大学学报》(哲学社会科学版)2013年第3期。

王谦:《城乡公共服务均等化的理论思考》,《中央财经大学学报》2008年第8期。

王伟同:《城市化进程与城乡基本公共服务均等化》,《财贸经济》2009年第2期。

王新民、南锐:《基本公共服务均等化水平评价体系构建及应用——基于我国31个省域的实证研究》,《软科学》2011年第7期。

范柏乃、傅衍、卞晓龙:《基本公共服务均等化测度及空间格局分析——以浙江省为例》,《华东经济管理》2015年第1期。

金川、方创琳:《城市化与生态环境交互耦合机制与规律性分析》,《地理研究》2003年第2期。

余瑞林、刘承良、熊剑平、曾菊新:《武汉城市圈社会经济—资源—环境耦合的演化分析》,《经济地理》2012年第5期。

杜湘红:《水资源环境与社会经济系统耦合建模和仿真测度——基于洞庭湖流域的研究》,《经济地理》2014年第8期。

刘浩、张毅、郑文升:《城市土地集约利用与区域城市化的时空耦合协调发展评价——以环渤海地区城市为例》,《地理研究》2011年第

10 期。

郭显光:《熵值法及其在综合评价中的应用》,《财贸研究》1994 年第 6 期。

朱玉春、唐娟莉、刘春梅:《基于 DEA 方法的中国农村公共服务效率评价》,《软科学》2010 年第 3 期。

邓宏乾:《论城市土地产权结构及产权界定》,《经济体制改革》1995 年第 10 期。

邓宏乾:《公共财政视角下的土地收益分配改革》,《江海学刊》2007 年第 3 期。

邓宏乾:《土地增值收益分配机制:创新与改革》,《华中师范大学学报》(人文社会科学版) 2008 年第 5 期。

邓宏乾、徐松明:《改革房地产税制,重构地方主体税种》,《学术论坛》2010 年第 1 期。

邓宏乾:《中国城市主体财源问题研究》,华中师范大学 2007 年博士学位论文。

李心怡:《我国"土地财政"转型研究——基于房地产税收改革视角》,华中师范大学 2014 年硕士学位论文。

李果:《成都多方向探索农村"土改"》,http://finance.sina.com.cn/roll/2016-03-24/doc-ifxqssxu8029451.shtml。

四川郫县国土局:《郫县探索零星分散集体经营性建设用地调整集中使用入市》,http://www.pixian.gov.cn/index.php?cid=13&tid=251180。

《郫县两宗集体经营性建设用地成功入市,探索出"化零为整"入市模式》,四川在线(http://sichuan.scol.com.cn/ggxw/201602/54348698.html)。

刘家义:《国务院关于 2014 年度中央预算执行和其他财政收支的审计工作报告》,http://www.audit.gov.cn/n5/n26/c67491/content.html。

William Alonso. *Location and Land Use: Toward a General Theory of Land Rent.* Harvard University Press, 1964.

Prest, A. R. *The Taxation of Urban Land.* Manchester: Manchester University Press, 1981.

Connellan, Owen, Lichfield, Nathaniel, Plimmer, Frances and Vickers, Tony. *Land Value Taxation in Britain：Experience and Opportunities*. Toronto：Webcom Ltd. , 2004.

Ricard W. Tresch. "Estimating State Expenditure Functions：An Econometric Analysis. " *Public Finance*, 1975.

Wallace E. Oates. *Fiscal Decentralization*. Harcourt, Barce and Jovanovich, 1972.

Fischel, Walliam A. *The Home Voter Hypothesis：How Home Values Influence Local Government Property Taxtation, School Finance, and Land-use Policies*. Cambridge, MA：Harvard University Press, 2001.

Oates, W. *Fiscal Federalism*. New York：Harcourt Brace Jovanovich, 1972.

Oates, W. "On the Theory and Practice of Fiscal Decentralization. " Working Papers 2006 – 05, University of Kentucky, Institute for Federalism and Intergovernmental Relations, 2006.

George Stiglers. *Tenable Range of Functions of Local Goverment*. Washington, D. C. , 1957.

Tibeout, C. M. "A Pure Thoery of Local Expenditures. " *Journal of Political Economy*, October 1956 (64), pp. 416 – 424.

Hamilton, Bruce W. , 1975a. "Property Taxes and the Tiebout Hypothesis：Some Empircial Evidence. " In Edwin S. Mills and E. Oates Wallace, eds. , *Fisal Zoning and Land Use Controls*. Lexington, MA：Lexington Books.

Fischel, Walliam A. "Property Taxation and the Tiebout Model：Evidence for the Benefit View Form Zoning and Voting. " *J. Econ. Lit*, 1992 (30), pp. 171 – 177.

James Alm, Robert D. Buschman, David L. Sjoquist. "Rethinking Local Government Reliance on the Property Tax. " *Regional Science and Urban Economics*, 2011 (3), pp. 1 – 12.

Byron Lutz, Raven Molloy, Hui Shan. "The Housing Crisis and State and Local Government Tax Revenue：Five Channels. " *Regional Science and Urban Economics*, 2011 (09), 1 – 14.

Shapley, L. S. "A Value for N-person Games." In H. W. Kuhn and A. W. Tucker (eds.). *Contributions to the Theory of Games*, Volume II, 1953.

Tiebout, C. "A Pure Theory of Local Expenditures." *Journal of Political Economy*, 1956, 64 (05), pp. 416 – 424.

Hamilton, Bruce W. "Zoning and Property Taxation in a System of Local Governments." *Urban Studies*, 1975, (12), pp. 205 – 211.

Fischel, William A. "Homevoters, Municipal Corporate Governance, and the Benefit View of the Property Tax." *Journal of National Tax*, 2001, (01), pp. 157 – 173.

后　　记

本课题是国家社会科学基金项目"中国土地收益分配问题研究"（项目批准号：11BJY124）的最终研究成果。

在本课题研究过程中，课题组对深圳市、武汉市等城市进行了实地调研，对集体经营性建设用地改革试点地区（南海区、德清县、郫县）进行了跟踪分析，力求使研究符合实际和改革目标，提出的政策建议具有可操作性。

研究生耿勇、彭银参与了课题的调研及数据整理收集工作，耿勇参与了第六、七章的研究工作；还要感谢深圳市土地交易中心、深圳市坪山新区规划和国土资源管理分局等单位提供的帮助与支持！感谢所有被引用的参考文献的作者！